LE PRINCIPE

LE PRINCIPE

sous la direction de

Bernard MABILLE

PARIS

LIBRAIRIE PHILOSOPHIQUE J. VRIN

6, Place de la Sorbonne, Vᵉ

2006

© *Librairie Philosophique J. VRIN*, 2006
Imprimé en France
ISBN 2-7116-1802-1

www.vrin.fr

AVANT-PROPOS

Chaque volume de la collection « Thema » propose une approche pluraliste d'une notion susceptible d'être mise au programme des enseignements de philosophie générale. Il consiste dans un ensemble limité de contributions vouées chacune à l'analyse et à l'interprétation d'un moment significatif de l'histoire philosophique de cette notion. Afin d'éviter la dispersion des connaissances et d'ouvrir un accès aux doctrines mêmes, aux questions originales qu'elles soulèvent et aux profondes transformations qu'elles font subir à la notion, chaque volume consacre à ces seuls moments forts de larges exposés rédigés par des historiens de la philosophie spécialisés dans l'étude d'une période ou d'un auteur.

Toutes les contributions réunies dans ce volume consacré au « Principe » sont inédites.

PHILOSOPHIE PREMIÈRE ET PENSÉE PRINCIPIELLE
(LE RÉVÉLATEUR[1] NÉOPLATONICIEN)

> « Le Bien n'est pas étance (*ouk ousias*) mais ce qui [la] dépasse
> (*huperéchontos*) en majesté et en puissance ».
>
> Platon, *République*, VI, 509b

Dans un texte écrit en 1939 et paru seulement en 1958, *Vom Wesen und Begriff der physis. Aristoteles Physik B, I*, Heidegger caractérise de façon très forte et concise la principialité du principe[2] : «*Archê bedeutet zumal Anfang und Herrschaft* (Principe signifie à la fois commencement et commandement)»[3]. Sans entrer dans le contexte de cette caractérisation, dégageons librement ce qu'elle implique. Le principe est ce qui commence et commande. Au sens fort, ce commencement n'est pas un simple point de départ[4] mais ce qui encore et toujours commence ce qui a lieu. C'est justement pourquoi il est, en même temps, ce qui commande, ce qui toujours – explicitement ou non – règne sur ce qui se déploie à partir de lui. En se reportant à la

1. Comme en photographie le révélateur est la solution chimique qui rend visible l'image, la pensée néoplatonicienne d'un Principe au-delà de l'étance rend visible les apories et les enjeux du principe en philosophie première.

2. Nous préférons cette approche à la « définition indicative » qui ouvre le beau livre de S. Breton (*Du Principe. L'organisation contemporaine du pensable*, Paris, BSR, 1971, p. 18) : « ce dont quelque chose procède de quelque manière que ce soit ». Le terme de « procession » nous semble trop orienter (par avance) la pensée du principe vers une conception néoplatonicienne – orientation qui fait l'originalité de la démarche de l'Auteur mais qui n'est qu'*une* dimension de la pensée du principe.

3. GA, 9. p. 247

4. Même si la *Métaphysique* Δ, 1 (1012 b *sq.*) commence par mentionner cette simple signification.

double orientation aristotélicienne de la philosophie première – dans l'horizontalité d'une recherche de l'étant en tant qu'étant et dans la verticalité d'une remontée à l'étant le plus éminent (*timiôtaton*) – il semble [1] que ce qui commence et commande soit de façon privilégiée voire exclusive situé dans le pôle thé(i)ologique de la philosophie première c'est-à-dire en Dieu ou le divin.

Mais qu'est-ce qui assure la primauté du Principe? S'il est homogène à son principié la contingence de celui-ci risque de rejaillir sur celui là. Si, par exemple, n'est principe que le premier terme d'une série causale, alors la question du *pourquoi* se pose au même titre pour lui et pour ses effets. C'est pourquoi l'histoire de la métaphysique met constamment en œuvre des stratégies pour dégager le Principe de l'ordre du principié, pour le mettre en quelque sorte à l'abri. Prenons rapidement trois exemples. 1) Lorsque le Stagirite [2] pense le statut du Premier moteur, il précise bien qu'il ne peut pas simplement s'agir d'un «premier mobile». Parce qu'il implique le passage de la puissance à l'acte, l'étant en mouvement est grevé d'indétermination. Il ne peut ni commencer ni commander car il occupe le statut ambivalent et instable de ce qui – étant – n'est pas tout à fait ce qu'il est. Le Principe du mouvement doit donc être *immobile*, parfaite coïncidence à soi, pur acte sans l'indétermination liée à la puissance et à la matière. Sa transcendance protège sa principialité. 2) Chez saint Thomas d'Aquin [3], le Principe est déclaré au-delà du principié. La pleine connaissance de l'*esse* pur est impossible à l'*ens creatum* qui n'est être (*esse*) que dans les limites de son *essentia*. La tentative de connaître Dieu ne semble donc pouvoir s'accomplir que par négations. Cependant la négation n'est pas à proprement parler une «voie» puisqu'elle ne mène nulle part. Faut-il retrouver une affirmation de Dieu «sur un mode éminent» [4]? Là encore la majesté du Principe est menacée par assimilation au registre de ce qui lui est subordonné. Après la menace de Dieu perdu, celle de Dieu anthropomor-

---

1. En fait (et nous y reviendrons rapidement en conclusion) le Principe peut se situer dans l'un des trois «constituants» de toute philosophie première (l'étant, le divin ou le *logos*) ou encore dans le type d'articulation des trois. Sur ce point nous permettons de renvoyer à notre *Hegel, Heidegger et la métaphysique. Recherches pour une constitution*, Paris, Vrin, 2004 (dorénavant cité *H.H.M.*).

2. *Métaphysique*, Λ, 6-7.

3. *Contra Gentiles*, XIV *sq.*

4. *Ibid.*, XXX, 3, trad. fr. C. Michon.

phique. Parler de « bonté éminente » risque de n'offrir qu'un horizon d'accroissement à ce qui n'est bonté qu'en *notre* ordre. Ce qui seul peut dif-férer, dé-placer le Principe sans le perdre tout à fait au bout de nos négations, c'est l'analogie [1] : l'égalité de deux rapports laisse en effet un lien de connaissance en évitant les écueils de l'identité abstraite (l'univocité du Principe et du principié qui menace la transcendance) et de la différence pure (l'équivocité radicale qui condamne la raison au mutisme). 3) Dans le *De rerum originatione radicali* (al. 3), Leibniz affirme que les raisons du monde doivent être « en quelque chose hors du monde (*in aliquo extramundano*) ». Si le Principe reste dans (et de) l'ordre de ce qui est et si la question de la contingence frappe tout étant (non seulement « pourquoi ainsi et non autrement ? » mais « pourquoi quelque chose plutôt que rien ? »), alors le Principe n'offre qu'une « nécessité physique ou hypothétique (*physica necessitate seu hypothetica*) ». Le Principe ne peut commencer et commander véritablement que si sa nécessité est « absolue ou *méta*physique (*absolutae seu Metaphysicae*) ». Dieu n'est Principe que dans la mesure où il est « étant un (*ens unum*) et métaphysiquement nécessaire » c'est-à-dire être dont « l'existence est l'essence » et, corrélativement, « différent de la pluralité des étants ou du monde » dont la nécessité n'est que physique. La principialité de ce (Celui) qui commence et commande exige cette dif-férence (au sens de ce qui porte au-delà).

En quoi, selon une telle nécessité d'essence [2], l'examen de la conception néoplatonicienne de la principialité du Principe est-elle significative ? Elle l'est au plus au point dans la mesure où le Premier n'y est pas un *étant* originaire, ni quelque chose [3] au-dessus des autres. Il n'*est* pas même « au-delà » au sens où sa transcendance serait extrême et inscrutable. La pensée néoplatonicienne du Principe est radicale (et peut-être la plus radicale possible) puisqu'elle est celle qui va jusqu'à déclarer le Principe au-delà de l'étance et du *logos*

---

1. *Ibid.*, XXXII *sq.*

2. Au sens où, en faisant varier un concept, apparaissent les invariants qui constituent son essence.

3. Nous ne pouvons donc pas suivre J.-M. Narbonne lorsqu'il déclare : « l'Un est bel et bien une sorte de *ti* [...] comme quelque chose d'infini et par suite d'insaisissable par la raison » (« *Henôsis* et *Ereignis*. Remarques sur une interprétation heideggerienne de l'Un plotinien », *Les Études philosophiques*, Janvier-Mars 1999, p. 114). Sur notre essai de réfutation de cette thèse qui nous semble réduire l'originalité et la radicalité de l'hénologie (qui s'accomplit comme méontologie), voir *H.H.M.*, chap. 7, p. 314 *sq.*

(*épékeina tês ousias kai toû logou*). L'*épékeina* l'au-delà de l'étance signifie que le Principe n'appartient pas à l'ordre de l'étant. Cette négation ne traduit pas un manque, une déficience mais exprime sa condition même de Premier. Dire le Principe « non-étant (*mê on*) », ce n'est pas le menacer mais le soustraire absolument à la dégradation, au glissement de l'originaire au dérivé. Pour être ce qui commence et commande, pour respecter l'exigence constitutive de mettre le Principe en retrait du principié, de le sauver d'une homogénéité qui serait sa ruine, il faut aller jusqu'à admettre que le Principe n'*est* pas.

Après avoir dégagé la signification de l'affirmation du Principe « au-delà de l'étance » et l'originalité de ce geste, nous tenterons (notamment en menant une lecture croisée de Plotin et de Hegel) de dessiner quelques lignes fondamentales d'une pensée du Principe.

LE PRINCIPE, AU-DELÀ DE L'ÉTANCE[1]

Il est courant[2] de caractériser la pensée néoplatonicienne (à partir de Plotin) comme un *tournant* dans la métaphysique du Principe qui se manifeste en particulier dans les significations de la *dunamis* et de l'*apeiron*. Là où Aristote fait de l'acte pur le signe de l'excellence du Principe – en réservant la *dunamis* à l'imperfection d'une étance[3] (*ousia*) soumise au changement – Plotin dans le 30e traité (III, 8, 10) parle de l'Un comme *dunamis tôn pantôn*. En reprenant les deux termes en question, l'expression proclienne[4] de l'*apeirodunamon* résume énigmatiquement ce double renversement. Posons deux questions : 1) Comment caractériser cette évolution ? 2) Ne faut-il pas

---

1. Nous reprenons ici les grandes lignes d'une conférence prononcée à l'université de Bordeaux III en février 2003 et publiée aux P.U.B en 2004 sous le titre *Itinéraires de la puissance*. Nous tenons à remercier Madame le Professeur Claudie Lavaud d'avoir accueilli la première version de ces réflexions.

2. Voir J. Wahl, *Traité de métaphysique*, Paris, Payot, 1953, p. 606, J. Moreau, *Plotin ou la gloire de la philosophie antique*, Paris, Vrin, 1970, p. 79-84, et plus récemment, G. Aubry « Puissance et principe : la *dunamis panton* ou puissance du tout », dans *Plotin (Là-bas, ici)*, Toulouse, Kairos, n° 15, et Presses Universitaires du Mirail, 2000, p. 9-32.

3. Le terme *ousia* est formé à partir du participe présent féminin (*oûsa*) du verbe « être (*eînai*) ». Pour éviter de l'hypostasier en en faisant un substrat ou en présupposant l'identité du sens grec et du sens latin, nous choisissons de le rendre par « étance » plutôt que par « substance ».

4. Voir notamment dans la *Stoicheiôsis theologikê*, les théorèmes 84, 86, 89, 91, 92, etc., dans Proclus, *The Elements of Theology*, a revised Text with Translation, Introduction and Commentary by E. R. Dodds, 2nd ed., Oxford, Clarendon Press, 1963.

nuancer cette lecture courante et contester en particulier la thèse d'une évolution pour lui substituer ce que je propose de nommer une pensée du geste (c'est-à-dire de la mise à jour de figures de pensée qui, sans être anhistoriques, sont trans-historiques [1])?

Un tournant ?

Commençons par rappeler sommairement le «tournant» néoplatonicien tel qu'il est supposé en insistant sur trois points touchant le Principe : premièrement la thèse du renversement des primautés (de l'acte à la puissance), deuxièmement la montée du thème de l'efficience pour qualifier la causalité du Principe, troisièmement la thèse d'une promotion de l'*apeiron* au détriment du *péras* dont la supériorité caractérisait la philosophie grecque classique.

1) Le Principe, de l'acte à la puissance. Aristote lie constamment la perfection du Principe à la pureté de son actualité. Alors que dans l'imperfection du sublunaire, il n'y a d'actualisation que précaire, l'actualité du Principe n'est mêlée d'aucune puissance. Les chapitres 7 et 9 de la *Métaphysique* Λ, en particulier, suspendent l'immobilité du Principe et la souveraineté de sa *noêsis noêseôs* à la pureté de son acte. Le chapitre 6 du Livre Λ repart, comme nous l'avons déjà esquissé, de la distinction [2] des étances mobiles et immobiles et remonte à la nécessité d'un principe du mouvement. La stratégie d'ensemble consiste à montrer que ce principe ne peut être simplement un premier mouvement ou même un mouvement éternel mais qu'il doit être immobile. Or cette immobilité pure n'est possible qu'à ce qui est acte pur : « le mouvement ne se produira pas, lors même que la cause dût mouvoir actuellement, si l'étance de cette cause est une puissance, car alors le mouvement ne sera pas éternel, ce qui est en puissance pouvant ne pas être » [3]. Aristote conclut immédiatement : « il faut donc

---

1. Ce qui permet d'éviter les deux extrêmes de la *philosophia perennis* et de l'historicisme qui ont en commun de finir en dogmatisme : l'une en prétendant être installée dans une vérité anhistorique et l'autre en transformant en absolu les vérités du moment pour la seule raison qu'elles sont proférées ici et maintenant.

2. Cette distinction (ternaire : mobile corruptible, mobile éternelle et immobile) a été faite dès le premier chapitre du livre Λ (1069 a 30 *sq.*) mais elle correspond globalement à la distinction binaire (mobile, immobile) des étances effectuée en Γ et E – distinction qui permet à la fois la division et la continuité « ousiologique » (« il y a autant de parties de la philosophie que précisément il y a d'étances », Γ, chap. 2, 1004 a 1) entre physique et ce qui s'appellera plus tard « métaphysique ».

3. *Métaphysique*, Λ, 6, 1071 b, 17 *sq.*

qu'il existe un principe (*archên*) tel que son étance même soit acte (*ousia énérgeia*) » [1]. Ayant ainsi lavé le principe de toute compromission avec la puissance, le chapitre 7 peut en parler – dans un même mouvement de pensée – comme de « ce qui est moteur sans être mobile, éternel, étance et étance en acte (*kai ousia kai énérgeia oûsa*) » [2]. La suite du chapitre [3] emploie l'expression « étant en acte (*énérgeia on*) ».

Dans le chapitre 7 du livre E, c'est le même terme *aristos* (meilleur) qui qualifie le Principe *et* comme principe du mouvement *et* dans sa relation à la pensée. Or dans chaque cas, c'est en plaçant le thème de l'acte au centre. Nous avons vu comment c'est en tant qu'étance en acte que le Principe est moteur. Le privilège que le chapitre 7 accorde à la pensée annonce la détermination du Principe comme *noêsis noêseôs* au chapitre 9. Or, là encore, le thème de l'acte est mis au cœur de l'argumentation de deux façons : d'abord par élimination de toute connivence avec la puissance puis par épanouissement du thème de l'actualité dans la *noêsis noêseôs*. Mettre cette pensée à distance de la puissance, c'est montrer qu'elle n'est pas *dianoia* mais bien *noêsis*, car l'intelligence dianoétique implique le changement. La pensée divine ne doit pas penser tantôt ceci, tantôt autre chose mais bien « toujours la même chose (*to auto aei*) » [4]. Mais quelle peut être cette « chose » ? Non seulement elle-même, comme le remarque immédiatement tout lecteur (puisque toute extériorité impliquerait une perte de perfection, toute différenciation une relativisation), mais elle-même *comme acte*. Le principe n'est pas seulement le suprême intelligible mais il doit être un intelligible qui pense. La *noêsis* ne se dépose sur aucun *noêton* mais se recourbe sur la perfection de son acte. Cette pensée en acte doit être pensée de l'acte même de penser.

Chez Plotin tout semble se renverser. Loin de sauvegarder l'excellence du Principe, l'*énérgeia* semble la menacer : le 54e traité (I, 7, 1) reprend le thème aristotélicien de la tendance vers le Principe (le Bien) de tout étant à la mesure de sa perfection liée à son actualité. Mais au lieu d'en conclure que le Principe est acte pur, il prend soin de le dégager d'une telle détermination qui réintroduirait en lui une tendance ou une tension incompatibles avec sa principialité. Il conclut en renver-

---

1. *Ibid.*
2. *Ibid.*, 7, 1072 a 25.
3. *Ibid.*, 1072 b 7-8.
4. *Ibid.*, 9, 1074 b.

sant toutes les marques de l'excellence aristotélicienne du Principe : « Puisqu'il est au-delà de l'étance, il est au-delà de l'acte, au-delà de la pensée (*kai gar oti épékeina ousias épékeina kai énérgeias kai épèkeina noû kai noêseôs*) ». Faut-il en conclure que lorsque Plotin attribue la *dunamis* au Premier, il ne fait qu'inverser les valeurs attribuées au couple aristotélicien de la puissance et de l'acte ? Nullement car ce n'est pas l'en-puissance qui est réévalué mais la puissance[1]. Dans le premier paragraphe du 25ᵉ traité (II, 5, 1) entièrement consacré à élucider les termes de puissance et d'acte, Plotin précise bien qu'il faut prendre la *dunamis* qu'il attribue au Principe non point comme l'en-puissance (*dunamei*) mais comme puissance pro-ductrice (*ê kata to poieîn*). L'expression *dunamis tôn pantôn* que nous citions en commençant ne signifie donc pas que le Principe est en-puissance-de-tout mais bien puissance productrice de tout ; cela justifie l'équivalence de notre expression avec cette autre : *aition tôn pantôn* (32ᵉ traité V, 5, 13).

2) Causalité et puissance infinie. Cette pensée de la puissance productrice appliquée à la causalité du Principe implique un autre déplacement par rapport à Aristote. Ce n'est plus, en premier voire exclusivement la causalité finale qui caractérise le Principe mais tout autant la causalité sinon explicitement efficiente du moins productive. Si le 51ᵉ traité (I, 8, 2) décrit le Principe comme ce que tous les étants désirent, le 9ᵉ traité déclare : « Tous les étants sont étants par l'Un (*Panta tà onta tô heni estin onta*) ». Au début de son commentaire du *Timée*, Proclus fait l'éloge de l'effort de Platon pour penser ensemble cause finale, cause efficiente et cause paradigmatique[2] et qualifie les causes formelles et matérielles de « causes accessoires (*sunaitia*) ». Il reproche à Aristote une sous-estimation de la causalité efficiente. C'est chez Proclus que la thématisation de la puissance causale du Principe et de tous les étants supérieurs trouve son expression la plus systématique. Le 62ᵉ théorème de la *Stoicheiôsis*[3] *theologikê* (des *Éléments de théologie*) relie causalité, production et puissance : « L'Un […] en tant que cause de tout (*pantôn aitiô*) est le plus productif et le plus puissant (*to pleionôn paraktikon – toûto dé, dunatô-*

---

1. Voir G. Aubry, *op. cit.*, p. 20.
2. Cette unification est accomplie aussi dans les théorèmes 11 et 12 de l'*Elementatio*.
3. Nous reprendrons régulièrement ce terme ou la traduction latine d'*Elementatio* pour ne pas perdre sa connotation dynamique en le rendant par le simple pluriel « éléments ».

teron) ». C'est en fait toute la première partie de l'*Elementatio* (dès le 7ᵉ théorème jusqu'au 113ᵉ) qui fait constamment ressurgir le thème de la causalité [1] pour mettre en place les « éléments » de la constitution de tout ce qui est.

Ce qui caractérise profondément la pensée proclienne de la causalité, ce n'est peut-être pas tant la multiplicité voire la luxuriance des distinctions et des figures qu'elle produit (causalité artisanale des dieux auxiliaires du Démiurge, causalité par la pensée et par l'être, causalité intelligible du Vivant…) que la situation du Principe lui-même par rapport à la causalité quelle qu'elle soit. Le Principe est dit (dans le commentaire du *Parménide* VII, 1210, 11) *proaition*; cela ne signifie pas que l'Un est « cause première (*prôtê aitia*) » mais plutôt qu'il est au-delà de la causalité. Le préfixe *pro* équivaut ici (comme très souvent) à un *épékeina*. C'est en un sens voisin que Plotin dans 10ᵉ traité nomme le Principe « père de la cause (*patéra aition*) » [2] en réservant le titre de cause au *Noûs* – ou encore, dans le 39ᵉ traité, « cause de la cause (*aition toû aitiou*) » [3]. C'est à partir de cette antériorité ou de cet au-delà qui caractérise le Principe dans sa transcendance que l'on peut comprendre la promotion du thème de l'Infinité.

3) Promotion de l'*apeiron*. Dans la 9ᵉ heure du cours du semestre d'hiver 1955-1956 *Der Satz vom Grund*, Heidegger à l'occasion d'un commentaire sur la distinction kantienne entre *Schranke* et *Grenze* exprime bien ce qui, pour un Grec, fait l'*excellence* du *péras* : « Nous pensons ordinairement que la limite est l'endroit où quelque chose cesse. Mais la limite a – d'après l'ancien sens grec – nettement le caractère du rassembler, non point du couper ». Et Heidegger continue : « La limite est ce à partir de quoi, ce en quoi quelque chose commence, éclôt comme ce qu'il est. Celui à qui ce sens de limite reste étranger ne pourra jamais apercevoir dans leur présence un temple grec, une statue grecque, un vase grec » [4]. La limite est, selon le *Philèbe* [5], ce qui met un terme à l'opposition des contraires. Elle fixe

---

1. En particulier, théorèmes 7-13, 18-24, 40-51, 56-65, 75-86, 97-112.
2. V, 1, 8.
3. VI, 8, 18
4. Heidegger, *Der Satz vom Grund*, Neske, Pfullingen, 1957, 4ᵉ éd., 1978, p. 125.
5. « Nous venons de parler du plus chaud et du plus froid, n'est-ce pas ? – Oui – Ajoutes-y plus sec et plus humide, plus et moins abondant, plus grand et plus petit et tout ce que nous avons précédemment unifié sous cette nature qui accepte le plus et le moins – Tu veux dire l'illimité ? – Oui. Mêle-s-y maintenant *le genre qui engendre la limite* », *Philèbe*, 25c-d, trad. fr. Diès modifiée (souligné par nous).

ce qui est emporté dans l'indétermination du devenir, d'une fluidité sans rythme et sans mesure [1]. En voulant ne confier son bonheur qu'à l'indétermination de la pure jouissance, Protarque s'expose à n'aboutir qu'à une vie de « poumon marin (*pleumonos*) » [2]. Le bonheur n'est que dans la rencontre du limitant et de l'illimité. C'est la limite qui donne sens. Plus largement, tout étant en tant qu'étant est pensé comme un mixte de *péras* et d'*apeiron*. Dans la même optique, c'est au nom de son indétermination que la *Métaphysique* Z, 3 dénie à la matière le titre d'étance (*ousia*) : pour qu'il y ait étance il faut la délimitation. De même que chez Platon l'étant est mixte de l'illimité et de la limite, chez Aristote l'étant est *sunolon*. La forme est à la matière ce que la limite est à l'illimité. C'est la limitation qui fait de l'étance un ceci déterminé (*to chôriston kai to tode ti*). Nous sommes exactement dans le geste que décrit Heidegger – celui de la limite comme ce qui surmonte l'illimité et fait éclore un étant comme un quelque chose (*Etwas* équivaut à *tode ti*).

Plotin ou Proclus conservent le lien entre indétermination et matière. La détermination est encore, dans l'ordre de l'étance, l'heureuse limite qui fait entrer tout étant dans la présence. Mais qu'en est-il du Principe ? Si la détermination est trait essentiel de l'étance et si l'Un est au-delà de l'étant (*épékeina ontos*), alors l'Un – dans sa principialité la plus pure – sera indéterminable voire indéterminé. C'est ce qu'explique le 32ᵉ traité (V, 5, 6) : « il est nécessaire (*anagkê*) que l'Un soit sans forme (*aneideon*). Étant sans forme, il n'est pas étance (*aneideon de on ouk ousia*). Car l'étance doit être un quelque chose (*tode ti*) donc un déterminé (*hôrisménon*). Or, conclut Plotin, il n'est pas possible de saisir l'Un comme un quelque chose, car il ne serait plus principe (*ouk archê*) ». Le Principe n'est principe qu'en échappant à l'*hôrisménon*, au *tode ti*. Le *péras*, loin d'accomplir le Principe comme principe, en menace la principialité. Plier l'Un aux déterminations de l'étance, c'est consommer sa déchéance. Dès lors, si l'*apeiron* peut dire l'indétermination de la matière, l'en deçà du déterminé, il permet aussi d'approcher l'infinité du Principe en tant qu'au-delà de la détermination. Lorsque Proclus dans le 122ᵉ théorème de la *Stoicheiôsis* dit du Principe qu'il est *proeînai*, cela ne signifie pas qu'il est

1. M. Montet, *Les traits de l'être. Essai sur l'ontologie platonicienne*, Grenoble, Millon, 1990, p. 142 *sq.*

2. *Philèbe*, 21a.

« pré-être » au sens d'être avant l'être. C'est encore l'*épékeina* qui est exprimé ou plutôt indiqué – l'au-delà de l'étance, l'au-delà de ce qui peut être prédiqué. L'illimitation ne traduit pas ici la déficience d'une multiplicité soustraite par indigence à la détermination (rôle qu'elle joue dans le 94ᵉ théorème[1]) mais l'excellence de ce qui échappe à toute détermination tout en en étant la source.

Un geste trans-historique

Il n'est nullement question pour nous de contester le fait que l'infinité et la puissance sont liées au Principe chez Plotin et Proclus alors qu'elles en étaient indignes chez Aristote. Ce qui nous semble plus contestable, c'est de parler d'une révolution. Conformément à notre hypothèse introductive, nous voudrions suggérer que le geste[2] néoplatonicien n'est pas simplement une étape historique mais une dimension qui apparaît dès l'instauration platonicienne de la méta-physique et traverse toute la tradition (œuvrant parfois en secret dans les pensées elles-mêmes qui cherchent à dépasser ou délaisser la métaphysique). Dans les modestes dimensions de cette étude, nous nous contenterons de suggérer : 1) que la *dunamis* est déjà liée au Principe chez Platon, 2) que Plotin accomplit moins une inversion ou un renversement de la hiérarchie aristotélicienne des couples acte/ puissance et détermination/indétermination que son intégration et sa relativisation, 3) que Proclus maintient et renforce la dimension primordiale du *péras* non point en le substituant mais en la conjuguant à celle de l'*apeiron*.

1) L'excellence platonicienne de la *dunamis*. Dans un célèbre passage de la *République* VI (509b), Platon commence par rappeler le caractère principiel du Bien par rapport aux « connaissables (*gignôs-koménois*) », c'est-à-dire à ce qui désignera chez Plotin la deuxième hypostase : « de même pour les connaissables, conviens avec moi

---

1. « Toute perpétuité est une manière d'infinité mais toute infinité n'est pas perpétuité », *Éléments de théologie*, trad. fr. J. Trouillard, Paris, Aubier Montaigne, p. 116.
2. Que l'on rapporte le terme de *geste* à *gerere* (auquel se rattache *gesta* : *la* geste) ou
à *gestare* (auquel se rattache *gestus* : *le* geste), on évoque un mouvement, un comportement que l'on accomplit (*gestus*) ou que l'on narre (*gesta*). Comme il y a des mouvements du corps qui traversent le temps et dont on peut repérer au moins des homologies
malgré les variations que l'histoire leur apporte, il y a des figures ou des démarches de
pensée qui peuvent être retrouvées à des époques et dans des courants de pensée tout à fait
différents – sans parfois même que le penseur qui accomplit ce geste soit conscient de
cette homologie. Voir *H.H.M.*, p. 294-311.

qu'ils tiennent du Bien le fait d'être connus, mais aussi leur être et leur étance (*allà kai to eînai te kai tên ousian*)». Du Principe lui-même il déclare : «[il n'est] pas étance (*ouk ousias*) mais, au-delà de l'étance, il la surpasse encore en dignité et en puissance (*all'éti épékeina tês ousias presbeia kai dunamei huperéchontos*)». Le terme de *dunamis* ne signifie pas ici la potentialité de l'en-puissance mais la puissance active et productrice. Du Bien ainsi entendu, on pourrait dire ce que Plotin déclare de l'Un : il est *dunamis pantôn*.

Comme l'a montré jadis Souilhé dans son *Étude sur le terme dunamis dans les dialogues de Platon*[1], le sens de *dunamis* comme puissance active est très fréquent chez Platon comme dans toute la langue grecque classique. Comme le fait constater la simple consultation du Bailly, *dunamis* exprime la force physique chez Homère (*Illiade*, 8, 294), la force curative ou la vertu des plantes (*dunamis tôn phuoménon*) dans la *Cyropédie* de Xénophon d'Athènes, le pouvoir ou la puissance de Dieu (*theôn dunamis*) chez Eschyle (*Les Perses*, 174) ou chez Euripide (*Alceste*, 219). Dans un tel paysage, l'en-puissance aristotélicien est plus l'exception que la règle. Si l'on s'en tient au seul livre VI de la *République*, il suffit de tourner deux pages (de 509b à 511b) pour retrouver un tel sens. Platon parle de l'intelligible et décrit le déploiement dialectique comme *dialégesthai dunamei* (puissance dialectique)[2].

2) Intégration et relativisation plotinienne de l'ontologie. On ne peut donc point, à notre avis, se contenter de comprendre la relation entre Plotin et Aristote comme une inversion ou un renversement. L'hénologie ne récuse pas «l'onto-logie»[3] mais l'intègre et la relativise[4].

1. Paris, Alcan, 1919.
2. «Comprends maintenant que j'entends par l'autre section de l'intelligible, celle que le logos seul peut atteindre par la puissance dialectique (*tê tou dialégesthai dunamei*)» (511b). C'est cette puissance qui fait de la dialectique un double processus d'une part de déploiement de l'intelligible (non point comme ensemble d'Idées repliées sur leur pure identité mais comme différenciation de l'unité intelligible comme l'annonce le *Phèdre* et le thématisent le *Sophiste* ou le *Philèbe*) et, d'autre part, de remontée vers l'anhypothétique.
3. Le terme est ici, en toute rigueur, anachronique puisqu'il n'apparaît que sous la plume de Goclenius en 1613 (sous sa forme grecque) et sous celle de Clauberg en 1647 (dans sa forme latine). Nous prenons le terme au sens général de *logos* sur l'*on*.
4. Sur cette relation entre hénologie et ontologie, on consultera P. Aubenque, «Plotin et le dépassement de l'ontologie grecque classique», dans *Le Néoplatonisme*, Paris, CNRS, 1971, p. 101-109 ; M. de Gandillac, «Plotin et la "Métaphysique"

Intégration d'abord. Reprenons le texte du 32ᵉ traité que nous lisions tout à l'heure. Que l'*ousia* soit *tode ti*, qu'il n'y ait de « quelque chose » qu'en tant qu'*hôrisménon*, que la détermination soit dans le *sunolon* produite par la forme et que cette forme soit liée à l'*énergeia*, c'est ce qu'un aristotélicien ne peut contester. De la même manière, lorsque Plotin dans le 9ᵉ traité (VI, 9, 3) montre que l'Un est au-delà de toute déterminité, il *reprend* pour les nier des catégories aristotéliciennes de l'étant : « [la nature de l'Un] n'est donc ni quelque chose, ni qualité ni quantité […] n'est ni dans le lieu ni dans le temps, […] elle est sans forme puisqu'elle est avant toute forme (*pro eidous on pantos*) […] car ces choses sont relatives à un étant (*taûta gar peri to on*) ». Le discours aristotélicien sur l'étant n'est pas purement et simplement repoussé par Plotin mais assumé.

Relativisation cependant. Reste en effet que toutes ces déterminations qu'on peut commodément (et, en toute rigueur, anachroniquement) nommer ontiques ou ontologiques sont précisément niées *à propos du Principe*. Le 32ᵉ traité dit l'Un *aneideon* (le préfixe n'est pas ici seulement privatif mais joue un rôle kataphatique). Le 9ᵉ traité reprend le même terme et l'explique en apposant l'expression *pro eidous* dans laquelle *pro* équivaut ici encore à *épékeina*. Proclus conserve le même sens au préfixe *pro* et utilise aussi *huper* comme lorsque le 115ᵉ théorème de la *Stoicheiôsis* cherche à qualifier les hénades divines : « Tout dieu est au-dessus de l'étance et au-dessus de la vie et au-dessus de la pensée (*Pâs theos huperousios esti kai huperzôos kai hupernous*) » [1]. C'est-à-dire au-dessus des trois principes supérieurs [2] de tout ce qui est.

---

d'Aristote », dans *Études sur la Métaphysique d'Aristote*, Actes du Vᵉ Symposium aristotelicum, P. Aubenque (éd.), Paris, Vrin, 1979, p. 247-264 ; sur l'intégration et la relativisation plotinienne des genres platoniciens de l'étant, D. Montet, *Archéologie et généalogie*, Grenoble, Millon, 1996.

1. J. Trouillard traduit « suressentiel, supra-vivant et supra-pensant » et Dodds « above Being, above Life, and above Intelligence ».

2. Que « tout procède de là (*panta ékeîthen*) » c'est-à-dire de l'Un, c'est le cœur de l'inspiration plotinienne auquel Proclus reste strictement attaché. Ce qui fait peut-être une de ses spécificités c'est de déterminer « logiquement » cette relation. Pour cela, il emploie des termes principiels qu'il est difficile d'articuler (J. Trouillard a donné plusieurs versions de cette articulation. On se reportera par exemple à celle qu'offre *La mystagogie de Proclos*, Paris, Les Belles Lettres, 1982, p. 243 *sq.*) et qu'il faut commencer par ne pas confondre : 1) *monê-proodos-épistrophê* sont les principes de toute l'ontogenèse ; 2) *péras-apeiron* en offrent en quelque sorte la cellule rythme. Rien ne vient à

3) Le jeu proclien du déterminant et de l'indéterminé. Ce même geste d'intégration joue chez Proclus à propos des deux genres de l'étant sur lesquels le *Philèbe* insistait : *péras* et *apeiron*. Il sont relativisés puisqu'ils ne qualifient pas le Principe et jouent dans l'ordre du principié mais ils sont pleinement intégrés. Il n'y a donc pas un simple renversement des primautés qui ferait privilégier l'*apeiron* là où la pensée grecque classique aurait préféré le *péras*. Le 89ᵉ théorème de la *Stoicheiôsis* déclare : « tout étant véritable est à partir du déterminant[1] et d'illimité (*pân to ontôs on ék pératos ésti kai apeirou*) ». Il semble que nous soyons devant une reprise de la thèorie de l'étant comme mixte telle que la développe le *Philèbe*[2]. Limite et illimité ne sont cependant plus ici des « genres » de l'étant mais des hénades primordiales. Le théorème 90 affirme cette originarité en qualifiant le déterminant et l'illimité de « déterminant premier et d'illimité premier » (*prôton péras kai ê prôtê apeiria*). Au lieu d'une procession indéterminée qui fait immédiatement sortir les principiés du Principe, Proclus propose donc une procession régie ou plutôt rythmée par les puissances opposées et composées de la limite et de l'illimité. Si la processualité n'était qu'infinie, elle s'épuiserait en indétermination. Si elle se posait fixement en un terme, elle serait bloquée. Dans les deux cas, la relation du Principe au principié serait menacée. Il faut donc *et* la puissance (*dunamis*) qui dépasse toute détermination *et* la limite qui permet le recueillement de la puissance

---

l'étance sans le jeu de la limite et de l'illimité ; 3) *on-zôê-noûs (psuchê)* sont les trois moments de la constitution de chaque plan ou degré d'étance.

1. Nous pourrions traduire par « limite » (Dodds propose « All true Being is composed of limit and infinite », *op. cit.*, p. 83) mais nous préférons conserver la solution de J. Trouillard qui a le mérite de ne pas tirer le *péras* vers l'inertie d'une simple borne mais le de mettre en valeur comme principe *déterminant* et permet de l'articuler au thème de la négation génératrice.

2. Sur ce point, nous renvoyons à l'étude de J. Combès, « Les trois monades du *Philèbe* selon Proclus », dans *Études néoplatoniciennes*, Grenoble, Million, 1989, p. 225-243. Voir aussi A. Charles, « Note sur l'*apeiron* chez Plotin et Proclus », *Annales de la Faculté des Lettres et Sciences humaines d'Aix*, Études classiques 2, 43, 1967, p. 147-161. On lira également les leçons de Hegel sur Proclus qui insistent particulièrement sur ce point, non seulement dans la grande édition du Jubilé (*Sämtliche Werke*, Stuttgart, Frommann Verlag, herausgegeben von H. Glockner, Band XIX, p. 83 *sq.*) mais aussi dans la drastique édition de référence des *Vorlesungen* (*Vorlesungen über die Geschichte der Philosophie*, Teil 3, Griechische Philosophie, II. Platon bis Proklos, herausgegeben von P. Garniron und W. Jaeschke, Hamburg, Felix Meiner Verlag, 1996, p. 188 *sq.*, dorénavant cité V, Bd. 8, T. 3, p. 188).

en un étant (qui est donc un mixte). Cette opposition primordiale d'un principe déterminant et d'un principe indéterminant rend possible la figure proclienne de la négation génératrice ou constituante qui anime la théorie de la puissance causale issue du Principe et dont nous avons déjà parlé.

OUVERTURES

Quelles conséquences peut-on tirer de ces quelques remarques pour la compréhension de la signification du principe? Ce que montre le geste hénologique – en tant qu'il est méontologique – c'est l'irréductible contingence d'un principe identifié à un étant déterminé ou, de façon plus générale, qui reste dans l'ordre de l'*étance*. L'opposition réputée entre Principe-étant et Principe-rien (et jadis établie entre métaphysique de l'Être et métaphysique de l'Un[1]) se dissout d'elle-même lorsque la radicalité de la voie de l'*épékeina tês ousias kai toû logou* est véritablement mesurée. C'est sans doute la leçon plotinienne résumée dans la fameuse formule du 30è traité « le Principe n'est rien de ce dont il est le principe (*Ê estin men mêden toutôn ôn estin archê*) » qui exprime le plus fortement cette exigence. Elle inspire Stanislas Breton lorsque, dans *La pensée du Rien*, il montre comment l'assimilation du Principe à un étant réduit la principialité à une causalité qui, en entraînant l'homogénéité de la cause et du causé, fait rejaillir la contingence du second sur la première[2]. Il conclut : « L'orient-origine du principe n'est dicible que par un écart ou une différence que l'on qualifiera, par prudence, de *méontologique* »[3]. L'efficacité d'une telle thèse est particulièrement nette lorsqu'on pose au principe un *étant* suprême dont le concept peut certes être nécessaire mais dont l'existence reste contingente[4]. Quels que soient les efforts pour

---

1. Voir par exemple J. Trouillard, « Un et Être », *Les Études philosophiques*, 2, 1960.
2. « La causalité de la cause suggère une similitude dont le modèle, proche ou lointain, n'est autre, comme on l'observait à propos du genre, que de la parenté. L'homme engendre l'homme […]. Généralisant, nous pourrions dire : la cause, en sa causalité, ne produit quelque chose que par le truchement de la re-production » (*op. cit.*, Kampen, Pharos, 1992, p. 105). Si le causé est « re-production » de la cause, alors la cause est – comme en retour – maintenue sur le même plan que son effet.
3. *Ibid.*
4. Les efforts pour accentuer la transcendance du principe et réduire son homogénéité par rapport au principié peuvent avoir des degrés divers. Reste que même si le

garantir sa suprématie, sa participation à l'étant ne peut le sauver. Lorsque Descartes [1] insiste sur la transcendance du principe divin en le déclarant incompréhensible, il le place peut-être au-delà du *logos* mais certainement pas de *l'étance*. Tout ce qui est de l'ordre de l'étance ne peut être suffisant car il est posé et donc relativisé, dérivé ou contingent. Bien qu'il ne soit pas influencé dans ce passage [2] par une lecture néoplatonicienne, Schopenhauer lorsqu'il critique la *Causa sui* passe par la reconnaissance de la fragilité du thétique. Il rappelle que le dieu de Spinoza reste « refermé dans le monde » c'est-à-dire non seulement qu'il est du registre de l'étant mais qu'il en est la totalité (*Deus sive natura*). Or, cette existence – alors même que tout y est nécessaire – ne rend pas raison de soi. La *Causa sui* n'est qu'un subterfuge ou un coup de force (une « sentence dictatoriale » dit Schopenhauer) qui montre sa nature dérisoire lorsque Schopenhauer compare le Principe au baron de Muenchhausen tentant de s'extraire de l'eau dans laquelle il sombre avec son cheval « en se tenant à sa natte ». Dieu *causa sui* est un dieu en quelque sorte « tiré par les cheveux ».

Le caractère thétique domine toute la tradition ontologique qui assimile Principe et étant et identifie étance et thèse. Le révélateur néoplatonicien nous enferme-t-il dès lors dans cette alternative ? Ou bien le Principe est mais alors il est posé et par là contingent, ou bien il est au-delà de l'étant, du thétique (toute position fait virer l'Un au multiple) et alors seulement il peut commencer et commander. Pourtant la compréhension de l'étant comme donné ou comme posé qui traverse toute la tradition métaphysique depuis le nominalisme médiéval jusqu'à l'empirisme logique en passant par Kant, est-elle bien la seule compréhension de l'étantité de l'étant ? Si l'étant n'est plus pensé comme thèse et le Principe-Étant comme thèse suprême est-on nécessairement conduit à un Principe *épékeina tês ousias* ? Bref, peut-on *penser un principe ni thétique ni* pour autant *méonto-logique* ? Telle semble être la position de Hegel [3]. En reprenant

---

Principe-étant est incompréhensible (Descartes, *Secondes réponses*, A.T., IX, 110-VII, 139), la démarche reste dans l'ordre de l'étance.

1. *Secondes Réponses*, AT, IX, 110-VII, 139.

2. *De la quadruple racine du principe de raison suffisante*, § 8.

3. Deux remarques doivent accompagner ce choix. 1) Comment la lecture de Hegel peut-elle relativiser le geste méontologique ? 2) Pourquoi passer par la conception hégé-lienne de l'étant plutôt que voir le Principe dans le Tout (« *das Wahre ist das Ganze* »)?

l'acquis du geste néoplatonicien et en mettant en regard la démarche hégélienne peut-on découvrir une conception du Principe qui dépasse l'opposition de l'*ontôs on* et de l'*épékeina tês ousias* pour les conjuguer dans une conception rythmique de la principialité qui ne serait pas une troisième position mais le processus *essentiel* à l'œuvre aussi bien dans les conceptions du Principe-étant que dans celles du Principe-rien et dont les diverses accentuations dessineraient le spectre dans lequel toute figure du principe peut être pensée? En nous appuyant sur les trois éléments (onto-proto-logique) de toute constitution de la métaphysique[1], observons comment Plotin et Hegel rencontrent trois défis constitutifs d'une pensée radicale du principe : 1) Comment déterminité (au sens d'état de ce qui est déterminé – *Bestimmtheit* – à la différence de l'acte de détermination – *Bestimmung*) et principialité semblent incompatibles 2) Comment l'irréductibilité du Principe à l'existence (en tant que simple thèse) conduit à concevoir l'étantité de l'étance comme processus ou *avènement*. 3) Comment cette processualité de l'étant renvoie à un Principe lui-même processuel. 4) Corrélativement, quelles exigences sont posées pour *dire* la principialité du principe et sa relation à l'étant.

1) Essentiellement dans la mesure où Hegel remet toujours en cause la démarche consistant à mettre le principe à l'abri de la contingence soit en accentuant sa transcendance (critique d'un dieu caché par exemple au § 564 R de l'*Encyclopédie*) soit en absolutisant son identité (critique constante du Schelling de la *Darstellung* de 1801, depuis la Préface de la *Phénoménologie de l'esprit* jusqu'aux leçons berlinoises sur l'histoire de la philosophie). Si l'hénologie (comme nous l'avons constaté en lisant Plotin et Proclus) ne récuse pas l'ontologie mais l'intègre et la relativise, ne doit-elle pas elle-même assumer un moment thétique? Se trahit-elle ou s'accomplit-elle en assumant la thèse de l'étant? Autrement dit, l'accentuation de la transcendance de l'*archê*, tout en mettant à l'abri son intégrité, ne rend-elle pas proprement impensable la relation entre le Principe et le principié?

2) Seconde question préjudicielle : pourquoi ne pas simplement opposer Plotin et Hegel comme pensée du Principe-Rien et pensée du Principe-Tout (pour reprendre deux figures du principe selon S. Breton)? Parce que le Principe-Tout ne surmonte pas la contingence du thétique comme le montre l'aporie de Damascius (*Traité des premiers principes*, trad. fr. Combès, Paris, Les Belles Lettres, 1986, p. 1). La totalité peut-elle être à soi-même son propre principe? Si le principe fait partie du tout, il n'est qu'un élément donc il n'est que principié. Si le Principe n'appartient pas au Tout, alors il est au-delà de tout ce qui est. On en reste donc à l'opposition entre Principe-Étant (assimilé à la totalité de *ce qui est*) et Principe-Rien. Il faut donc que le principe hégélien du système ne soit pas un étant mais un *procès* pour qu'il puisse commencer et commander sans être méonto-logique. Voir *H.H.M.*, p. 359.

1. *Ibid.*, chap. 7.

Pourquoi un étant déterminé *ne peut pas être Principe*

Chez Plotin, cette affirmation implique deux éléments à articuler : d'abord l'insuffisance du déterminé en tant que tel, ensuite le fait que la détermination en tant que dérivée est – en s'éloignant du Principe – de plus en plus affectée d'une indétermination qui n'est plus celle d'un au-delà mais d'un en deçà.

L'Intelligible, en tant qu'il est déterminé, *est* au sens plein. Si l'étant comme *tode ti* est relativisé par rapport à l'Un, il est intégré et conserve le *péras* comme marque d'excellence par rapport au sensible qui n'est pas tout à fait ce qu'il est mais devient ou, en quelque sorte, perd la netteté des contours qui en font *quelque chose*. L'Intelligible est système, unité organique des Idées déterminées. Elles s'y différencient sans se séparer. Cette différenciation immanente de l'unité est *vivante* (traité 30, III, 8, 8). Pourtant, cette unité n'est pas absolue ; elle n'est qu'une unité multiple. L'Intelligible correspond à la deuxième hypothèse du *Parménide* – non point l'Un mais l'Un-qui-*est*. La détermination de l'Intelligible marque à la fois sa perfection par rapport au sensible (multiple) et son infériorité par rapport au Principe (l'Un). Cette faiblesse de l'Intellect (ou de l'Intelligible puisqu'ils sont le même) est exprimée de façon particulièrement nette à l'occasion de l'examen de la capacité de l'Intellect à penser le Principe. Le 49ᵉ traité (V, 3, 11) déclare : « L'Intellect [devient] multiple lorsqu'il veut penser l'au-delà (*to epékeina*) […] mais en désirant (*épiballein*) le saisir en sa simplicité, il s'en écarte pour recevoir toujours en lui d'autres choses qui se multiplient ». La détermination est une relativisation. Penser le Principe, c'est le déterminer ; or le déterminer c'est le perdre. C'est cette détermination différenciatrice qui marque identiquement la réfutation plotinienne de la définition aristotélicienne du Principe comme *noêsis noêseôs*. Elle est menée au début du 24ᵉ traité (V, 6, 1-2). Plotin commence par reprendre la distinction aristotélicienne entre penser autre chose (*allo*) et se penser soi-même (*auto*) et s'accorde avec le Stagirite sur la supériorité du « se penser » par rapport au « penser quelque (autre) chose ». Pourtant, pour penser il faut un intellect *et* un intelligible. La pensée de la pensée n'est pas unité absolue mais unité multiple. Elle ne peut donc pas être Principe mais seulement principiée, dérivée. La détermination (même parfaite) de la pensée qui se pense implique son insuffisance. Plotin en conclut que le Principe – s'il pensait – aurait une détermination et serait donc multiple. On comprend que le 49ᵉ traité déclare que le Principe ne pense pas car s'il pensait il ne serait pas au-delà (*ouk épékeina*) et donc ne serait pas Premier.

Si l'étant déterminé est inférieur à l'indétermination du Principe, c'est en même temps parce qu'il a part à une autre forme d'indétermination. Laquelle et pourquoi? Partons de cette formule du 12ᵉ traité (III, 4, 15) : « plus une image (*eidôlon*) est éloignée du Vrai (*alêthés*), plus il y a en elle de l'indéterminé (*apeiron*) ». Il faut donc distinguer l'indétermination du Principe qui est liée à son excellence de l'indétermination qui s'accroît lorsque – dans une sorte de dégradation du mouvement de procession – on entre dans ce que Plotin nomme à plusieurs reprises « les ténèbres (*o skotos*) ». Le 30ᵉ traité (III, 8, 2) décrit ainsi le *logos* qui se manifeste dans les formes visibles d'ici-bas comme un *logos* en voie d'épuisement, un *logos* « nécrosé (*logos nekros*) » c'est-à-dire « incapable de produire autre chose (*kai oukéti poieîn dunatai allon*) » et donc d'être principe ne serait-ce qu'en son ordre. C'est la matière qui porte à son terme cette corrélation entre indétermination et impuissance. Le 9ᵉ traité (VI, 9, 7) la dit *apoion*, sans qualité (pur déterminable c'est-à-dire susceptible de « recevoir les empreintes de toutes les qualités (*déchesthai tous pantôn tupous*) ». Si l'on tient ensemble l'insuffisance de l'étant déterminé et sa part à l'indétermination inférieure, on comprend que « matière » se dise chez Plotin en deux sens dont la différence illustre la dégradation du déterminé. Le 12ᵉ traité (II, 4, 5), consacré précisément aux « deux matières » déclare : « le ténébreux [1] (*to skoteinon*) est différent dans les intelligibles et dans les sensibles [2] (*en toîs noêtoîs to te en toîs aisthêtoîs*) ». La matière intelligible est déterminée (au sens positif du *péras*) et correspond à l'altérité (*to héteron*) du *Sophiste* de Platon. La matière sensible est le fond ténébreux où toute limitation s'épuise et correspond à la *chôra* du *Timée*.

Voyons comment, dans le contexte radicalement différent de l'onto-logique spéculative de Hegel, la déterminité de l'étant signe son impuissance à être érigé en principe. La *Science de la logique* (dans toutes ses versions) définit l'être-là (*Dasein*) comme « Être déterminé (*bestimmtes Sein*) » [3] ou comme « Être avec une détermi-

---

1. Et non « le principe ténébreux » (trad. fr. Bréhier) ce qui donne une consonance presque gnostique au passage.
2. Là encore l'ajout du terme « choses » ne nous paraît pas s'imposer.
3. GW, Band 21, p. 102.

nité (*Sein mit einer Bestimmtheit*) » [1]. Alors que l'Être pur est pure indétermination – pure abstraction qui est tout aussi bien Néant – l'être-là est *quelque* chose (*Etwas*). L'expression française marque heureusement le *ti* du *tode ti*. La déterminité est désignée comme qualité. *Qualität* renvoie au *poion* aristotélicien repris, comme nous l'avons vu, par Plotin pour marquer l'infériorité de l'être par rapport à l'Un. Le principe est « sans qualité » parce que cette dernière le relativise, applique à l'au-delà un vocabulaire de l'ici-bas. Chez Hegel la situation est différente. La déterminité caractéristique de l'être-là a une double signification. D'une part le fait que la détermination (ou la qualité) implique une limite dessine ce par quoi *quelque* chose est *ce qu'il est*. La *Doctrine de l'être* dans sa version de 1832 [2] décrit ce premier sens de la déterminité comme *péras*, *horos* – « limite immanente » qui implique « l'être-dans-soi du quelque chose (*das Insichsein des Etwas*) ». L'être-là, en tant que déterminité, présuppose une sorte de concentration par laquelle il est soustrait à l'indétermination de l'être, du néant ou du devenir purs. C'est la dimension déterminante de l'être-là. D'autre part, cependant, « déterminité » signifie non plus dé-finition mais aussi finité : « en disant de choses qu'elles sont finies, nous entendons par là qu'elles n'ont pas seulement une déterminité […] mais nous voulons dire que c'est bien plutôt le non-être qui constitue leur nature, leur être ». Dès lors la déterminité marque la contingence au sens de caducité (*Zufälligkeit*). Des étants déterminés c'est-à-dire des « choses finies (*die endlichen Dingen*) », Hegel déclare avec force : « elles sont, mais la vérité de leur être est leur terme (*Ende*) ». La contingence de l'étant « déterminé » ne signifie pas seulement qu'étant ainsi il aurait pu être autre ou autrement, pas seulement qu'il aurait pu ne pas être mais bien qu'en tant que déterminé, que fini, il est promis à la disparition ou plutôt qu'en tant que tel, il *est son propre disparaître*. Hegel conclut : « l'être des choses finies consiste, en tant que tel, à avoir en soi le germe de la disparition (*den Keim des Vergehens als ihr Insichsein zu haben*). L'heure de leur naissance est l'heure de leur mort ».

C'est cette déterminité qui va servir de révélateur pour montrer la contingence des principes. Tout principe *déterminé* (fini) ne peut pré-

---

1. *Encyclopédie des sciences philosophiques* (1830), § 90.
2. GW, Band 21, p. 116. Toute l'analyse qui suit s'appuie sur la lecture de cette même page.

tendre à la principialité : il n'est qu'une présupposition, un postulat, une thèse vacillante. La *Phénoménologie de l'esprit*, la *Science de la logique* et l'*Encyclopédie* confirment un tel verdict mais c'est peut-être un passage des *Leçons sur l'histoire de la philosophie* qui l'exprime le plus fortement. Au moment d'aborder la deuxième période de l'histoire de la philosophie grecque – celle qui suit la grande instauration platonicienne et aristotélicienne – Hegel analyse la relation entre dogmatisme et scepticisme. Cette relation n'a pas seulement une portée historique mais représente deux dimensions permanentes de toute philosophie comme le confirme l'exposition des «trois côtés du logique» dans l'*Encyclopédie* (§ 79-82). Le dogmatisme est défini précisément en relation au statut du principe : «la philosophie dogmatique est celle qui établit un principe, un critère déterminé (*bestimmtes*), et seulement un tel principe»[1]. Or, explique Hegel, tout principe «déterminé» c'est-à-dire fini, «positif (*positiv*)» (c'est-à-dire thétique) ou encore «unilatéral (*einseitig*)» est *en tant que tel* contingent. C'est la tâche du scepticisme de mettre cela en évidence : « le scepticisme est un comportement négatif, il est même la négation active à l'encontre de tout principe »[2]. Rien de dubitatif dans l'attitude sceptique, mais une activité corrosive qui exerce sa force contre toute thèse unilatérale. Cela correspond à ce que l'*Encyclopédie* nomme «le sceptique (*das Skeptische*)» qui se distingue de l'individu sceptique (*der Skeptiker*) comme une dimension permanente du logique : celle de la «négation prise à part (*ibid.*, § 81R)», celle d'une négativité qui, en montrant l'unilatéralité de toute thèse, n'ouvre pas la mise en relation des déterminations dans ce que Hegel appelle le système mais la détruit et ne laisse que du vide. La vérité indépassable du sceptique à l'égard du principe «déterminé», c'est de montrer qu'à peine posé il est dé-posé et donc qu'aucun principe, aucune proposition, aucun étant déterminé ne peut être «ce qui commence et commande».

Cette contingence du principe apparaît également dans la réfutation hégélienne de la critique kantienne de la preuve ontologique. Kant présente cette preuve comme effort pour tirer du concept l'être-là de Dieu (*Dasein Gottes*). Or, Kant assimile l'existence à l'être-là et

---

1. *Werke in zwanzig Bände*, Theorie Werkausgabe, Frankfurt/Main, Suhrkamp Verlag, 1971-1979, Band 19, p. 253 (cité W, 19, 253). Voir aussi V, Bd. 8, T. 3, p. 99 *sq.*
2. W, 19, 254. Voir aussi V, Bd. 8, T. 3, p. 134 *sq.*

l'être-là à une thèse donnée à l'intuition. Hegel montre que ce n'est qu'à partir d'une telle *présupposition* qui vaut comme un principe que l'argument ontologique peut être réfuté. Pourquoi cette identification de l'étantité de l'étant à la thèse d'un être-là? S'agit-il bien du mode d'être qui convienne à Dieu? C'est cette voie que suit la remarque du § 51 de l'*Encyclopédie*. Hegel rappelle que dans sa critique, Kant utilise l'exemple des cent thalers. Il remarque : « lorsqu'on parle de Dieu, c'est là un objet d'une autre sorte que cent thalers ou que n'importe quel concept, n'importe quelle représentation particuliers ou que n'importe quoi de particulier ». Il n'est pas étonnant que Kant disjoigne concept et être-là dans la finitude. Ce qui pose problème, c'est qu'il érige en principe l'être-là donné dans l'expérience comme seul critère de toute forme d'existence. Dieu, en tant que tel, ne peut pas être pensé sur le modèle d'un étant fini, déterminé, donné empiriquement. Plus largement, il ne peut relever du thétique puisque tout posé s'expose à la destruction, avoue sa caducité. S'il y a principe dans la philosophie de Hegel et si ce principe peut être nommé « Dieu », alors il faudra penser selon un autre mode d'être que celui qui commande toute la pensée kantienne. Nous y reviendrons. Il faut d'abord reprendre la question de l'étant en cherchant une issue à la réduction de l'existence à la thèse. Pour cela, va s'imposer une conception de l'étant comme événement (ou avènement) et comme processus.

De la thèse à l'événement : la processualité de l'étant

Cette conception correspond chez nos deux auteurs à l'*hénôsis* et à la *Wirkung* (de la *Wirklichkeit*). Unification et effectuation ou actualisation. Repartons une nouvelle fois de la formule du 9ᵉ traité : *panta ta onta tô éni estin onta*. Qu'est-ce que cette action du Principe? Elle est uni-fication au sens où c'est l'Unité qui fait entrer dans la présence. Le 42ᵉ traité (VI, 1, 26) l'établit par le biais d'objections contre les stoïciens : « en mettant les substrats (*hupokeimena*) au premier rang (*prôta*) et en y plaçant la matière (*tên hulên*) avant toute autre chose, ils mettent ce qui, pour eux, est le premier principe sur le même plan que ce qui suit ce principe ». Parce que la matière est non point « puissance de tout » mais « en puissance de n'importe quoi », parce qu'elle est facteur de dispersion, elle ne peut accomplir l'unification sans laquelle aucun étant ne peut être. Le 9ᵉ traité (VI, 9, 9) le dit clairement :

« séparé de l'Un, l'étant n'est pas (*ouk estin*) ». L'un est l'avènement[1] de ce qui est. Ce qui est n'est pas une thèse ou un objet que la pensée rencontre, il s'épanouit à la faveur de l'Un. Le thème de la « venue » nous semble bien illustrer cela dans le 31e traité (VI, 8, 8) et le 32e (V, 5, 8). Le premier texte montre que le Principe ne « vient » ni au hasard (*oudè tuchê*) ni de façon contingente (*oudè to automaton*) car contingence ou hasard viennent après. Lui-même ne vient pas comme quelque chose qui arriverait là où il n'était pas. Comme le dit le 32e traité : « il vient sans venir ». Plotin poursuit : « Il n'est pas venu et il est là ! Il n'est nulle part, et il n'y a rien où il ne soit ! ». Immanence et transcendance se conjuguent pour faire de l'étant l'événement du Principe (immanence) tout en préservant son irréductibilité (transcendance) à l'ordre de l'étance. Exister, ce n'est pas être posé mais advenir du Principe. L'*huparxis* est *huparchein* c'est-à-dire ce qui provient du principe *hup-archê*[2].

Chez Hegel l'être-là comme être fini ou thèse n'est pas le sens ultime de l'étant. L'idéalité du fini ne signifie pas, en dernière instance un anéantissement. Ce que l'instabilité de la déterminité révèle, c'est un médiation plus profonde que l'immédiateté de l'être : le processus essentiel. Toute thèse, explique le chapitre de la *Doctrine de l'essence* consacrée aux « essentialités », est contradiction c'est-à-dire non point opposition à d'autres thèses extérieures mais intériorisation de la négativité qui s'est révélée dans la dé-stabilisation du fini. Or la *Science de la logique* (E, § 120) fait passer cette contradiction dans le Fond (*Grund*). Est-ce à dire que le Fond marque la résurgence du thétique qu'il est le substrat sur lequel l'étant repose et qui se révèle dès lors le Principe ? Il n'en est rien. Lorsque Hegel déclare que la contradiction « *zugrunde geht* », l'expression peut avoir deux sens. « Aller au Fond », cela peut signifier aller en un fondement où s'apaise

---

1. R. Schürmann dans son article « l'hénologie comme dépassement de la méta-physique » (*Les Études philosophiques*, n° 3, 1982, p. 331-350) et dans son ouvrage monumental *Des Hégémonies brisées* (Première partie, chap. 6, Trans-Europ-Repress, Mauvezin, 1996) explore une telle interprétation. Il n'est pas illégitime de se demander s'il ne tire pas trop l'*hénôsis* vers l'*Ereignis* heideggerien.

2. Proclus (*Elementatio*, théorème 23) comme Damascius (*Des Premiers principes*) distinguent et articulent *hyparxis* (existence au sens de sortie du Principe) et *ousia* au sens d'étance). *Hyp-archein* est l'étance *en tant qu'elle est placée* sous le commandement du Principe. Voir P. Hadot, « L'être et l'étant dans le néoplatonisme », *Revue de théologie et de philosophie*, 1973.

la contradiction. Mais cela peut vouloir dire aussi aller au gouffre, s'abîmer; la contradiction alors ne se repose pas en un Fond principiel mais investit le *Grund* lui-même : « le Fond qui s'est donné pour nous d'abord comme suppression (*Aufhebung*) de la contradiction, apparaît comme une nouvelle contradiction »[1]. Le Fond – parce qu'il relève en quelque façon du thétique, de la stance (*hupo-keimenon*, sub-*stratum*) retrouve en registre essentiel l'instabilité décrite dans la logique de la déterminité. Pourtant, bien que l'être-là semble disparaître (comme dans l'idéalité du fini), il s'approfondit plutôt dans et par la médiation essentielle et émerge comme Existence. Le Fond n'*est* que comme surgissement de l'Existence. Celle-ci est certes détermination, position mais enrichie du mouvement essentiel qui la fait venir au jour. Elle est en ce sens un avènement à partir du Fond dans son effondrement même. L'existence est donc déjà pensée comme processualité qui va s'accomplir au terme de la «Logique objective» comme effectivité. Comment entendre ce terme? L'*Encyclopédie* (§ 142) répond : «L'effectivité (*Wirklichkeit*) est l'unité devenue immédiate (*die unmittelbar gewordene Einheit*) de l'essence (*Wesen*) et de l'existence (*Existenz*)». Parce qu'elle est «devenue», l'immédiateté de l'effectif n'est plus une thèse opaque mais un surgissement. C'est ce que confirme la suite du paragraphe : « l'extériorisation (*Äußerung*) de l'effectif est l'effectif même». L'effectif n'est pas factuel mais processuel. Son processus est son extériorisation même et celle-ci n'est pas une chute dans une extériorité étrangère mais une actualisation de soi. C'est à l'*énérgeia* que Hegel relie la *Wirkung* de la *Wirklichkeit*. L'exister de l'effectif est bien un surgissement comme l'*hyparxis* s'est révélée sortie ou émergence à partir du principe. Mais ici quel est le Principe? Qu'est-ce qui «commence et commande» ce surgissement de l'étant? C'est la liberté comme auto-détermination. L'être-là n'est pas thèse opaque mais immédiateté transie d'une médiation que l'idéalité du fini révèle et qui s'épanouit dans le parcours essentiel. L'existence ne surgit pas simplement d'un fond indéterminé qui s'effondre. Chaque expression de la thèse de l'étant est sous-tendue par une médiation qui n'est pas seulement une pure négativité mais qui est l'œuvre de la liberté.

---

1. *Encyclopédie*, § 121 addition.

La rythmique du Principe

Dès lors, on s'aperçoit que l'avènement de l'étant n'est pas distinct de la processualité du Principe lui-même. Cela est manifeste chez nos deux auteurs. Commençons par Hegel. Comme nous venons de le voir avec le surgissement de l'Existence à partir du Fond, le processus de déploiement de l'étant est commandé par le mouvement de la liberté qui est Principe. La thèse encore opaque de l'être-là (dont la détermination signifie fixation du devenir et comporte donc quelque chose de figé) est fluidifiée dans et par la contradiction dialectique. L'identité thétique « va au gouffre » c'est-à-dire sombre dans l'indétermination du Fond où la contradiction s'est redoublée. Cependant cette indétermination n'est pas un anéantissement. L'Existence est précisément la résurgence ou la surrection de la thèse de l'étant à partir de la pure médiation qui caractérise l'essence par rapport à l'immédiateté de l'être. Ce jeu ou ce rythme scandé par deux moments (déterminant et indéterminant) se résume comme auto-détermination c'est-à-dire liberté. C'est cette liberté qui rythme l'ensemble de l'auto-déploiement de l'être dans la *Science de la logique* et commande la présentation (*Darstellung*) du sens (du rationnel) dans les sphères finies de la nature et de l'histoire. Ce processus de libération est à la fois indétermination (la liberté comme telle n'étant déterminée par rien) mais il est aussi détermination au sens où la liberté *se* détermine (sans cette effectuation elle resterait une vaine abstraction). Le « drame de l'Absolu » est ce processus d'extériorisation (*Entäusserung*) déterminante puis d'intériorisation (*Erinnerung*) indéterminante (c'est-à-dire de reprise réflexive de la détermination). On comprend pourquoi l'impossibilité d'ériger un étant déterminé au rang de Principe obligeait à penser Dieu ou l'Absolu en termes processuels d'extériorisation de soi et de reprise c'est-à-dire de liberté comme auto-détermination. La thèse de l'étant est le premier moment de présentation de l'Absolu. Pris à part, ce moment est coupé de la médiation qui l'a fait advenir et qui le reprend en manifestant son sens. C'est selon cette processualité principielle que se comprend le mouvement de l'Idée qui s'extériorise en nature et se reprend en esprit – selon la figure disjonctive du syllogisme de la nécessité au § 577 de l'*Encyclopédie*. C'est également ainsi que la philosophie de la religion décrit l'économie trinitaire du Père qui s'extériorise en son Fils jusqu'à la mort et ressuscite en Esprit. La rythmique du *péras* et de l'*apeiron* qui commande chez Proclus l'avènement de l'étant trouve ici un avatar. L'avènement de toute chose est – pour reprendre l'expression du *Philèbe* qui inspire Proclus – un mixte de deux mouvements : détermination qui pose dans l'être et indétermination qui signe l'irréductibilité du Principe au seul moment de sa position.

Qu'en est-il chez Plotin ? Il ne suffit pas d'invoquer ou d'évoquer l'*hénôsis*, il faut essayer de penser ou au moins d'approcher cette unification. Mais comment puisque l'Un est au-delà de l'étant ? Alors que chez Hegel la liberté n'est pas au-delà de ce qui est mais est le processus qui le porte à l'effectivité, chez Plotin l'irréductibilité du Principe est telle que si l'on peut parfaitement recevoir la puissance infinie ou in-déterminée du Principe (nous l'avons expliqué plus haut), on voit plus difficilement sa relation au simple étant. Il ne suffit pas non plus de parler de Procession[1] comme position de l'étant. La Procession n'est pas une action *ad extra* en laquelle l'Un sortirait de lui-même. Elle n'est pas non plus une simple descente (puisque le 23ᵉ traité utilise aussi bien l'image du cercle). Elle n'est pas enfin une vague émanation sans quoi cette Procession de l'Un ne serait pas l'avènement de l'étant mais la pure dilapidation d'un Principe indéterminé en son origine et perdu en son déploiement. En fait, la Procession n'est pas séparable de la Conversion. C'est la dimension de la Conversion qui joue le rôle du *péras* ou de la détermination. La Conversion est certes intériorisation en notre âme qui marque le retour vers le Principe. Mais elle est aussi le moment « stabilisant » de la puissance infinie caractéristique du Principe. C'est ce que décrivent parfaitement le 10ᵉ et le 11ᵉ traité (V, 1, 6 et V, 2, 1). Dans le premier texte, Plotin déclare : « la génération de toute réalité à partir de l'Un procède nécessairement de son éternelle conversion vers Lui ». Pour que, « à partir de l'Un », les « étants soient des étants », il faut la générosité infinie du Principe (*apeiron*) sa surabondance, sa « puissance illimitée » mais il faut aussi une stabilisation, une détermination (*péras*). Le premier paragraphe du 11ᵉ traité (V, 2, 1) décrit ainsi le moment où la Conversion *détermine* la Procession : « ce qui est engendré se tourne vers lui [l'Un] » dès lors, continue Plotin, « son *arrêt* (souligné par nous) la produit comme étant (*kai ê men pros ékeîno stasis autoû to on*

---

1. Nous mettons une majuscule à procession et conversion lorsque nous voulons les dégager en tant que concepts essentiels ou opérateurs de la relation entre Principe et principié.

époiêsen)». C'est la « stase » apportée par la Conversion qui produit la
thèse de l'étant et articule le Principe et le principié en sauvant la
Procession de l'indétermination [1] que nous avons vu Hegel déplorer.

Comment dire le Principe

S'il y a chez Hegel comme chez Plotin une dimension « avène-
mentielle » de l'étant, elle n'a pas ici et là le même sens. Chez Plotin
l'avènement de l'étant est la libre dispensation de l'Un – sa « générosité ». Chez Hegel le sens de l'étant (l'étant sensé c'est-à-dire l'effectif) advient dans le processus d'autodétermination de la Liberté. Dans
le premier cas, le Principe reste au-delà de l'étance et du *logos*. Dans le
second, le Principe (la Liberté en laquelle s'origine l'étant et qui en
commande le déploiement) s'engage dans l'étance et ne resterait
qu'une pure abstraction sans le moment de position de soi. Là où
Plotin met l'accent sur l'*épékeina* et l'indétermination, Hegel insiste
sur l'immanence et la détermination. Comment cela se traduit-il pour
la diction du Principe ?

Pour comprendre la relation entre discours et Principe chez Plotin,
il faut donc garder constamment en vue l'*épékeina*. Le 49ᵉ traité (V, 3,
13-14) exprime fortement cela : « [Le Principe] est ineffable (*arrê-
ton*) ; quoi que vous disiez vous direz *quelque chose* (*ti*) : or ce qui est
au-delà (*épékeina*) de toutes choses, ce qui est au-delà (*épékeina*) du
vénérable Intellect, ce qui est au-delà (*épékeina*) de la vérité qui est en
toutes choses, n'a pas de nom (*ouk onoma*) ». Si l'Un n'est pas et ne
peut pas, en tant que tel, être un « quelque chose », alors il ne relève pas
du *legein ti kata tinos*. La transcendance ou l'in-détermination du
Principe s'accompagnent nécessairement d'une relativisation du langage propositionnel [2] tel qu'il est thématisé par Aristote. Relativi-

---

1. Ce que la surabondance du Principe donne d'abord est sous le signe de l'indétermination : la « *matière* intelligible » (II, 4,15). Pour être « matière *intelligible* », il faut
la détermination. Le « devenir multiple » ou encore la « fragmentation de l'unité » qui
caractérisent l'Intelligible marquent à la fois son infériorité par rapport au Principe et sa
perfection dans l'ordre de l'étant dans la mesure où après le deuxième hypostase, croît
l'indétermination de l'en deçà dont nous avons parlée.

2. Voir Aristote, *De l'interprétation*, chap. 4. 16 b *sq*. Si le langage propositionnel
peut s'épanouir dans une pensée du Principe en tant qu'étant déterminé (quelque chose),
il devient inadéquat lorsque l'irréductibilité du Principe s'accuse. Cela explique le rôle
central de l'analogie dans une pensée comme celle de saint Thomas d'Aquin où l'être ne
peut être attribué de façon univoque au principié (l'*ens creatum*) et au Principe (*esse*).

sation et non révocation car il reste valide dans l'ordre du déterminé et du « dianoétique ». Dans l'ordre intelligible, un discours qui adjoint des prédicats à un sujet devient inadéquat. L'unité de l'Intellect et de l'Intelligible interdit cette différenciation extérieure. La pensée discursive reste indispensable en notre âme. Cependant, comme « le raisonnement (*logizomenon*) procède par voie de composition et de division (*sunagon kai diairoûn*) »[1], il faudra que notre âme s'élève de la composition discursive à la contemplation silencieuse de l'Intelligible. Même si elle ne se traduit pas dans un langage dianoétique, celle-ci n'est pas a-logique ou misologique. Elle est contemplation de la *différenciation* des Intelligibles. L'Intellect « recueille » – comme en un *logos* silencieux – les « effets multipliés » de l'unité principielle (49e traité, V, 3, 11).

Reste que la diction du Principe exige de dépasser ce plan ou, tout au moins, ne peut s'en satisfaire. Si c'est l'in-détermination qui caractérise l'Un et si le Principe échappe donc au discours rationnel (dianoétique et noétique) mais si le même traité affirme que « nous essayons néanmoins de le signifier (*sêmainein*) », alors il va falloir déployer une discours in-déterminant[2]. Tel est le logos apophatique (et non plus apophantique) qui élève notre âme en la débarrassant peu à peu du déterminé. Les traités 38 (VI, 7, 36) et 39 (VI, 8, 8 *sq.*) fournissent un bon appui pour comprendre cela. La voie négative est purificatrice non seulement d'un point de vue spirituel parce qu'elle nous lave des déterminations qui nous maintiennent dans les ténèbres mais parce qu'elle débarrasse le Principe même de tout ce qui le finitise, l'obscurcit ou l'hypostasie[3]. De là l'expression du 39e traité : pour approcher le Principe, « écartons de lui toute chose ». Puisqu'il « ne doit avoir absolument aucun rapport à quelque chose […] supprimons même le mot : il *est* ». Le Principe n'a pas de nature, pas d'essence, aucune dépendance, il ne pense pas ; toute détermination fait écran non

---

Réciproquement, l'affirmation de l'univocité de l'étant réduit la distance entre le Principe et le principié et s'accompagne d'une légitimation de la proposition logique trouvant sa forme peut-être la plus pauvre dans la théologie scolaire que Kant critique.

1. V, 3, 2 (Traité 49).

2. Plotin explore aussi la voie qui cherche un *autre* discours où l'importance des images devient centrale : image royale (V, 5, 3, Traité 32), solaire (I, 7, 1, Traité 54), de la lumière (VI, 7, Traité 38) ou encore analogie avec la source inépuisable.

3. En toute rigueur, l'Un n'est pas une hypostase (malgré le titre du 10e traité) puisqu'il est au-delà de toute détermination.

seulement entre notre aspiration de l'Un et l'Un même mais destitue l'Un de sa principialité.

Hegel, parce qu'il ne réduit pas l'étance au thétique, doit tout comme Plotin prendre distance avec la proposition attributive [1] thématisée par Aristote comme *logos apophantikos*. C'est ce qu'effectuent en particulier les célèbres textes de la Préface à la *Phénoménologie de l'esprit*. Alors que la proposition représentative conçoit l'étant dont on parle comme une base fixe sur laquelle vont et viennent des prédicats par les soins d'un sujet connaissant fini, la proposition spéculative est auto-déploiement du Sujet même de la connaissance et de l'étance. Mais, en même temps Hegel insiste sur le caractère *déterminant* du prédicat : ou le sujet n'est que le déploiement de ses déterminations ou il n'est qu'une vaine abstraction. Si l'entendement déterminant peut être fixateur c'est-à-dire s'en tenir à des déterminités figées dont la mise en relation n'est pas immanente mais extérieure, il présente tout autant ce que le 32e alinéa de la Préface appelle « la puissance la plus merveilleuse (*verwundsamsten*) et la plus grande, ou bien plutôt, la [puissance] absolue ». Sans travail de dé-termination (c'est-à-dire de scission, d'incision) il n'y a pas d'onto-logie, pas de discours de ce qui est mais une stupeur muette devant l'Être pur ou le Néant pur. C'est grâce à cette détermination advenue dans l'Immédiateté indéterminée de l'étance conçue comme Être, Néant ou Devenir qu'émerge l'être-là, le *tode ti* ou « l'être avec la détermination ». Pas de rationalité accomplie sans le premier côté du logique – celui du *positivo-rationnel*. Ce n'est qu'à la faveur de cette dimension – mais également à l'exacte mesure de son dépassement – que la liberté même comme auto-*détermination* prend toute sa richesse et sa signification. Chez Hegel, ce qui commence et commande doit assumer le moment de la détermination. La lui refuser n'est pas le protéger d'une déchéance mais l'appauvrir. C'est dans cet esprit que les *Leçons sur l'histoire de la philosophie* s'interrogent le thème plotinien de la « procession ». Hegel insiste légitimement sur l'indétermination du Principe plotinien : « de façon générale aucun prédicat, par exemple être, substance, ne lui convient; car ils expriment quelque déterminité » [2]. En même

---

1. Sur ce point, nous nous permettons de renvoyer à notre article, « *Die Metaphysik als Logik* », *Wiener Jahrbuch für Philosophie*, Band XXXV, 2003, p. 191 *sq.*

2. *Leçons sur l'histoire de la philosophie*, trad. fr. Garniron, Paris, Vrin, 1975, p. 873 (dorénavant cité LHP).

temps, cette in- ou a-détermination de l'Un[1] fait aussi sa faiblesse en tant que principe. Cette impuissance de l'indétermination du Principe s'accuse, au yeux de Hegel, dans le thème capital de la Procession. Hegel porte contre elle deux types d'objections. D'abord elle est traduite dans des formules infra-conceptuelles : « scission, émanation, écoulement ou procession, émergence, chute, sont des mots [...] qui ne veulent rien dire »[2]. Qu'est-ce qui fait leur insuffisance ? Ici intervient le second type d'objection : « il n'y a pas là une véritable progression ». La formule peut sembler étrange au moment où Hegel couple Procession et Conversion. La meilleure façon de dissiper cette étrangeté consiste, comme nous l'avons vu, à insister sur l'identité de la progression et de la Conversion (critique interne). Ce n'est pas ce que Hegel veut dire. Ce sur quoi il concentre son attention, c'est sur l'*indétermination* du processus. En ne rendant pas justice au rôle ontogénétique de la conversion, Hegel ne voit dans la « surabondance » de la procession qu'une coulée indéterminée. Pas de progression sans détermination et sans négativité qui fluidifie le déterminé mais ne le dépose que pour l'ouvrir à la totalité relationnelle du Logique – c'est-à-dire au système. Dire le Principe, cela va donc signifier refléter (*Spiegulation/Spiegel*) spéculativement les *déterminations* selon leurs relations systématiques.

BILAN

1) Radicalité et dilemme. Le geste néoplatonicien remet radicalement en question la possibilité d'appeler Principe un étant (quelle qu'en soit la dignité ontologique) ou même la totalité de l'étant. Il insiste sur le fait que l'étantité de l'étant implique la détermination (chez Aristote l'*ousia* est *tode ti*, chez Thomas d'Aquin l'*ens* est déterminé en tant qu'*essentia*, chez Hegel le *Dasein* est « être avec une déterminité (*Sein mit einer Bestimmtheit*) », chez Husserl la facticité de l'objet est son existence *dans les limites* de sa « nécessité eidétique »[3], etc.). Tout étant désigné comme Principe ne peut pas vérita-

---

1. Si l'Un est indéterminé, c'est au sens où l'Être pur l'est (LHP, p. 869). Hegel ne rend pas justice à la radicalité de l'*épékeina*. Plus gravement, il identifie l'Un à « la réalité effective absolue » – expression qui n'est valable que pour la deuxième hypostase.

2. LHP, p. 907

3. Husserl, *Ideen zu einer reinen Phaenomenologie und phaenomenologischen Philosophie*, Halle, Niemeyer, 3 Auflage, 1928, chap. I, § 2.

blement « commencer et commander ». Le Principe n'est Premier que dans l'exacte mesure où il est « au-delà de l'étance (*épékeina tês ousias*) » ou encore « au-delà de l'étant (*épékeina ontos*) ». Mais cet « au-delà » du déterminé, cet infini (*apeiron*), cette infinie « puissance de tout (*dunamis tôn pantôn*) » font la principialité du Principe, doivent laisser penser sa relation à l'étant (au principié) sous peine de noyer le Premier dans un silence absolu et une nuit équivalente à son effacement – rendant en cela impossible l'accomplissement de sa fonction de commencement qui commande.

Ce que révèle donc (peut-être malgré lui) le geste méontologique, c'est ce que l'on peut nommer le *dilemme* du Principe. Ou bien il est au-delà de l'étance (mais l'indétermination qui est d'abord signe de son excellence risque de se renverser en faiblesse dans la mesure où son « écart » avec l'étant l'expose à rendre impensable la relation Principe-principié ou à en faire une impensable catastrophe – une surabondance qui vire à la déchéance). Ou bien le Principe est un étant déterminé (mais alors la détermination même qui l'offre à la pensée signe en même temps sa contingence, sa relativité – il ne peut plus dès lors être Principe : pourquoi *tel* principe plutôt que *tel* autre ou que l'*an-archie* ?). Les figures de la pensée principielle se caractérisent dès lors comme déploiement des gestes susceptibles de surmonter ce dilemme (à supposer qu'elles n'en succombent pas ou même qu'elles n'en prennent jamais conscience).

2) Comment sortir de ce dilemme ? Deux orientations s'imposent : non seulement dégager le Principe de l'ordre du principié mais penser le principié comme processus (le second point accomplissant le premier sans le couper de ce dont il doit être Principe).

Premier point (du côté du Principe). Nous l'avons mis en valeur dès notre introduction : pour rendre justice à l'exigence de mettre le principe au-delà de la contingence de l'étant, il faut marquer nette- ment la différence (c'est-à-dire déplacer, dif-férer) entre le Principe et le principié. Cette exigence se déploie sur un spectre qui va de l'*épékeina* irréductible d'une méontologie à la simple attribution de l'adjectif « suprême » à l'étant déterminé comme Premier en passant par des stratégies plus subtiles comme celle de la détermination ana- lectique ou analogique (rappelée au début de notre texte) qui cherche à respecter à la fois les deux exigences de transcendance du Principe et d'accessibilité à la raison sans soumission à cette dernière.

Second point (du côté de l'étant). Pour sauver l'étant de l'inconsistance ou de la caducité (que rend bien l'allemand *Zufälligkeit*) c'est-à-dire de l'effondrement lié à son caractère thétique, il faut penser l'étantité de l'étance comme avènement ou processus. Telles sont les figures de l'*hénôsis* par laquelle un *étant* advient comme *un* étant, de l'*huparxis* comme *énérgeia* (c'est-à-dire de l'existence comme actuali*sation*), de la présence de l'*ens* comme pur don de l'*esse* ou encore de l'étance non point comme «position absolue» mais comme *Wirkung* de la *Wirklichkeit* – efficace ou acte qui révèle l'effectivité au cœur du simple être-là.

3) Mais alors comment penser ensemble les deux exigences d'une part de mettre le Principe à l'abri de la contingence et, d'autre part, de sauver l'étant d'une réduction au thétique? Il faut penser le Principe *même* non plus comme terme mais comme *processus* dont le rythme comprend (ou intègre) l'in-détermination exigée par *l'écart* entre Principe et principié et la détermination exigée par la *relation* du Premier au second[1]. Nous avons vu comment une telle exigence est réalisée chez Hegel. Le Principe n'est pas décrit comme un étant supérieur mais comme un « drame » dans lequel l'Absolu s'extériorise (*sich entäußert*) – c'est le moment de la détermination – et se reprend en une *Erinnerung* qui respecte l'écart avec l'être-là le plus pauvre. Chez Plotin l'articulation des deux dimensions qui permettent de surmonter le dilemme du Principe est accomplie grâce à la relation entre Procession et Conversion. La puissance indéterminée du Principe se détermine dans et par la Conversion – ce qui signifie à la fois l'infériorité du principié (du point de vue hénologique) et sa perfection (dans l'ordre ontologique).

4) Reste un dernier point sous forme d'objection à l'ensemble de la pensée du Principe dont nous venons d'esquisser quelques linéaments: pourquoi ne pas balayer non seulement les réponses ou les gestes possibles mais la problématique elle-même en déclarant que la liberté et la maturité de la pensée se reconnaissent à l'acceptation lucide d'une pensée *an-archique* c'est-à-dire d'une pensée qui se déploie sans Principe ultime et même sans souci du Principe? Il

---

1. Cette rythmique du déploiement à partir du Principe a été reconnue plus haut dans le jeu proclusien du *péras* et de l'*apeiron*, mais il apparaît aussi dans le *Philèbe* de Platon ou dans la conjonction de l'Un et de la Dyade infinie de la «doctrine non écrite». Il pourrait aussi être repéré chez Fichte lorsque la *Wissenschaftslehre* de 1794 articule l'indétermination de la pure activité du Moi et la nécessité de sa finitisation.

faudrait une étude entière pour évaluer une telle position. Contentons nous d'une remarque et d'un exemple déjà rencontré dans notre lecture de Hegel mais qu'il nous faut un peu développer.

La remarque est une invitation à la prudence. S'il est tentant et facile de proclamer qu'est venu le temps où l'on pense héroïquement ou tragiquement hors principialité, est-il aussi aisé de le faire ? Peut-on déployer un discours hors référence à une instance qui « commence et commande » ? L'exemple de la critique de Kant est significatif. Une lecture superficielle peut imposer la thèse d'une destruction kantienne de la pensée principielle – ne laissant que les « ruines » que décrit la fin de la première critique (A 852/B 880). Kant ne ruine-t-il pas en effet la valeur du Principe (théologique) pour laisser une raison finie qui doit s'orienter sur « la plaine de l'expérience » sans instance suprême qui commence et commande (tout au moins dans l'ordre théorique) ? Comment cette libération est-elle censée s'effectuer et signifie-t-elle une libération à l'égard de tout principe métaphysique ?

La série des démarches possibles qui peuvent nous faire accéder au Principe divin peuvent soit être ancrées dans l'expérience (preuve physico-théologique et preuve cosmologique qui relèvent du cosmo-théologique[1]) soit procéder du concept comme dans la preuve onto-logique (Kant qualifie cette démarche d'« ontothéologique »[2]). Si l'on remonte de la reconnaissance d'un ordre dans le monde à un Dieu organisateur, on suppose le concept de Dieu comme cause première. La preuve téléologique implique donc la preuve cosmologique (*a contingentia mundi*) censée remonter d'une existence contingente à une cause première (divine). Mais est-il légitime de passer de l'idée d'une cause première ou, comme le disait déjà le *Beweisgrund* de 1763, d'un Être indépendant (*unabhängig*) à celle d'un Être néces-saire ? La conclusion de la première partie de *L'unique fondement possible d'une preuve de l'existence de Dieu* écarte la légitimité d'un tel passage avec force. Kant commence par reconnaître que « c'est seulement l'existence absolument nécessaire de quelque chose qui permet de comprendre qu'une chose soit cause première d'une autre » ; mais c'est pour ajouter aussitôt : « de ce que quelque chose est cause première, c'est-à-dire cause indépendante, il en résulte seule-

---

1. *Critique de la raison pure*, B 600.
2. *Ibid.*

ment *qu'au cas où* [1] les effets existent, elle doit aussi exister, mais non pas qu'elle existe en tant qu'être absolument nécessaire » [2]. Voilà le principié qui devient condition (« au cas où ») du principe. Même en admettant que l'on puisse passer d'une existence contingente à une existence nécessaire par « remontée » causale, qu'est-ce qui permet d'affirmer *l'existence* de ce qui n'a été construit que par concepts. C'est donc bien, au plus profond, l'argument ontologique qui commande les autres. Et s'il les commande, ce n'est point pour les fortifier mais pour dévoiler leur faiblesse. *Quel que soit le concept* de Dieu que la théologie rationnelle produise, il n'y a *pas de passage* ou de dérivation possible du concept *à l'existence*. Les concepts de Cause première ou d'Être nécessaire ne sont établis que comme *concepts* et ne sont point *donnés* – le Principe semble neutralisé puisque rien ne permet d'établir sa nécessité ou son impossibilité.

Faut-il dès lors voir là l'avènement d'une pensée « a-principielle » (ou « an-archique »)? L'affaire est plus complexe parce que si le Principe ne se trouve plus nécessairement là où on l'attend (c'est-à-dire dans l'ordre théologique), il est situé ailleurs. Mais où? Pour le trouver, il faut revenir sur le mode kantien de *donation* d'existence. Qu'est-ce qui commence et commande la critique kantienne? Kant répond lui-même [3] : « Le *principe* qui régit et détermine complètement mon idéalisme est le suivant : "Toute connaissance des choses qui provient uniquement de l'entendement pur ou de la raison pure est simple apparence et *il n'est de vérité que dans l'expérience*" ». Ce qui commence et commande la critique kantienne du principe divin de la théologie rationnelle, c'est un principe plus profond et non démontré : pas de donation d'existence hors d'une intuition sensible. Ce qui apparaît ici, c'est que la pensée principielle n'est pas nécessairement et exclusivement concentrée sur le pôle thé(i)ologique de la métaphysique, mais sur le pôle *ontologique* [4] c'est-à-dire à partir de la concep-

1. Souligné par nous.
2. Ak II, p. 91. Voir aussi la Réflexion n° 3812 (Ak XVII, p. 301).
3. *Prolégomènes à toute métaphysique future qui pourra se présenter comme science*, Ak IV, p. 374. Les expressions en italiques sont soulignées par nous.
4. Nous avons montré ailleurs (*H.H.M.*, chap. III, V et VI) comment selon Heidegger c'est le *Logos* qui est, en un sens, le véritable Premier (*prôton*) de la « constitution onto-théo-logique » ou comment selon Hegel, « le Logique (*das Logische*) » est ce *à partir de quoi* l'étant dans son ensemble est effectif (c'est-à-dire à la fois existant et doué de sens) – en précisant que, chez Hegel, le Principe est en dernière instance liberté (*ibid.*, chap. VII mais aussi et surtout *Hegel, l'épreuve de la contingence*, Paris, Aubier, 1999, sect. VII).

tion de l'être de l'étant. Le Premier n'est pas nécessairement divin. C'est ici la dimension ontologique qui commande. Étant signifie objet, objet signifie ce-qui-est-posé-devant (*vorgestellt*) un sujet. Cette « thèse (*Setzung*) n'est reconnue et n'est recevable qu'à partir d'une intuition sensible. Toute autre existence – de la chose en soi ou de l'Être suprême – n'est pas recevable (ni rencontrée ni réfutée) ». Ce qui commence et commande la pensée critique, ce qui autorise l'admission d'une existence est l'intuition sensible d'une thèse. L'être de l'étant est commandé par les conditions transcendantales (et au premier titre l'intuition) de la donation d'un objet. Le Principe relève du « nom orgueilleux d'ontologie » même s'il doit être remplacé par l'expression « plus modeste » d'analytique transcendantale.

5) Si l'on croit donc se débarrasser de la pensée principielle en obligeant à suspendre notre jugement sur l'existence d'un Principe divin ou en effaçant la majuscule au mot « Principe » pour n'admettre que des principes contingents c'est-à-dire de simples hypothèses, est-on bien sûr de pouvoir ouvrir un tel espace sans poser ou *présupposer* une certaine conception de l'étant et – corrélativement – du *logos* dans lequel ou à partir duquel la pensée se déploie ? La tâche de la philosophie première – toujours (et sans doute plus que jamais) à reprendre – n'exige-t-elle pas précisément de mettre à jour les présupposés des savoirs seconds ou des « sciences régionales » [1] pour assumer et éclaircir la présence d'un Premier (qu'il soit théologique, ontologique ou logique et qu'on le trouve comme *ego* transcendantal, comme *Ereignis* ou comme « base empirique ») et les processus qui règlent ou seulement rythment son déploiement ?

Bernard MABILLE
Université de Poitiers

---

1. Au sens où Husserl distingue « ontologies régionales » et « ontologie formelle » (*Ideen I*, § 8-10) ou, en un contexte très différent (cherchant à se libérer de l'emprise du logique), au sens où Heidegger distingue « ontologies régionales » et « ontologie fondamentale » en tant que déploiement d'une « analytique existentiale » (*Sein und Zeit*, § 3-4).

LE BIEN COMME PRINCIPE
ARISTOTE CONTRE LES PLATONICIENS

Considérer que la connaissance, notamment dialectique, ainsi que la réalité elle-même, sont suspendues à un principe premier qui n'est autre que le Bien est une thèse que l'on attribue traditionnellement à Platon. Dans la *République*, en effet, celui-ci présente le Bien comme ce vers quoi l'âme tout entière doit tendre pour le contempler[1] et le dialecticien comme « celui qui est capable de saisir la raison de l'essence de chaque chose »[2] et de « distinguer par le discours la forme du bien, en la séparant de toutes les autres »[3]. Mais le Bien n'est pas seulement présenté comme l'objet d'une connaissance, il existe aussi une relation d'ordre ontologique entre lui et les autres réalités. En effet, Platon précise, dans l'analogie de la ligne, que le Bien a engendré le soleil, et ce, à sa ressemblance, c'est-à-dire selon un rapport aux choses visibles identique à celui qu'il entretient avec les choses intelligibles[4]. De plus, si « le soleil donne aux choses visibles non seulement la puissance d'être vues mais encore genèse, accroissement et subsistance », il faut reconnaître que les formes intelligibles tiennent leur être et leur essence du Bien selon une relation similaire[5]. Sans s'interroger sur la nature de la relation ontologique qui unit le Bien aux formes, on peut au moins noter que Platon reconnaît au Bien deux

---

1. *République*, VII, 518c4-d1.
2. *Ibid.*, 534b3-4 (trad. G. Leroux, *La République*, Paris, GF-Flammarion, 2002).
3. *Ibid.*, 534b8-c 1.
4. *Ibid.*, VI, 508c12-c4.
5. *Ibid.*, 509b2-10. Platon reconnaît aussi dans le même texte (509b6-7) que les formes tiennent leur pouvoir d'être connues du Bien lui-même.

fonctions (ontologique autant qu'épistémologique), qui en font donc un principe suprême de deux manières.

La position d'Aristote sur ce point est complexe. Dès ses premiers textes, notamment le *Protreptique*, Aristote présente une conception relativement proche de celle de Platon. Selon lui, il existe des sciences « auxiliaires » et des sciences maîtresses, lesquelles connaissent « ce qui est souverainement bon (*to kuriôs on agathon*) » et s'imposent donc aux premières. Mais Aristote précise aussi que la « science qui possède la faculté de juger droitement, qui use de la raison et connaît le bien dans sa totalité, c'est-à-dire la philosophie »[1] est donc celle qui *prescrit* aux autres ce qu'elles doivent faire. Ainsi, la connaissance du bien prend place à l'intérieur d'une hiérarchie des sciences et des disciplines de même qu'au livre VII de la *République*, lorsque Platon distingue la science dialectique (qui saisit les formes et finalement le Bien) des *technai*. Celles-ci (arithmétique, géométrie, stéréométrie, astronomie, harmonie) ne sont même pas des sciences car elles prennent des hypothèses pour principes[2], dont elles ne peuvent rendre compte alors que la dialectique part au contraire d'un principe anhypothétique. Mais Platon ajoute que la dialectique, dans la mesure où elle veut convertir l'âme c'est-à-dire la tourner du bourbier vers le haut[3], utilise à titre propédeutique ces *technai*[4], puisque, à leur manière, elles incitent l'âme, qui est plongée dans l'embarras et la perplexité (*aporein*) par ce qu'elle perçoit dans le sensible, à se tourner vers l'intelligible[5]. La dialectique se sert donc de ces disciplines comme de moyens pour atteindre son but ; de la même manière, dans le passage du *Protreptique*, la science maîtresse se sert des autres (*chrèsthai pasin*) et leur assigne ce qui est conforme à la nature. Entre les deux textes, il existe donc un double rapport entre la philosophie et les autres disciplines, par lequel elles lui sont subordonnées d'une part, et lui servent d'auxiliaires d'autre part. Et la philosophie dans les deux textes est ordonnée au Bien.

De plus, dans un passage du livre A de la *Métaphysique*, après avoir rappelé les différents sens du mot, Aristote précise que la *sophia*,

---

1. *Protreptique*, fragment B 9 Düring (*Aristotle's Protrepticus*, Göteborg, Acta Universitatis Gothoburgensis, 1961, p. 51).
2. *République*, VII, 533c4-7.
3. *Ibid.*, 533d1-4.
4. Voir, par exemple, le passage sur l'arithmétique en 522c1-526c7.
5. *Ibid.*, 524a6-8.

en son dernier sens, est maîtresse (*archikè*) et « connaît en vue de quoi chaque chose doit être faite, à savoir le bien de chacun et le meilleur en général pour la nature tout entière »[1]. Plus loin, Aristote résume ainsi son analyse : la science recherchée « doit être une science qui étudie les premiers principes et les premières causes, et le Bien qui est la fin est l'une des causes »[2]. Ainsi, même si ce passage ne réduit pas la science recherchée à la connaissance du Bien, il lui reconnaît une place importante à l'intérieur de celle-ci[3]. En tous cas, le rappel de ces quelques textes semble indiquer qu'Aristote ne s'oppose pas absolument à Platon sur l'existence et la nature d'un principe premier puisqu'il fait sienne l'affirmation selon laquelle le Bien est principe[4] ou celle selon laquelle sa connaissance est nécessaire.

Cependant, dans l'*Éthique à Nicomaque*, I, 4, Aristote critique le fait de parler du Bien « en général » et d'un Bien en soi, en considérant notamment que, comme l'être, le Bien se prend en plusieurs sens (c'est-à-dire se dit de toutes les catégories) et qu'il ne peut donc être un genre[5]. De plus, le Stagirite s'interroge sur les rapports qu'entretiennent le Bien en soi et les différents biens. Et il y a là une difficulté : puisqu'ils ont des définitions différentes, c'est que le Bien n'est pas

1. *Métaphysique*, A, 2, 982 b 4-7.
2. *Ibid.*, 982 b 9-10.
3. De plus, même s'il critique les platoniciens, comme nous le verrons, le Stagirite leur reconnaît par ailleurs des mérites, notamment d'avoir été les seuls à entrevoir l'existence de la cause formelle, cf. *Métaphysique*, A, 7, 988 a 34-b 6. Il convient de remarquer aussi que dans bien des passages, Aristote emploie soit une expression regroupant les termes « principe » et « cause » (c'est le cas dans la *Métaphysique*, à de nombreuses reprises, à propos de la science recherchée présentée comme science des premiers principes et des premières causes ; voir, par exemple, Γ, 2, 1003 a 26-27) soit emploie un terme pour un autre (par exemple en A, 3, 983 b 4-8 où Aristote passe de l'un à l'autre). Cela ne signifie pas qu'il n'y ait pas de différence entre les deux termes. Il y a bien, notamment, une différence de définition entre le principe et la cause et il n'y a donc pas de synonymie. Mais ils peuvent être employés l'un pour l'autre car ils sont « corrélatifs l'un de l'autre » (*akolouthein allèlois*) comme l'être et l'un qui ne s'ajoutent rien si on complète l'un par l'autre (Γ, 2, 1003 b 22-32). L'absence de synonymie n'empêche donc pas leur convertibilité.
4. Voir aussi *Métaphysique*, Λ, 10, 1075 a 37-38. En *Métaphysique*, Λ, 7, 1072 b 30 *sq.* Aristote semble assimiler d'ailleurs indirectement le Premier moteur lui-même au Bien, même si ce terme n'est pas alors utilisé et que lui sont préférés des termes comme « le plus beau », « le meilleur », « le beau », ou « le parfait ». Il indique en effet, après avoir évoqué le Premier moteur, qui est un dieu, que le beau et le meilleur sont présents dans le principe (donc dans le Premier moteur) et pas seulement dans ce qui en provient. Sur le problème du rapport entre le beau et le bien, voir la note 3, p. 67.
5. *Éthique à Nicomaque*, I, 4, 1096 a 23-29.

identique en tous [1]. Enfin, la connaissance du Bien en soi (même si on accepte cette notion) est de toutes façons inutile aux différentes sciences puisque ce qu'elles visent, c'est le bien de telle « espèce » et dans des choses déterminées [2]. À travers ces critiques, il est donc clair qu'Aristote s'oppose à ce qu'on fasse du Bien une forme séparée mais cela ne lui interdit pas, comme nous le verrons, de considérer que le principe premier, en raison de ses caractéristiques, peut recevoir ce qualificatif (le Bien) ou d'autres qui lui sont apparentés, sans se confondre alors avec la forme séparée platonicienne.

Enfin, dans d'autres passages de la *Métaphysique* qui reprennent cette présentation du Principe comme Bien, Aristote se montre critique à l'égard des platoniciens de manière générale. La difficulté vient alors du fait que ceux-ci, soit ont abandonné le Bien au profit d'un autre principe (c'est la critique formulée en N, 4), soit n'en font justement pas un principe c'est-à-dire ne sont pas capables d'indiquer comment il est principe, et donc exerce une causalité sur les choses qui dépendent de lui (c'est la critique présentée en Λ, 10). À travers cette double critique du platonisme se fait jour à la fois l'*exigence* qui doit présider à l'étude du Principe pour Aristote (une telle étude porte sur deux aspects : sur la nature du Principe d'une part, sur la manière dont s'exerce sa causalité d'autre part) et la manière originale par laquelle il conçoit ce Principe. Car, pour Aristote, les deux aspects de cette exigence sont liés : ce qui est dit de la nature du Principe permet de saisir sa causalité et poser que c'est le Bien qui est principe c'est comprendre en même temps comment il l'est. *La nature du terme premier rend compte de sa principialité* [3]. Et ce qui fait ici la spécificité de la conception aristotélicienne du Principe apparaît en fait à travers la critique de la conception du Bien développée dans le platonisme.

---

1. *Ibid.*, 1096 b 8-26.
2. *Ibid.*, 1096 b 32-1097 a 14. Sur l'ensemble de la critique développée par Aristote dans ce chapitre, voir D.J. Allan, « Aristotle's Criticism of Platonic doctrine concerning goodness and the good », *Proceedings of the Aristotelian Society* 64, 1963, p. 273-286.
3. Il n'existe pas en français de terme pour qualifier l'« action » d'un principe comme il existe celui de causalité pour exprimer l'action d'une cause. C'est pourquoi nous forgeons le terme « principialité » pour désigner ce par quoi un principe exerce une *emprise* sur d'autres choses.

LA RECHERCHE DU PRINCIPE SELON ARISTOTE

Il convient d'abord de comprendre quelle place occupe la recherche d'un principe premier chez Aristote, notamment par rapport aux
différentes sciences qui constituent, à leur manière, autant de recherches de principes. La question renvoie en premier lieu à la définition
même d'un principe puisqu'il s'agit de savoir en quel sens le Principe
posé par Aristote est justement un principe. En *Métaphysique*, Δ, 1, le
Stagirite énumère les différents sens du terme à partir de ses emplois
les plus courants [1]. Le texte en présente successivement six. Principe
se dit d'un point de départ d'un mouvement, du meilleur point de
départ pour chaque chose, d'un terme immanent ou extérieur qui
suscite un devenir, de ce qui meut par choix réfléchi ou du point de
départ d'une connaissance [2]. Mais Aristote ne se contente pas de cette
énumération. Souvent, chaque chapitre du traité cherche à dégager
soit un sens commun soit un sens premier, qui ordonnent la pluralité
des emplois. Ici, Aristote rappelle que « ce qu'il y a de commun à tous
les principes, c'est d'être ce à partir de quoi [quelque chose] est,

---

1. L'analyse du livre Δ de la *Métaphysique* pose au moins deux difficultés, qu'on ne
peut ici que signaler. D'une part, s'agit-il d'un traité séparé du projet métaphysique, qui a
été rattaché artificiellement par les éditeurs d'Aristote à la *Métaphysique* ou bien trouve-
t-il réellement sa place dans l'ouvrage ? Dans le premier sens, voir P. Moraux, *Les listes
anciennes des ouvrages d'Aristote*, Louvain, Nauwelaerts, 1951 et W. Jaeger, *Aristotelis
Metaphysica*, Oxford, Oxford UP, 1957. Les arguments avancés sont aussi résumés par
C. Kirwan, *Metaphysics, Books Γ, Δ and E*, Oxford, Clarendon Press, 1993, p. 122. Dans
le second, voir M. P. Duménil et A. Jaulin, *Métaphysique livre delta*, Toulouse, Presses
Universitaires du Mirail, 1991, pour qui « les apories de A justifient les définitions du
livre Δ » (p. 125). D'autre part, le texte n'est-il qu'un lexique « désordonné » ou bien peut-
on distinguer un plan ou une structure interne à travers la succession des notions
envisagées ? W.D. Ross, *Aristotle's Metaphysics*. A revised Text with Introduction and
Commentaries, Oxford, Clarendon Press, 1924, p. 289-290 dresse une liste de termes qui
peuvent être regroupés en fonction d'une proximité sémantique ou « philosophique ».
Ainsi des trois premiers : principe, cause, élément (Δ, 1-2-3) ou de la quantité, de la qualité et de la relation (Δ, 13-14-15). B. Dumoulin, *Analyse génétique de la* Métaphysique
d'Aristote, Montréal-Paris, Bellarmin-Les Belles Lettres, 1986, p. 189, considère que le
terme *ousia* y joue un rôle particulier, notamment parce que plusieurs notions se définissent par rapport à lui. Davantage qu'une structure continue, il existe donc plutôt des
groupes dans lesquels une notion acquiert une plus grande importance. Nous avons pour
notre part insisté sur l'importance de la notion d'*archè*, plutôt que sur celle d'*ousia*, par
rapport aux autres notions du traité ; voir *La recherche du principe chez Platon, Aristote et
Plotin*, Paris, Vrin, 2005, chap. IV.

2. *Métaphysique*, Δ, 1, 1012 b 34-1013 a 16.

devient ou est connu »[1]. Malgré les différents emplois du terme, il est donc possible de dégager une unité sémantique en ramenant la diversité des emplois à trois domaines d'application qui dépendent d'un principe. En effet, l'unité sémantique provient du fait que le propre de l'*archè* est la *provenance* (*to prôton othen*), et par conséquent la *primauté*, puisque le principe conditionne ce qui dépend de lui, mais provenance et primauté ne s'entendent pas seulement en un sens chronologique mais aussi logique, ou ontologique. Par ailleurs, dire qu'il y a principe d'être[2], de devenir ou de connaissance (prémisses du syllogisme par exemple), c'est reconnaître au terme *archè* la plus grande extension et remarquer qu'il s'applique dans des domaines très différents comme la physique, ou la logique. Mais, aussitôt après avoir rappelé ce sens commun, Aristote donne de nouvelles précisions sur la nature des principes et indique une suite de termes qui fait apparaître en particulier la notion de cause finale (*to ou eneka*)[3]. Les commentateurs sont alors souvent tentés de voir dans ce passage le renvoi à certains des sens du terme cause, même s'ils ne sont pas nommés, notamment la cause matérielle et la cause formelle. Ainsi, la nature (*phusis*) est-elle assimilée à la matière et la substance (*ousia*) à la cause formelle. Pourtant, la liste des termes ne se comprend que par rapport à la distinction qui la précède et la commande, entre principes immanents et principes extérieurs[4]. La nature n'est pas alors la cause matérielle mais un principe qui renvoie à la première catégorie, comme l'élément (*stoichèion*)[5]. C'est bien en ce sens qu'Aristote définit la nature dans la *Physique*, comme principe interne (immanent) de mouvement[6]. Au contraire, la pensée réfléchie (*dianoia*) et le choix réfléchi (*prohairèsis*) peuvent renvoyer à des principes externes, si l'on rappelle les exemples donnés par Aristote auparavant. En effet, est principe « ce qui meut par choix réfléchi les choses qui se meuvent et fait changer les choses qui changent ». C'est le cas notamment, des

---

1. *Ibid.*, 1013 a 17-19.

2. Ce qu'est la substance (*ousia*) en Γ, 2, 1003 b 5-10. En 1003 b 16-19, la substance est « ce dont les autres choses dépendent et par rapport à quoi elles sont nommées », elle est donc principe par la dépendance en laquelle elle maintient les autres choses ainsi que par sa primauté logique (tout se dit d'elle et par rapport à elle).

3. *Ibid.*, Δ, 1, 1013 a 20-21 : « c'est pourquoi sont principes la nature, l'élément, la pensée réfléchie, le choix réfléchi, la substance et la cause finale ».

4. *Ibid.*, 1013 a 19-20.

5. Voir en ce sens le commentaire de W.D. Ross, *op. cit.*, p. 291.

6. *Physique*, II, 1, 192 b 20-23.

magistratures dans les cités et des « constitutions » politiques[1], dont dépendent comme de principes externes, les êtres. De la même manière, le terme *ousia* est ici donné comme exemple non de la cause formelle mais d'un principe de type immanent puisque, comme l'indique un autre passage du livre Δ, la substance se dit aussi de « ce qui est cause immanente de l'être des choses qui ne sont pas affirmées d'un sujet, comme l'âme pour le vivant »[2]. L'apparition de la cause finale à la fin de la liste ne vient donc pas clore l'énumération des types de cause mais celle des deux « catégories » de principes (immanents ou externes) puisque la cause finale peut être une cause immanente. Le bien et le beau peuvent ainsi être « principes de connaissance et de mouvement pour beaucoup de choses »[3]. Le texte n'indique pas s'il faut l'entendre ici au sens d'une cause immanente mais on sait qu'en *Physique*, I, par exemple, Aristote présente la forme comme « quelque chose de divin, de bon et de désirable »[4]. Comme cause finale, le bien peut donc être l'équivalent de la forme et se donner comme principe interne de mouvement. Le livre Δ de la *Métaphysique* insiste donc sur la très grande diversité d'emplois du terme *archè*, en signalant des domaines d'application mais aussi des modalités (le principe peut être immanent ou externe). Ainsi, Aristote indique-t-il à la fois *ce qui est* principe mais aussi *ce en quoi* un principe se spécifie.

Or, c'est au sens d'un principe de devenir que l'on peut s'interroger sur la recherche d'un principe premier par Aristote, notamment dans les passages relatifs à l'existence d'un premier moteur qui meut sans lui-même être mû et qui met ainsi fin à la série des moteurs mus dont aucun ne peut se donner pour un principe ultime c'est-à-dire premier. Ainsi, en *Physique*, VIII, Aristote note que la question de savoir si le mouvement est éternel ou s'il a été engendré importe aussi bien à l'étude de la nature qu'à la recherche du principe premier[5], puisque, bien entendu, la nature de ce dernier ne sera pas la même dans les deux cas. En particulier, en *Métaphysique*, Λ, 6, Aristote montre que, pour que le mouvement (des sphères) soit éternel, il faut que son principe soit toujours un acte c'est-à-dire ne comporte plus de

---

1. *Métaphysique*, Δ, 1, 1013 a 11-13.
2. *Ibid.*, Δ, 8, 1017 b 14-16.
3. *Ibid.*, Δ, 1, 1013 a 21-23.
4. *Physique*, I, 9, 192 a 16-17.
5. *Ibid.*, VIII, 1, 251 a 5-8.

puissance, laquelle rendrait discontinue son « action »[1]. La nécessité d'un principe premier, dont la nature, comme nous allons le voir, se distingue de celle des choses qui en dépendent, se déduit donc de la nécessité d'assurer la pérennité du mouvement. L'étude de la nature conduit à reconnaître la nécessité de l'existence d'un principe premier : la physique se dépasse ainsi elle-même en philosophie première.

Dans un autre passage de la *Métaphysique* (N, 4), Aristote s'interroge cette fois non sur les sens du terme principe, mais justement sur la nature du Principe et en expose les caractéristiques. S'il s'intéresse au principe, ce n'est donc pas, comme dans le livre Δ, pour présenter ses différents sens mais pour étudier les caractéristiques qui reviennent à l'être qui est un principe en un de ces sens. Le livre Δ recense des emplois, signale des différences et rappelle un sens commun. Au contraire, le livre N reconnaît qu'il existe un Principe premier de toutes choses et s'interroge sur sa nature. Or, il convient de le constater, le livre N s'inscrit dans une recherche qui n'est pas suspectée ni donc justifiée, celle d'un principe premier au-delà duquel il n'y a pas à remonter et il entreprend plutôt de critiquer les auteurs qui ont mal conçu l'objet de cette recherche et le terme qu'elle découvre[2], en particulier les platoniciens, coupables de placer ce principe parmi les contraires et de s'interdire d'en faire un principe premier. Il convient ici de se poser une première question, concernant la situation d'une telle recherche par rapport à celles affichées par ailleurs par Aristote. Revenons d'abord au livre Λ. Celui-ci indique pour commencer un plan qui ne le concerne peut-être pas seulement. Au chapitre 1, Aristote rapporte qu'il existe trois types de substances mais les ramène immédiatement à deux par rapprochement de certaines d'entre elles. Soit la substance est de nature sensible et se subdivise en substances éternelle et corruptible, soit elle est immobile[3]. Cette dernière est donc une substance autre que sensible même si elle n'est pas caractérisée comme telle mais par son immobilité même, laquelle l'oppose au caractère du sensible, toujours soumis au devenir et au changement. Il y a donc des substances incorruptibles qui sont pourtant de nature sensible. L'opposition pertinente dans ce texte n'est donc pas entre le corruptible et l'incorruptible (puisque parmi les substances sensibles

---

1. *Métaphysique*, N, 6, 1071 b 17-20.
2. Aristote emploie l'expression « principe de toutes choses » en N, 1, 1087 a 31-32 ; b 3-4.
3. *Ibid.*, Λ, 1, 1069 a 30-33.

il y a aussi des substances incorruptibles). L'incorruptibilité est ainsi une notion qui traverse l'opposition qui nous intéresse. Mais c'est entre le mobile et l'immobile que se situe la véritable opposition. Or, parmi les choses mobiles, certaines sont soumises à la corruption, d'autres non. La mobilité doit donc s'entendre soit selon la catégorie du lieu, soit selon celle de la qualité en fonction des cas : il y a alors des substances mobiles et corruptibles (mouvement selon les deux catégories), des substances mobiles et incorruptibles (mouvement selon la catégorie du lieu seulement), des substances immobiles (mobiles ni selon le lieu, ni selon la qualité). Mais à cette distinction de nature s'ajoute alors une distinction entre les types de science qui se rapportent à de tels objets : les deux premiers types de substances font l'objet de la physique et la suivante l'objet d'une science particulière qui n'a pas ici de nom [1]. Le texte du livre Λ semble reprendre cette division puisque les chapitres 2 à 5 se consacrent aux substances sensibles et les chapitres 6 à 8 à celle de la substance immobile [2]. Mais il faut remarquer qu'à propos de la substance immobile Aristote indique qu'il est possible de la concevoir de deux manières, soit au sens des formes, soit au sens des choses mathématiques et, qu'il y a alors trois théories envisageables : celle qui regroupe ces deux sens, celle qui les sépare, celle qui ne reconnaît pas l'existence séparée des formes [3]. Or, cette division en deux manières de concevoir la substance immobile correspond précisément à celle reprise par Aristote au début du livre M, ce qui indique que son analyse n'a pas été achevée par le livre Λ.

À la suite du livre Λ, Aristote revient donc à l'étude de la substance immobile. En effet, au début du livre M, Aristote indique que la « substance des choses sensibles » a été suffisamment étudiée mais il reste à se demander d'une part s'« il existe ou non une substance immobile et éternelle à côté des substances sensibles », d'autre part, « si elle existe, ce qu'elle est » [4]. Or, deux réponses se présentent en ce qui concerne ce dernier point : soit cette substance immobile s'appa-

---

1. *Ibid.*, 1069 a 36-b 2.
2. En témoignent par exemple la fin du chapitre 5 (1071 b 1-2) qui annonce que les « principes des choses sensibles » ont été étudiés et le début du chapitre 6 (1071 b 3-5) qui annonce l'étude de la substance immobile. Sur le plan de ce traité et le problème de sa restitution, voir en particulier, H.S. Lang, « The Structure and Subject of *Metaphysics* Λ », *Phronesis* 3, 1993, p. 257-280. L'auteur s'intéresse notamment aux deux derniers chapitres et à la manière de les intégrer à l'ensemble du traité.
3. *Métaphysique*, Λ, 1, 1069 a 33-36.
4. *Ibid.*, M, 1, 1076 a 10-12.

rente aux choses mathématiques, soit aux formes[1]. Aristote ajoute cependant qu'il faudra aussi se demander si les nombres et les formes peuvent être considérés comme les principes des êtres[2]. Ainsi, il ne suffit pas d'établir la nature de la substance immobile, il faut encore chercher en quoi elle est un principe ou plutôt si la manière de la concevoir (comme être mathématique ou comme forme) permet d'en faire un principe. C'est bien en cette conjonction des deux questions que réside l'originalité des deux derniers livres de la *Métaphysique* : il ne s'agit pas seulement de s'interroger sur la nature de la substance immobile mais aussi de se demander ce qui dans cette nature permet d'en faire un principe. *C'est donc en fait le problème des principes qui commande celui de la nature de la substance immobile* : si les formes ou les nombres ne peuvent être considérés comme des substances séparées, c'est parce qu'on ne voit pas comment alors ils pourraient être considérés comme des principes.

Au livre N, 1 Aristote considère en avoir terminé avec l'étude de cette substance immobile (ou, en tous cas, en avoir assez dit)[3]. Il aborde alors la théorie de ses prédécesseurs selon laquelle les principes de toutes choses (c'est-à-dire des substances sensibles comme des substances immobiles) sont des contraires. Ce que conteste Aristote en prétextant que si tel est le cas, une contradiction surgit puisque les contraires ne peuvent exister à part d'un sujet. C'est donc ce sujet, par son antériorité logique, qui serait le principe ultime[4]. Sinon il faudrait reconnaître que le « principe serait principe tout en étant [attribut de] quelque chose d'autre »[5]. Le principe de toutes choses ne peut donc pas prendre la forme de contraires. Seule la substance (*ousia*) peut jouer ce rôle[6]. Cette dernière affirmation s'entend en fait en deux sens car la substance ne peut avoir de contraire en tant qu'elle est sujet de toute attribution (et non pas attribut)[7] mais la substance dont il est ici question, qui ne tolère pas l'antériorité, peut aussi être la substance immobile par opposition aux contraires dont les « adversaires » d'Aristote prétendent faire des principes puisque le

1. *Ibid.*, 1076 a 16-19.
2. *Ibid.*, 1076 a 29-31.
3. *Ibid.*, N, 1, 1087 a 29.
4. *Ibid.*, 1087 a 33-36.
5. *Ibid.*, 1087 a 32-33.
6. *Ibid.*, 1087 b 3-4.
7. *Ibid.*, 1087 b 2-3.

Stagirite précise bien qu'il n'y a rien de contraire à la substance ni d'antérieur à elle, *donc* qu'elle est principe de toutes choses[1]. Ainsi se justifie en tous cas l'apparition du thème du Principe premier : en cherchant les principes, ces auteurs se sont trompés sur ce qui doit être premier, ils n'ont justement pas attribué ce caractère à ce qui convient et ont pris pour premier ce qui n'est que second et dérivé. C'est pourquoi Aristote doit reprendre la question : si tous font des contraires les principes premiers, il reste à se demander, une fois l'erreur levée, quel est alors ce principe premier.

Il existe donc une unité thématique entre les trois derniers traités de la *Métaphysique* (ce qui ne préjuge pas de l'unité réelle de composition de ces textes) : le texte de Λ, 1, en indiquant le plan de la recherche, explique pourquoi les livres M et N abordent l'étude de la substance immobile et surtout permet de comprendre que, s'il y a une recherche du Principe, c'est-à-dire d'un principe premier, elle ne peut correspondre qu'à l'étude de cette substance immobile qu'Aristote oppose aux deux autres types de substances. Mais la question se pose alors de savoir quelle place occupe cette recherche par rapport justement aux autres sciences, c'est-à-dire à la physique qu'Aristote présente comme la discipline intéressée aux substances sensibles. Or, ce qui frappe dans la présentation des différentes substances en Λ, 1, c'est l'absence de hiérarchisation entre elles. En effet, le texte se contente de distinguer, comme nous l'avons vu, des substances et des sciences qui s'y rapportent mais ne subordonne pas les substances sensibles et leur étude à la substance immobile et à son étude. La distinction des substances ne s'inscrit pas dans une série ontologique allant par degrés à la substance la plus élevée à laquelle les autres se subordonnent. *Il ne peut donc pas y avoir d'absorption des autres sciences par cette science de la substance immobile, ni de simple subordination* car l'étude de la substance immobile n'est pas la *condition* de celle des substances sensibles. Elle complète seulement, et achève, l'étude des substances de manière générale, lesquelles, puisqu'elles prennent plusieurs formes, doivent être étudiées par des sciences différentes[2].

---

1. *Ibid.*, 1087 a 31-32.

2. Aristote présente cependant la physique comme philosophie seconde mais la question se pose, d'une part, de savoir en quel sens il faut entendre le terme « second ». Dans un passage du livre Γ (2, 1004 a 2-4), la diversité des substances conduit à une distinction entre différentes parties de la philosophie, c'est-à-dire entre une philosophie première et une philosophie seconde de même qu'il existe, dans les mathématiques, une

À suivre ainsi le texte de Λ, 1, on peut se demander si la généralité de l'étude de la substance ne peut pas être atteinte que par la diversité des objets des différentes sciences[1]. Du moins faut-il peut-être considérer que deux points de vue complémentaires s'entrecroisent dans la *Métaphysique* : celui d'une science de l'être, c'est-à-dire de la substance, et celui d'une étude des substances, des étants particuliers, dont l'étude de la substance immobile n'est plus alors qu'une partie ne pouvant espérer prendre en compte à elle seule la diversité des substances. Le projet d'une science de la substance ne se réalise donc pas à travers la diversité des sciences consacrées à des substances particulières (qui n'étudient pas l'être en tant qu'être) et ne se ramène pas à celui de l'étude de la substance immobile.

DE LA NATURE DU PRINCIPE

Les caractéristiques du principe premier ne sont dégagées par Aristote, dans le livre N de la *Métaphysique*, qu'à partir d'une polémique dirigée contre les platoniciens. La question qui se pose est en effet de savoir quelle place accorder au Bien dans la hiérarchie des principes. Deux opinions s'opposent sur ce point : certains considèrent que le Bien est second c'est-à-dire n'apparaît qu'au cours du développement des êtres alors que d'autres le posent dès le principe, en font justement le Principe[2]. Parmi les premiers figurent notamment

science première (arithmétique) et d'autres qui en dérivent (géométrie, etc.) mais le texte ne dit pas de quel ordre est ce rapport d'antériorité d'une partie sur une autre : s'agit-il d'une *primauté* liée à l'éminence de l'objet étudié (substance immobile) ou bien d'une *priorité* dans l'ordre du savoir ? Qu'il y ait une philosophie première n'indique pas nécessairement que celle-ci soit le fondement des autres sciences. D'autre part, il faudrait se demander si la philosophie première désigne la science de la substance en général ou la théologie comme science d'un étant particulier, supérieur aux autres, à laquelle se rattacherait ici l'étude la substance immobile.

1. C'est par exemple le point de vue adopté par E. Berti, « Origine et originalité de la métaphysique aristotélicienne », *Archiv für Geschichte der Philosophie* 63, 1981, p. 227-252, qui considère que, par rapport au livre Γ, il s'agit là d'une version du projet métaphysique, antérieure et différente.

2. *Métaphysique*, N, 4, 1091 a 29-36. Concernant ce chapitre du livre N, J. Annas, *Metaphysics, Books M and N*, Oxford, Clarendon Press, 1976, p. 212, considère qu'Aristote n'accepte ici de parler du Bien en général que pour se placer au niveau des platoniciens et montrer *de l'intérieur* l'insuffisance de leur position mais qu'il n'accepte pas pour autant l'existence d'un Bien en soi.

les théologiens, pour qui le Bien est constitué par Zeus, lequel dérive des principes premiers que sont la Nuit, le Ciel, Chaos ou Océan. Au contraire, Empédocle et Anaxagore illustrent la seconde thèse puisque le Bien réside dès le principe dans l'Amitié et le *Noûs*[1].

Mais cette opposition ne prend sens que dans le contexte de la discussion du platonisme car il s'agit de savoir si les platoniciens placent le Bien parmi l'un des deux principes ou s'ils le font *dériver* de l'un d'entre eux mais surtout de montrer que les deux thèses précédemment évoquées et qui font allusion à d'autres auteurs, ne sont pas détachées de ce contexte platonicien. En effet, Aristote indique que ceux qui considèrent que «le Bien et le Beau apparaissent dans la nature développée (*proelthousès*) des êtres» soutiennent cette position afin d'éviter les contradictions de la thèse qui fait de l'Un le Principe, justement soutenue par les platoniciens. En réalité, cette position n'est pas isolée mais se déduit donc d'une thèse de départ concernant la nature du Premier. De plus, si l'Un est principe, il faut comprendre en premier lieu qu'il l'est au sens d'un élément[2]. Pour Aristote, l'élément se définit toujours comme un terme immanent à ce qu'il constitue, donc comme une partie d'un tout[3]. Or, dans ce cas, à titre d'élément, l'Un (et donc le Bien si on les assimile l'un à l'autre) sera présent en toutes les choses qui découlent de lui. Ce qui vient de lui sera en même temps composé de lui. Le principe ne sera principe que par sa présence effective dans les choses. Mais cela revient à donner au Bien une extension absolue c'est-à-dire à faire de tout ce qui est, quelque chose de bon : il y aura autant de biens qu'il y a d'êtres[4]. Ainsi des unités (*monadès*) qui seront nécessairement des biens. Et si les formes sont des nombres et que les nombres dérivent de l'Un-Bien qui en est le principe mais en même temps l'élément, toutes les formes seront bonnes et par voie de conséquence, tout ce qui en participe, à savoir les choses sensibles[5]. C'est pourquoi, pour résoudre cette difficulté, certains limitent la principialité de l'Un au nombre mathématique et n'en font pas un principe et un élément de tous les nombres[6]. Mais c'est donc à la condition de réduire l'influence du Principe en la

1. *Métaphysique*, N, 4, 1091 b 4-16.
2. *Ibid.*, 1091 b 1-3.
3. *Ibid.*, Δ, 3, 1014 a 26-b 3 et b 14-15.
4. *Ibid.*, N, 4, 1091 b 25-26.
5. *Ibid.*, 1091 b 26-30.
6. *Ibid.*, 1091 b 22-25.

ramenant à une partie des êtres. Par là apparaît l'une des raisons principales du refus par Aristote d'assimiler le Principe à un élément : d'un côté, cela conduirait à faire de toute réalité une réalité comparable à celle du Principe en conduisant à une présence et à une immanence du Principe et ne permettrait plus de distinguer un principe de ses effets ni de distinguer parmi les choses celles qui dépendent directement du Principe de celles qui en dépendent moins ou pas du tout. Comment alors expliquer que les choses sensibles soient inférieures aux formes et à l'Un-Bien lui-même si ce dernier est présent à titre d'élément en toutes également ? D'un autre côté, en réduisant l'influence du Principe au nombre mathématique, on ne satisfait plus à l'exigence de trouver un principe universel et on limite alors sa principialité. *L'élémentarité du Principe le détruit en affaiblissant sa transcendance, sa limitation au nombre mathématique réduirait cette fois sa principialité.*

Pourtant, la solution ne réside pas non plus dans l'une des thèses précédemment évoquées, qui place le Bien non en position de principe mais en second, à titre d'effet dérivé de l'Un considéré comme principe. Cela permettrait d'éviter de fait les conséquences précédentes : le Bien n'étant pas dans le Principe, n'étant pas *le* Principe, il n'apparaîtrait que postérieurement à lui sans être ainsi présent en toutes choses. Mais Aristote s'oppose à cette solution et, ce faisant, se prononce sur ce que doit être la nature du Principe premier. Mieux, comme nous allons le voir, il déduit la thèse qui pose le Bien comme Principe des caractères mêmes d'un tel principe, c'est-à-dire de ce que doit être le Principe.

Aristote précise en effet : « si, en ce qui concerne ce qui est premier, éternel et qui se suffit le plus à soi-même, il ne possédait pas cela – le fait d'être autosuffisant et la conservation de soi (*sôteria*) – principalement en tant que bien, cela serait étonnant et ce n'est pas pour autre chose que parce qu'il possède le bien qu'il est incorruptible (*aphtarton*) et autosuffisant » [1]. Il faut faire ici plusieurs remarques, à la fois sur le vocabulaire et sur le raisonnement. Remarquons d'abord qu'Aristote n'utilise pas ici le terme de principe mais la phrase fait suite au rappel des thèses d'Empédocle et d'Anaxagore, « le premier faisant de l'Amitié un élément et le second du *Noûs* un principe » [2],

1. *Ibid.*, 1091 b 16-19.
2. *Ibid.*, 1091 b 12.

rappel dans lequel apparaît ce terme et où il s'agit de savoir ce qui joue le rôle de principe, entre le Bien et un autre terme. Par ailleurs, Aristote dresse une liste de termes qui correspondent à la nature du Principe mais qui ne sont pas tous repris au cours du raisonnement. En effet, le Principe est d'abord présenté comme terme premier, éternel et auto-suffisant. Or, les deux premières caractéristiques ne seront plus citées par la suite alors que la notion d'*autarkeia* revient systématiquement. C'est donc ce terme qui convient le mieux à la description de la nature du Principe. On peut dès lors penser que si les deux premiers termes ne sont pas repris dans le reste de la phrase, c'est qu'ils se déduisent de cette notion fondamentale. En effet, le fait d'être autosuffisant suppose l'éternité : un être qui ne dépend de rien, qui n'a besoin de rien pour se maintenir tel qu'il est, reste toujours identique à lui-même et est éternel. Au contraire, un être corruptible, soumis au changement, a besoin de quelque chose d'extérieur à lui, dont il dépend, pour se maintenir. C'est pourquoi aussi ce qui est autosuffisant peut être dit *premier* puisqu'il précède logiquement ce qui n'est pas autosuffisant dans la mesure où ce dernier dépend de lui. La primauté de l'autosuf-fisance s'explique donc par la dépendance à son égard. Sur ce point, Platon avait déjà indiqué, dans le *Phèdre*, le lien qui unit le corruptible à l'incorruptible, à ce qui est autosuffisant puisqu'il y montrait que sans un principe éternel (l'âme) qui soit cause du mouvement des autres choses et en même temps de son propre mouvement, « le ciel tout entier et toute génération s'affaisseraient et s'arrêteraient »[1]. Ce qui ne se suffit pas à soi-même ne peut donc être premier puisqu'il suppose pour son être même l'existence de quelque chose qui se suffise à soi-même. Notons enfin qu'Aristote utilise un autre terme qui insiste sur l'*autarkeia* et la spécifie en quelque sorte : ce qui est autosuffisant est capable d'assurer son propre salut, de se conserver soi-même (*sôteria*).

Or, ces caractéristiques ne peuvent que confirmer le Bien dans sa position de Principe, de terme premier, car seul le Bien peut les posséder puisque *c'est à cette condition même qu'il est le Bien*. Le Bien est le Bien parce qu'il est éternel et autosuffisant. En sens inverse, ce qui est éternel et autosuffisant mérite le nom de Bien alors que ce qui ne l'est pas ne peut être le Bien (même s'il n'est pas absolu-ment mauvais) puisqu'il est soumis à la corruption et au changement.

---

1. Platon, *Phèdre*, 245e1-2.

avoir qu'un seul principe, et ce ne peut être que le Bien. Mais il reste à comprendre le point le plus difficile : comment peut-il être un principe, comment s'exerce son emprise sur les autres choses ?

DE LA CAUSALITÉ DU PRINCIPE

Sur cette question, Aristote a souvent critiqué ses prédécesseurs et plus particulièrement les platoniciens. S'il signale les difficultés liées au nombre et à la nature des principes, il insiste aussi souvent sur le problème de la principialité c'est-à-dire sur la question de savoir comment un terme peut exercer sa fonction de principe et donc, être considéré *comme* principe. Ainsi, en *Métaphysique*, A, 6, il est reproché à Platon de ne s'être servi que de deux types de causes, la cause formelle (*tè tou ti esti*) et la cause matérielle (*tè kata tèn hulèn*), oubliant le principe de mouvement et la cause finale[1]. Mais cette critique qui porte sur le nombre des principes conduit à une seconde car l'absence de cause motrice ne permet pas de comprendre ce qui joue vraiment le rôle de principe dans le platonisme ou, du moins, de saisir comment les principes exercent leur fonction. En effet, Aristote demande quel rapport les formes entretiennent avec les choses sensibles, éternelles ou corruptibles[2], puisqu'« elles ne sont causes d'aucun mouvement ni d'aucun changement »[3], n'étant que la cause formelle, l'essence, de ces choses. Mais elles ne peuvent pas non plus être causes de la connaissance qu'on en a car elles ne leur sont pas immanentes, c'est-à-dire n'entrent pas dans leur composition en se mélangeant avec elles[4]. La séparation de la forme rend ainsi problématique sa relation *épistémologique* à ce qui dépend d'elle tout autant que sa relation *ontologique*. Le platonisme fait *dépendre*, aux yeux d'Aristote, la réalité sensible d'une réalité supérieure sans être capable de fonder cette relation de dépendance sur une relation de principialité. Mais, si les formes ne sont pas causes de mouvement, on pourrait pourtant concevoir qu'elles soient principes au sens où des choses *proviendraient* d'elles. Mais Aristote l'exclut en considérant qu'aucun des sens de l'expression *ek tinos* ne s'applique au rapport

1. *Ibid.*, A, 6, 988 a 8-14.
2. *Ibid.*, 9, 991 a 8-10.
3. *Ibid.*, 991 a 11.
4. *Ibid.*, 991 a 12-19.

des sensibles aux formes [1]. La principialité ne se résout pas en relation de provenance et d'origine. Mais ce passage ne donne pas de raisons à cette exclusion. On peut pourtant se reporter au chapitre 24 du livre Δ de la *Métaphysique* qui indique que l'expression se dit soit de la matière [2], soit du premier principe moteur [3], soit du composé matière/forme [4], soit de la partie (*meros*) dont une chose est constituée (par exemple, la lettre par rapport à la syllabe ou la notion de bipède qui est une partie entrant dans la définition de l'homme) [5], soit enfin, de ce à quoi une chose succède dans le temps [6]. Or, si l'on applique ces remarques au cas des formes, on constate qu'elles ne peuvent être la matière dont proviennent les choses sensibles, ni leur principe moteur (puisqu'elles n'en sont que l'essence) ni le composé. Il n'est pas possible non plus d'en faire les parties dont les choses proviendraient car en Δ, 24, c'est la forme elle-même, au sens où elle est une définition, qui provient des parties qui la composent (comme dans l'exemple de la définition de l'homme). Enfin, les choses sensibles ne proviennent pas des formes au sens où elles leur succèdent d'un point de vue chronologique puisque, pour Platon par exemple, il s'agit plutôt de montrer que ces choses tiennent leur essence de celles-ci et *continuent* de la tenir d'elles. La simple antériorité ne fonde pas une relation de causalité car dire, par exemple, que la nuit vient du jour, c'est seulement dire qu'elle lui succède et non que la première est la cause de la seconde [7].

Il ne reste alors, pour penser le rapport des choses sensibles aux formes, que la théorie de la participation dans laquelle les formes jouent le rôle de paradigmes pour celles-ci [8]. Aristote en souligne pourtant à la fois l'inutilité et l'absurdité [9]. Mais ce qui mérite de

1. *Ibid.*, 991 a 19-20.
2. *Ibid.*, Δ, 24, 1023 a 26-29.
3. *Ibid.*, 1023 a 29-31.
4. *Ibid.*, 1023 a 31-34.
5. *Ibid.*, 1023 a 35-b 2.
6. *Ibid.*, 1023 b 5-11.
7. *Ibid.*, 1023 b 6-7.
8. *Ibid.*, A, 9, 991 a 20 *sq.*
9. Aristote propose, semble-t-il, quatre arguments contre cette théorie : d'une part, on n'a pas besoin de prendre pour modèle une forme pour faire apparaître une chose semblable puisqu'elle peut exister par hasard tout en étant conforme à ce « modèle » (991 a 22-27) ; d'autre part, dans l'hypothèse où les formes sont des paradigmes, il faudra poser plusieurs modèles pour un même être (991 a 27-29) ; par ailleurs, il faudra aussi poser des modèles pour les formes elles-mêmes puisque certaines en seront les genres (991 a 29-b

retenir l'attention est la critique adressée à cette solution à partir de sa présentation dans le *Phédon*[1]. Poser les formes comme causes de l'essence supposerait de poser simultanément une cause motrice capable d'en faire de telles causes puisqu'elles ne sont pas elles-mêmes causes motrices ou de considérer que les formes ne peuvent être motrices que si elles sont en même temps causes finales. Mais Platon ne rassemble pas ces différents sens de la causalité au niveau des formes, se condamnant à ne pas rendre compte de ce qui assure leur emprise sur les choses sensibles. *Ainsi Platon se donne des principes sans pouvoir penser en quel sens ils le sont.*

Mais la question de savoir comment le Bien est principe et pas seulement comment les formes le sont, commande d'emblée le chapitre 10 du livre Λ. Celle-ci, malgré les apparences, se distingue pourtant de celle traitée en N, 4. Dans ce dernier texte, Aristote se demande si le Bien est premier ou s'il n'apparaît qu'avec les choses soumises à la génération et au devenir (s'il n'est donc qu'un *effet* et non un *principe*). Au contraire, il s'agit ici de savoir comment ce qui est participe de lui. Cela suppose donc que le Bien est principe mais il faut chercher alors quel rapport il entretient, en tant que principe, avec les choses qui dépendent de lui. Aristote demande en effet « de quelle manière la nature du tout possède le bien et le meilleur » et envisage deux réponses : est-ce « comme quelque chose de séparé et [existant] par soi ou comme l'ordre [du tout] »[2] ? Dans le premier cas, le Bien serait présent tout en restant extérieur aux choses auxquelles il est présent. Dans le second, le Bien serait présent de manière interne, immanente puisque l'ordre, auquel se réduirait alors le Bien, ne serait que l'organisation des parties constituant un tout. La réponse d'Aristote est d'abord déroutante : le Bien est possédé des deux manières à la fois comme l'illustre l'exemple de l'armée dont le bien est constitué par son ordre interne autant que par le général qui la commande, lequel est pourtant « séparé » d'elle[3]. Mais il faut remarquer

---

1) et il y aura alors contradiction puisqu'une même chose (ici une forme) « sera paradigme et image » en même temps ; enfin, dans une telle relation paradigmatique, le modèle qui est en même temps l'essence de la chose qui l'imite, en sera pourtant séparé (991 b 1-3).

1. Aristote fait allusion (en 991 b 3-5) à différents passages du *Phédon*, en particulier 95e8 *sq.* pour la recherche des causes et 100c3-e3 pour l'exposé de la causalité des formes.

2. *Métaphysique*, Λ, 10, 1075 a 11-13.

3. *Ibid.*, 1075 a 13-14.

qu'Aristote ne s'en tient pas là. Entre les deux possibilités s'établit une hiérarchie : le général est pour son armée *davantage* un bien que l'ordre de cette armée car « celui-ci [le général] n'existe pas grâce à l'ordre mais l'ordre [existe] grâce à lui » [1]. L'ordre de l'armée ne peut exister que si celle-ci est subordonnée à son général et entre les deux manières de participer au bien, l'une est en fait *cause* de l'autre. Aussi, posséder le Bien de manière immanente, c'est le posséder comme *effet* d'une autre manière de le posséder. Aristote utilise alors plusieurs comparaisons pour illustrer cet aspect. La première porte sur les êtres sensibles tels que les plantes et certains animaux (poissons, oiseaux) : ceux-ci sont ordonnés entre eux mais ils le sont par rapport à un terme unique [2], ils ne peuvent être ordonnés que si un terme extérieur peut jouer le rôle du bien séparé évoqué auparavant, même si, dans la comparaison, Aristote reste allusif quant à la nature de ce terme et à son « action ». De la même manière, les actions des hommes libres sont ordonnées entre elles contrairement à celles des esclaves et des bêtes, abandonnées à la contingence, au hasard et qui ne participent pas à quelque chose de commun (*to koinon*). Là encore, on peut se demander de quelle manière l'ordonnancement des actions suppose un terme commun extérieur à elles, puisque cela n'est pas précisé par Aristote. Mais, seule semble compter alors l'affirmation de la nécessité d'un terme (équivalent ou correspondant au Bien) pour ordonner un tout. Enfin, la participation au Bien peut concerner toutes les choses quelle que soit leur nature mais d'une manière paradoxale, c'est-à-dire par leur *dissolution* même : tout être se dissout et par là contribue à l'ordre du tout mais Aristote semble vouloir dire que, pour que cette dissolution concoure à un tel ordre, il faut qu'elle soit *finalisée* c'est-à-dire fasse intervenir un terme séparé qui rende possible cet ordre. Toute la difficulté est alors de concevoir de quelle manière la possession du Bien de manière externe peut conditionner celle qui se donne de manière interne. Faut-il considérer qu'Aristote opte, par ce conditionnement même, pour une solution providentialiste, le Bien intervenant pour organiser l'ensemble des choses, lui donner un ordre interne ? Comme nous allons le voir, le Stagirite refuse pourtant cette voie. La transcendance du Bien, marquée ici par sa séparation d'avec ce sur quoi il exerce son emprise, doit conduire à penser cette emprise

---

1. *Ibid.*, 1075 a 14-15.
2. *Ibid.*, 1075 a 16-19.

même (sa manière d'être principe) en excluant de sa part toute volonté et toute inclinaison. Plus précisément, *la principialité du Bien doit s'accorder avec sa transcendance et la préserver*. Or, Aristote envisage trois possibilités : le Bien peut être principe soit comme fin, soit comme moteur, soit comme forme [1]. Malheureusement, aucun de ses prédécesseurs n'a pris la peine d'indiquer en quel sens il accorde à son principe une causalité. Aussi, Aristote se livre-t-il à une reconstruction de leur doctrine et à une critique de la causalité qui y est présentée de manière implicite. Par exemple, selon Aristote, le Bien correspond, dans la pensée d'Empédocle, à l'Amitié (*philia*) et celle-ci est principe de deux manières, comme moteur et comme matière, puisqu'elle est à la fois cause du mélange et partie du mélange [2]. Mais dans ce cas, puisque par leur être les deux ne se confondent pas, on peut se demander lequel, du moteur ou de la matière est vraiment principe [3]. De même, le *Noûs* est l'équivalent du Bien pour Anaxagore et celui-ci est moteur mais il ne peut l'être qu'en vue d'une fin qui est autre que lui [4]. Il est donc difficile de savoir ce qui est vraiment principe dans ce cas. Mais la mention de la position d'Anaxagore permet à Aristote d'aller plus loin puisque, à travers la critique de celle-ci, apparaît un des éléments de la solution qu'il adopte. En effet, la position d'Anaxagore pourrait être sauvée si celui-ci adoptait la solution que prône Aristote, laquelle ne fait pas de la cause motrice et de la cause finale deux choses distinctes. Ainsi, « la médecine est en quelque sorte la santé » [5]. Aristote veut dire par là que la médecine est cause finale car elle est science de la santé c'est-à-dire de la fin, mais qu'en même temps elle meut dans la mesure où cette science est possédée par le médecin qui s'en sert et qui vise cette fin qu'il possède. Si le *Noûs* d'Anaxagore était en même temps cette fin, le Principe serait donc cause motrice autant que cause finale et l'on saurait ainsi ce qui est véritablement principe. Pour Aristote en tous cas, comme cela est établi en Λ, 7, les deux causes se rassemblent bien en un seul être mais dans ce dernier texte, c'est la cause finale qui est motrice alors qu'ici Aristote semble se contenter de les rapprocher et ce rapprochement a lui-même ses limites. Car il faut bien un médecin qui prenne la santé

1. *Ibid.*, 1075 a 38-b 1.
2. *Ibid.*, 1075 b 1-4.
3. *Ibid.*, 1075 b 4-6.
4. *Ibid.*, 1075 b 8-9.
5. *Ibid.*, 1075 b 9-10.

pour fin pour que celle-ci soit motrice. Il faut donc une cause motrice en acte précédant logiquement la cause finale. On le voit, le point de vue n'est donc pas le même qu'en Λ, 7 puisque dans ce dernier texte, Aristote fait de *la cause finale une cause motrice par elle-même* [1].

Dans un passage de ce chapitre, Aristote indique en effet que le Premier moteur « est un être nécessaire, et en tant que nécessaire [il est] bon, et il est principe de cette manière » [2]. Ici le texte lie clairement la bonté du Premier moteur [3] au problème de sa causalité (ou principialité) et ce par l'intermédiaire de la notion de nécessité. Il convient donc de comprendre la liaison des trois termes (nécessaire, bon, principe) et pour commencer en quel sens le Premier moteur est nécessaire. Aristote rappelle les différents sens du terme « nécessaire » [4]. En premier lieu, le nécessaire se dit de la contrainte qui s'exerce contre la tendance (naturelle), en second lieu de ce sans quoi il n'y a pas de chose « réussie » [5], enfin de ce qui ne peut être autrement mais qui est simple. Ces trois sens se retrouvent dans l'exposé plus développé du livre Δ. Ainsi, le nécessaire est le « ce sans quoi » quelque chose ne peut être et Aristote ajoute qu'il est alors nécessaire au sens d'une

---

1. E. Berti soutient un point de vue contraire. Voir « Unmoved mover(s) as efficient cause(s) in *Metaphysics* Λ 6 », *Aristotle's* Metaphysics Lambda, *XIVe Symposium Aristotelicum*, Oxford, Clarendon Press, 2000, p. 181-206. Pour l'auteur, le Premier moteur est une cause efficiente, capable d'agir sans « interaction entre l'agent et le patient » (p. 188). L'emploi par Aristote des termes « *kinètikon* » et « *poiètikon* » en Λ, 6, 1071 b 12 témoigneraient en faveur d'une telle causalité efficiente.

2. *Métaphysique*, Λ, 7, 1072 b 10-11.

3. Dans ce passage comme dans d'autres de Λ, 7, Aristote n'utilise pas le terme *to agathon* mais l'adverbe *kalôs*; *to kalon* apparaît aussi en 1072 a 28, 34. Cela ne signifie pas que le beau se confonde avec le bien car Aristote les distingue en M, 3, 1078 a 31-35 tout en reconnaissant qu'ils font tous les deux l'objet d'un discours de la part des sciences mathématiques. En N, 4, Aristote les rapproche puisqu'il se demande quels rapports « les éléments et les principes ont avec le bien et le beau » (1091 a 30-31). Les deux termes, sans être synonymes, sont placés ici du même côté d'une distinction. Dans la suite du texte (1091 a 36), ils sont pris ensemble dans la présentation de la thèse adverse (« le bien et le beau apparaissent dans la nature développée des êtres »). Enfin, Aristote, dans tout ce passage, n'utilise parfois que le terme *to agathon* pour présenter la même thèse (1091 a 33). Il semble donc qu'Aristote rapproche suffisamment les deux termes pour qu'on soit autorisé à penser qu'il en est de même en Λ, 7.

4. *Métaphysique*, Λ, 7, 1072 11-13.

5. Nous ne traduisons pas l'expression « *to eu* » par le terme « Bien » comme le fait Tricot car cela prête à confusion. En effet, il s'agit ici de savoir si le Bien peut être le « ce sans quoi » autre chose ne peut être (ici le « réussi ») et non s'il est le « réussi » qui ne peut être que grâce à autre chose qui serait ce « ce sans quoi ». On ne peut donc traduire par le même mot la condition et le conditionné.

n'indique explicitement ce lien. Notre hypothèse est que le passage de ce qui est bon à ce qui est principe ne peut se comprendre que si l'on sous-entend la notion de désirable (*to orekton*) présentée auparavant dans le chapitre [1]. En effet, si le nécessaire est bon, il est par là même désirable et s'il est désirable, alors il meut justement *en tant que désirable*. Dès lors, il est principe. Or, la notion de désirable a été introduite dans le chapitre 7 avant d'être ici implicitement utilisée pour relier la nature de l'être premier à sa causalité. L'originalité de la solution aristotélicienne est donc de *relier la causalité du Principe à sa nature même*. C'est par son être même que le Premier moteur est principe.

Que le désirable puisse mouvoir par lui-même, Aristote l'a indiqué sans d'abord partir du Premier moteur, c'est-à-dire sans se placer d'emblée à son niveau. Ainsi, de manière générale, « le désirable et l'intelligible meuvent sans être mus » [2], c'est-à-dire en restant ce qu'ils sont et sans avoir à sortir d'eux-mêmes puisqu'ils suscitent un désir par lequel ce qui désire se meut dans leur direction. Or, parmi les choses désirables et intelligibles, le Bien (*to kalon*, ici) est justement le terme qui occupe la position la plus élevée, il est le premier et le meilleur dans la série qu'ils forment [3], puisqu'il y a des désirables en vue d'autre chose alors que le Bien est le désirable par soi. Il est donc le premier des moteurs puisqu'il est le premier des désirables. Aristote établit donc d'abord de quelle manière meut le désirable puis inscrit le Bien, en raison de sa nature même, parmi les choses désirables au sommet de la hiérarchie qu'elles forment. Dès lors, le Premier moteur apparaît dans sa nature de premier principe c'est-à-dire premier des désirables à mouvoir mais sans être mû.

Aristote peut alors faire le lien entre cette notion de désirable et celle de cause finale présentée immédiatement après les remarques sur la série des intelligibles et des désirables. Mais ce lien apparaît sous une forme problématique puisqu'il s'agit de savoir si la cause finale *peut* se trouver parmi les êtres immobiles. La réponse tient en une

---

1. À partir de Λ, 7, 1072 a 26.

2. *Ibid.*, 1072 a 26-27.

3. *Ibid.*, 1072 a 34-b 1. Sur cette notion de série (*sustoichia*) et son usage chez Aristote, voir aussi *Métaphysique*, Γ, 2, 1004 b 27 *sq.* ainsi que les remarques de M. Crubellier, « La beauté du monde. Les sciences mathématiques et la philosophie première », *Revue Internationale de Philosophie* 3, 1997, p. 307-331, particulièrement p. 322-323.

distinction entre les deux sens de l'expression : celle-ci peut désigner le « ce pour qui (*tini*) » ou le « ce en vue de quoi (*tinos*) ». Peut être une cause finale l'être à qui l'on destine l'action ou la fin elle-même que l'on vise à travers cette action. Bien entendu, le Premier moteur ne peut être une cause finale au premier sens du terme mais seulement au second [1] car le premier sens est en fait *subordonné* au second : on ne peut être la cause finale d'une action que s'il existe une fin à cette action elle-même. De plus, si le Premier moteur était cause finale au premier sens de l'expression, il serait lui-même objet d'une action et donc sujet d'un devenir, d'un devenir-autre. Il ne peut donc être que la fin elle-même en vue de laquelle les autres choses se meuvent.

L'un des grands reproches adressé par Aristote aux platoniciens est donc de ne pas être capable d'expliquer comment un principe meut les choses qui dépendent de lui. Il ne suffit pas de poser un terme premier dont la nature éminente surpasse les autres choses pour que s'instaure entre lui et ces choses un tel lien de dépendance, il faut indiquer comment cet être premier exerce une causalité et l'on sait que, pour Aristote, cela suppose de ne pas s'en tenir à la causalité formelle. Ainsi considère-t-il par exemple que les formes ne sont pas des causes motrices. Car les formes sont des causes de l'essence des choses mais non du devenir et du mouvement et on peut savoir, grâce à elles, pourquoi une chose est ce qu'elle est, non comment elle l'est devenue. La causalité des formes suppose donc une autre causalité, laquelle leur permet d'exercer cette causalité qui est la leur. Or, l'autre erreur des platoniciens est de n'avoir pas vu que ce problème se résout par la prise en compte de la nature même du terme premier. Si le Bien est ce terme en vertu de sa nature, il est aussi principe pour la même raison : il meut en tant que Bien, il est cause motrice justement parce que sa nature le rend désirable, en fait une cause finale. Les platoniciens n'ont pas vu que *la causalité du Principe se déduit de sa nature de terme premier*.

Sylvain ROUX
Université de Poitiers

---

1. *Métaphysique*, Λ, 7, 1072 b 1-3.

LE PRINCIPE CHEZ SAINT AUGUSTIN

Dicebant ergo ei : Tu quis es ?
Dixit eis Jesus : Principium, qui et loquor vobis.

Jean, VIII, 25

DE CE QUI EST EN QUESTION

Le mot « Principe » – *Principium* dans la langue de saint Augustin – est le premier nom invoqué par le premier livre de l'*Ancien Testament* et, quelques siècles plus tard, le premier qui inaugure le dernier Évangile du *Nouveau Testament* : au verset « *In Principio fecit Deus caelum et terram* » répond celui-ci attribué à saint Jean : « *In Principio erat Verbum* »[1]. La *Genèse* commence par les mots « *In Principio* », et à l'autre extrémité des *Écritures*, ces mêmes mots constituent l'incipit de l'*Évangile selon saint Jean*. Autant dire que, de part et d'autre de cette bibliothèque sacrée qu'on a appelée « la Bible », le Principe se donne d'emblée comme l'axe fondamental et l'espace même au sein duquel se déroule la totalité de cette sagesse et de cette histoire saintes où Dieu déploie en propre sa relation avec l'humanité. La prédilection de Dieu envers l'homme qu'il a créé à son image et à sa ressemblance se déroule dans l'espace encadré par cette double désignation du Principe : « *in Principio* », mention dont la teneur ablative emporte tout derrière elle et après elle.

De même que cette parole nommant le Principe embrasse, au sein de l'Écriture, l'ensemble du discours de et sur Dieu, et que la Bible fait

---

1. Respectivement *Gn* I, 1 : « Dans le Principe Dieu fit le ciel et la terre » et *Jn* I, 1 : « Au Principe était le Verbe ».

ainsi éclore le champ où le Principe s'adresse en Personne à l'humanité aspirant par essence au salut, de même la Philosophie apparaît, avant même qu'on y pénètre, comme une réflexion lente et méditative sur le principe des choses et des êtres. Quelle philosophie ? *Toute* la philosophie, des imperturbables sagesses orientales, visant à montrer au désir individuel l'ultime lieu où il se doit abîmer, à l'antique fragment d'Anaximandre où les hommes sont restitués à la réalité foncière que leurs raideurs individuelles ne sauraient impunément contredire ; de Platon pour qui l'univers se déploie dans l'harmonie de cet incontournable Nombre qu'il appelle le Bien, à Descartes aspirant à habiter le monde en homme libéré du joug de la confusion par la clarté de l'évidence transmise par la véracité de Dieu ; de Kant pourchassant d'une analytique l'autre le mode de connaissance qui saura nous remettre l'intelligence légale du Principe, à Heidegger dont l'œuvre vit de craindre trop dire de celui sur qui notre pensée et notre parole doivent savoir ne pas faire main basse afin de ne pas obscurcir mais de laisser ouverte la possible vision de ce qu'il donne [1]. Toute la Philosophie se constitue ainsi comme une quête de la pensée de ce *Principe* même dont les *Écritures* montrent qu'Il nous requiert incessamment. Si le principe est principe, alors il embrasse tous les domaines, jusqu'à la possibilité même que nous avons de penser [2] ; et si non, à quoi bon chercher un principe, à quoi bon penser.

---

1. Les doctrines philosophiques qui entendent ne pas se soucier d'un quelconque principe ni d'une quelconque recherche ultime, et qui proclament se passer d'une exigence face à laquelle l'exemption ou la fuite font curieusement figure d'héroïsme, n'échappent pourtant pas au destin de toute pensée. Elles se voient malgré tout obligées de sacrifier à l'établissement de petits principes locaux dont leurs discours savent bien devoir tenir leur propre sens. En ce domaine il n'est aucun athéisme qui ne soit une secrète idolâtrie : ces courants archéophobes ne font que « rapporter à n'importe quoi d'autre plutôt qu'à Dieu leur indestructible notion de Dieu », selon le mot d'Origène (*Contre Celse*, livre II, chap. XL). Ce n'est donc certainement pas en échappant à la nécessaire motion du principe que ces doctrines percluses d'« analyses » s'excepteraient d'une philosophie générale dont elles se voudraient la modernité ou de la quête principielle dont elles ne peuvent dès lors se distinguer que par l'étroitesse de vue. « Ils ne savent sur quoi ils trébuchent » (*Proverbes*, IV, 19). Donner son âme à des principes régionaux et vouloir y réduire la philosophie trahit une attitude d'idolâtrie méthodologique que relève saint Augustin lui-même dans le *De vera religione*, II, 2.

2. Psaume 35, 10 : « par ta lumière nous voyons la lumière ». *Cf.* également G. Marcel, *Le Mystère de l'Être*, II, Foi et réalité, Paris, Aubier, 1951, p. 178 : le Principe « est cette Lumière incréée sans laquelle je ne serais regard ».

Dans cette réalité ontologique et historique, la pensée de saint Augustin impose singulièrement sa figure propre puisqu'elle se situe précisément à la jonction de cette double préoccupation : penser le Principe *et* vivre de ce Principe, comprendre *et* aimer, savoir *et* vouloir. La pensée du Principe s'ouvre cependant chez Augustin d'une manière puissamment renouvelée dans la mesure où le but de la quête intellectuelle n'est jamais séparé de ce qui conditionne son commencement : si le Principe est bien le terme de toute recherche, il en est également l'origine [1]. Cette constatation peut paraître évidente, mais sa conséquence méthodologique est pourtant étonnamment absente de la philosophie traditionnelle où tout se passe comme si jamais n'était déduit le corrélat attaché à la notion même de Principe : non seulement se situer au terme de la recherche, mais également imprégner et déterminer toute opération intellectuelle ou volontaire en faveur de cette recherche. La philosophie semble avoir oublié la nécessité qui se faisait jour à son aurore dans la parole de Parménide : « Ce m'est tout un par où je commence, car là même à nouveau je viendrai en retour » [2]. Si le principe de toutes choses est véritablement leur principe, il règne par définition sur ce dont il est principe – ce n'est là qu'élémentaire conséquence logique. En quête de l'ultime fin mais néanmoins toujours aux prises avec les redoutables problématiques produites par sa propre frilosité à donner au Principe l'ampleur qu'exige sa dénomination, la philosophie admet cette conséquence mais semble se refuser à l'incarner jamais, comme si elle reculait de crainte devant la robustesse d'un véritable lâcher prise – devant la nécessité de laisser Dieu être Dieu et l'âme être reliée au Principe auquel elle aspire nativement –, comme si « pour jouir du monde elle voulait user de Dieu » [3] et le grimait pour cela de la commodité d'un visage déductible. Mais « Retournement de tout c'est Dieu qui a commencé » [4], comme le dit Péguy; aussi Saint Augustin prend-il immédiatement acte de l'inconséquence qu'il y aurait à rechercher un principe ultime sans accueillir cette prédominance et cette transcendance qui permettent de rechoisir (*religere*) ce qu'on cherche après

1. « Depuis le jour où je t'ai connu, dit saint Augustin en s'adressant à Dieu, je n'ai rien trouvé de toi dont je n'eusse le souvenir », *Confessions*, X, XXIV, 35.

2. Parménide, fragment VI, trad. fr. J. Beaufret.

3. *De Civitate Dei*, XV, VII.

4. Péguy, *Le Porche du mystère de la deuxième vertu*, dans *Œuvres poétiques complètes*, « Bibliothèque de la Pléiade », Paris, Gallimard, 1975, p. 603.

l'avoir trouvé[1], et d'imiter ainsi ce qui devient pleinement aimable à force de s'attester essentiel[2]. C'est pourquoi la pensée augustinienne commence avec une véritable constatation de la principialité du Principe : si ce dernier est ce qu'il est ou ce que l'on dit qu'il est quand on l'évoque, rien n'échappe à son regard – sinon, il n'est pas besoin de (le) penser. Saint Augustin commence donc par rendre à Dieu ce qui est à Dieu, c'est-à-dire au Principe suprême l'essence qui lui appartient : « Dieu au-delà duquel il n'y a rien, en dehors duquel il n'y a rien, sans lequel il n'y a rien ; Dieu, à qui tout est soumis, en qui tout est contenu, à qui tout se rapporte »[3]. À moindre essence, il y aurait écart de langage à parler d'un véritable Principe.

L'augustinien entrelacement de la source, de la quête et de la fin cessera d'apparaître arbitraire et révélera son exclusive rigueur lorsqu'on aura également pris toute la mesure de ce que le mot « principe » veut dire : « un secret te porte / où tu iras »[4]. La notion de « *principium* » est en elle-même porteuse d'une instructive amphibologie. La chair de ce mot est formée de *primus* et du verbe *capere*. Mais sur la voix grammaticale recouverte par ce verbe – voix active ou passive ? – le nom « *principium* » ne nous renseigne pas. Tous les dictionnaires renvoient *principium* à *princeps*, mais bien loin de faire cesser l'ambiguïté, ce rapprochement la reconduit. Dans *princeps*, le radical peut être à la fois pris au sens de l'infinitif (*primus capere*) comme du participe (*primus ceptus*). D'où la double signification du mot italien « *principe* », que nous traduisons souvent par prince[5] : le « *principe* » est à la fois celui qui est pris comme premier et celui qui prend le premier [le pouvoir]. De même, le principe est à la fois ce que la pensée prend comme source de toute chose et ce qui, rétroactivement, prend la pensée elle-même en la reprenant, en l'intégrant à son essence, et l'inscrit dans la principialité de son déploiement. Le principe, c'est étymologiquement ce qui est pris comme premier autant que ce qui le premier possède toute l'initiative – y compris du chemin qui conduit à lui-même : « c'est par lui que nous allons à lui »[6]. Vouloir prendre le principe ou s'emparer de lui, ce que veut préci-

---

1. *De Civitate Dei*, VIII, XVII.
2. *Ibid.*, X, III.
3. *Soliloques*, I, I, 4.
4. Péguy, *La ballade du cœur qui a tant battu*, *op. cit.*, p. 1281.
5. C'est le cas pour la célèbre œuvre de Machiavel.
6. *De Trinitate*, XIII, XIX, 24.

sément et par essence la philosophie, c'est ainsi et avant tout accepter de se prendre au principe. Que veut la pensée qui aspire à comprendre le Principe : comprendre combien il est recteur et directeur pour toutes choses comme pour elle-même, comprendre combien il surpasse la pensée tout en formulant son essence et son exercice – pensée qui le cherche précisément pour trouver quelque chose de plus assuré et de plus originaire qu'elle-même empreinte de négativité. Il faut à l'âme « la clarté d'une autre lumière pour qu'elle participe à la vérité, n'étant pas elle-même nature de vérité »[1]. Surpasser la pensée est ce pour quoi le Principe peut acquérir sa valeur d'immuable vérité aux yeux de cette pensée même qui, sachant paradoxalement sa dépendance pourtant insue, ne se satisfera pas à moindre titre. Quand elle cherche le Principe, la pensée recherche ce qui dépasse toutes choses et la dépasse elle-même, c'est-à-dire ce qu'elle pourra retenir comme *première* vérité (première donc avant elle-même) dont tout dépend et qui ne dépend de rien, au risque de n'être pas Principe : « Où donc T'ai-je trouvé pour Te connaître, sinon en Toi au-dessus de moi »[2].

Il n'y aurait aucun sens pour la pensée à vouloir placer à la tête de la structure du monde quelque élément qui lui soit inférieur ; si la quête du principe par la pensée veut aboutir, il est nécessaire que la pensée s'ouvre à ce qui est au-delà de ce qu'elle croit être sa propre limite, à défaut de quoi il n'y aura pas possibilité d'accomplissement ou de satisfaction. On ne regarde vers ce qui est premier que si soi-même on n'est pas premier – dans le cas contraire, nul besoin de rechercher quoi que ce soit –, et on n'aperçoit ce qui est premier que si on reconnaît qu'il est premier par-delà l'acte même qui le recherche, et qu'il vient ainsi, au rebours de notre regard, inscrire sa primauté. Le Principe apparaît donc comme « le gage de ce qui nous permet de retourner à [lui] »[3].

Le Souverain Principe n'a pas la primeur d'être pris ou entrepris (ce qui contredirait la primauté de son essence) mais la primeur de prendre. C'est Lui, le « Dieu unique [...] principe de tous les êtres, origine, achèvement et cohésion de l'univers »[4], c'est Lui, « dont l'esprit remplit le monde » et « qui tient unies toutes choses »[5], c'est

1. *Confessions*, IV, XV, 25.
2. *Ibid.*, X, XXVI, 37.
3. *Soliloques*, I, I, 2 : « *pater pignoris quo admonemur redire ad te* ».
4. *De vera religione*, I, 1.
5. *Sagesse*, I, 7.

Lui qui nous a d'abord pris, et en un second temps nous qui, éven-
tuellement, le prenons en suite, l'intronisant ainsi souverain ou prince
(*princeps*) de nos vies après seulement qu'il nous a lui-même depuis
toujours pris en premier. C'est lui qui prend tout en lui, et c'est pour
cela qu'on le recherche. C'est lui « qui appelle au chemin » [1] : sans son
antécédence il n'y aurait pas d'activité philosophante, car seule son
absoluité stimule la recherche et seule l'inconséquence fait oublier en
cours de chemin à cette recherche ce qu'elle cherchait au commencement et ce pourquoi elle cherchait dès avant le commencement.
C'est lui qui prend et c'est nous qu'il prend ; l'essence du Principe est
de prendre en premier ceux des êtres du monde à qui il a donné la
capacité de le chercher comme premier [2]. C'est dans cette réciprocité
que s'ouvre l'immarcescible jeu entre Dieu et l'homme pensant.

Voilà donc ce que dit en latin le mot *principium*. Si le Principe est
véritablement principe, « il n'existe aucun être qui ne soit lui ou qui ne
provienne de lui » [3]. Saint Augustin en a pris toute la mesure, et telle est
l'exigence de son point de départ. Le Principe est ce qui est pris en
premier par la réflexion humaine afin qu'apparaisse en lui la dimension d'omnipotence par laquelle il est su tout reprendre sous son chef.
« Tel est pris qui croyait prendre » : c'est en fin de compte ce à quoi
atteint toute pensée allant jusqu'au bout de ce que *principium* veut
dire ; ainsi la source, la recherche et la fin apparaissent-elles pour la
pensée comme trois lieux différents au sein de la même omniprésence,
trois points de départ possibles au sein d'une même et toujours précé-
dente arrivée [4]. On ne va pas à Dieu comme on va vers un lieu qui nous
est opposé, « en bateau, en quadrige, en faisant des pas » [5], mais par
une démarche en rapport avec l'ubiquité propre au Principe, par la

---

1. *Soliloques*, I, I, 3. *Cf.* également H. De Lubac, *Sur les chemins de Dieu*, Paris, Le
Cerf, 1983, p. 14 : « En tout, dans tous les ordres, Dieu est premier. Toujours c'est Lui qui
nous devance. [...] L'effort de la raison qui nous porte jusqu'à Lui – non pas jusqu'à Lui :
jusqu'au seuil de son mystère – n'est jamais que le second temps d'un rythme qu'Il a lui-
même amorcé ».
2. Cf. *De vera religione*, XLIV, 83.
3. *Enchiridion*, III, 9.
4. Qui a commencé, qui a continué ? Ces questions n'ont aucune signification au
regard du Principe que personne ne chercherait s'il ne nous avait déjà de lui-même hissé
jusqu'à sa qualitative disproportion, c'est-à-dire jusqu'à la capacité de nous rapporter à
une suréminence que jamais notre faiblesse ne pourrait d'elle-même produire à moins
d'être plus qu'humanité.
5. *Confessions*, VIII, VIII, 19.

volonté de se tourner vers (*convertere*) sa silencieuse omniprésence [1].
« En réalité, non seulement y aller mais encore y parvenir, ce n'est pas
autre chose que vouloir y aller, c'est-à-dire le vouloir fortement, entièrement » [2]. La *décision* augustinienne n'a rien d'arbitraire : elle se
meut au cœur de la possibilité de recherche ouverte par la présence de
la Vérité elle-même, au cœur d'un toujours préalable emplacement
ménagé par la Vérité afin de conduire à elle-même, bref, au sein de cet
*entrelacement de la quête et de la fin commandé par l'essence même
du Principe* ; cette décision, libre puisque contrainte par la vérité, vit
de mettre en évidence ce qui dans l'essence du Principe d'une part,
c'est-à-dire dans la vie de Dieu, et dans l'essence de l'âme humaine
d'autre part, ouvre la relation de l'homme et de Dieu – la relation du
Dieu Principe de toutes choses et de cet homme souffrant, cherchant et
pensant dont aucune nuance d'insatisfaction ne sera occultée par le
propos augustinien.

Avec saint Augustin, pour la première fois dans l'histoire de la
pensée, la notion de principe est prise dans l'intégralité de la dimension d'initiative attachée à son essence, non plus seulement comme
point référentiel d'ordonnancement des sphères et des formes (Platon),
ou comme fluidité impersonnelle d'un dynamisme parfait offert à la
mimésis d'un monde qu'il ne crée ni connaît (Aristote), ou comme
totalité cohérente à laquelle chaque situation individuelle participe
sans que les modalités de cette participation (heureuse ou malheu-
reuse) ni la personne en tant que telle puissent obtenir droit à leur
singularité (stoïcisme), ou enfin comme Principe si ineffable que
l'âme humaine ne puisse accéder que de rares fois à son insituable
raffinement (Plotin) ; mais comme une réalité tellement transcendante
qu'une dimension de prévenance doive lui être consubstantielle afin
que la disproportion entre elle et l'homme soit franchie du propre chef

---

1. Lorsque saint Augustin choisit l'image du périlleux voyage en mer comme métaphore du cheminement vers la Vérité (cf. *De Beata Vita*, I, 1-2), c'est avant tout pour
mettre en relief non pas le face-à-face avec un lieu vers lequel nous nous dirigerions avec
assurance et clairvoyance, mais la façon dont le lieu de la Vérité a lui-même prise sur les
errances des navigateurs surpris par la tempête. Encore une fois la polarité provient du
Principe, et, où que l'on soit, on se tient toujours déjà dans un domaine qu'il domine ; la
métaphore n'a pour autre fin que de faire lâcher prise au voyageur afin qu'il se comprenne
comme étant déjà inséré dans l'espace de ce qu'il recherche, où il sera conduit, du cœur
même de son errance personnelle, par la rection de cela même qu'il recherche.

2. *Confessions*, VIII, VIII, 19.

du Principe lui-même, de telle sorte que le fait pour l'homme de pouvoir se rapporter à Dieu et de pouvoir faire du divin la fin de sa pensée trouve ainsi l'horizon de sa possibilité. Tous les principes ne peuvent pas combler la factualité de ce «cœur désordonné / Ami de l'ordre»[1] dont la réalité humaine est héréditairement chargée. Beaucoup sont trop humains pour pouvoir éteindre l'exigence de cet Autre qui monte inextinguible au cœur de l'homme.

La pensée augustinienne n'évacue aucune des nuances liées au problème suivant : le Principe garde toute cette suréminence qui est son essence même, il n'est réduit à rien qui le rende plus compréhensible ou plus maniable, et en aucun cas cependant l'humanité de l'homme ne serait pour autant survalorisée dans le but d'expliquer que Dieu lui soit souci de pensée; le réalisme augustinien consiste à prendre Dieu comme il se donne et l'homme comme il se donne, Dieu comme immuabilité et transcendance, l'homme comme fragilité pensante et mortalité. N'inscrivant la réalité humaine en aucun préalable cosmos où celle-ci acquerrait une dimension d'assurance qui ne serait pas la sienne, il ne comprend pas non plus l'être de la fin en fonction de cette faiblesse reconnue à l'humain, mais suit jusqu'au bout ce que porte l'idée de Principe : primeur absolue, omniscience et omnipotence; car la Vérité « siège partout »[2], et le sens de toute philo-*sophie* cohérente est donc de relier (*religere*) nos âmes – qui ont la liberté de se séparer du Principe – à Lui seul[3]. Pour la première fois le mot «principe» est considéré dans toutes les dimensions de sa teneur propre, selon ce qu'il est, « selon lui et non selon nous » (Pascal), nous surpassant infiniment de sa transcendance insondable et touchant néanmoins notre misère du plus profond de sa pensive détresse; pour la première fois le Fond n'est pas amoindri à nos mesures mais rendu à l'espace incompréhensible et immaîtrisable qui est le sien et qu'il nous ouvre; pour la première fois l'homme ne s'empare pas de l'Essence en lui faisant revêtir une dimension qui la rende plus accessible ou plus opératoire (ce qu'opère superlativement l'athéisme) mais en faisant tout rayonner de Son caractère abyssal. Le principe n'est pas réduit à notre mesure mais il la prend néanmoins en compte, ce qui rend plus prégnant la teneur de prévenance qui doit traverser et même constituer

---

1. Péguy, *La ballade du cœur qui a tant battu*, *op. cit.*, p. 1303.
2. *Confessions*, X, XXVI, 37.
3. *De vera religione*, LV, 111.

son essence. Comment se peut-il que «mon intelligence muable» aspire à «l'immuable et véritable éternité de la Vérité»[1], quelle est l'essence de cette transcendance, quelle est sa physiologie propre, pour s'être rendue de la sorte accessible à la chétive morphologie de l'âme humaine, au point de se présenter à cette dernière au moins comme une question : c'est dans la tremblante exaltation face à ce mystère premier – qui est également principe et premier fond – où une transcendance révèle à une âme pétrie de finitude le caractère suressentiel de sa propre constitution, que saint Augustin se confronte au problème du Principe. Celui-ci ne structure le monde et la réalité humaine que du plus profond de l'impréhensible, et jamais homme ne se pourrait tourner vers une dimension tellement étrangère à sa propre condition si du fond de cette énigme même ne sourdait la possibilité de chercher et de trouver Celui qui est absolument premier. La Primeur est rendue comme il se doit au Principe, tout vient de lui, tout est pour lui, et plus la primeur lui est attachée, plus toute puissance lui est reconnue, plus il devient énigmatique que la faible créature humaine puisse ne serait-ce que le chercher. Il devient nécessaire de «tout donner à Dieu»[2] dont le principe nous a toujours déjà étreint et afin d'être fidèle à la teneur même de Celui dont nous comprenons qu'il ouvre sa réalité à la nôtre.

Penser le principe chez saint Augustin, c'est donc interroger avec lui l'espace de possibilité qui déploie la relation de l'homme à Dieu. Si le Principe est ce qui est par l'homme pris comme premier et ce qui, Dieu, prend en premier, l'ambiguïté inhérente au mot «*principium*» est le lieu où le plus profond désir de l'homme et l'abîme de la volonté de Dieu se rejoignent – au point qu'au Principe rien ne saurait manquer, pas même d'avoir condescendu à «connaître l'inquiétude d'homme»[3]. La pensée augustinienne met en œuvre deux paroles fondamentales afin d'expliquer ce que nulle pensée n'avait encore expliqué avant elle : la possibilité dans le Principe et la possibilité dans le principal principié (l'homme même) d'une relation entre l'essence du Principe et l'essence de l'homme, de telle sorte qu'à l'homme, questionnant ou contemplant, dans l'indigence ou dans la plénitude, soit donné de se tourner vers le Principe, et que ce dernier puisse être

1. *Confessions*, VII, XVII, 23.
2. *Enchiridion*, IX, 32.
3. Péguy, *Le Porche du mystère de la deuxième vertu*, *op. cit.*, p. 578.

quelque chose pour l'homme, au moins un mystère qui le concerne. La première possibilité est portée par l'essence de la *Trinité* qu'est Dieu, la seconde par l'essence de la *foi* que l'homme est capable de devenir. Là où la philosophie traditionnelle fait jouer le binôme Essence/pensée, saint Augustin introduit en amont de l'une comme de l'autre le suressentiel échange de la Trinité et de la foi. Avec ces deux notions fondamentales que sont la Trinité et la foi, saint Augustin, et avec lui tout le christianisme, prononce d'emblée sur le Principe une parole à la fois pleinement rationnelle et pourtant totalement inouïe[1] : le *Principium* a pour essence de rayonner et se laisser atteindre, de rayonner *pour* se laisser atteindre; de se donner; non seulement l'essence de Dieu est ouverte comme Trinité pour pouvoir nous prendre afin que nous soyons capable de la penser, mais nous devons également être dans la foi pour nous laisser prendre à ce qui s'avère nous avoir toujours déjà pris. L'être-relationnel de la notion de principe est aperçu pour la première fois par Augustin – seul aspect dont la pensée n'a jamais médité toute la mesure bien que ce soit le seul aspect par lequel toute pensée est seulement possible.

Grâce à ces deux paroles qu'une pensée trop traditionnelle considère habituellement comme deux monstres ne relevant pas de la raison – comme si n'était pas rationnelle toute réflexion sur les conditions de déploiement de la raison et sur les conditions de déploiement d'une raison pensant au principe –, grâce à la Trinité et à la foi qui viennent habiller d'une source vive les notions étonnamment sécularisées de principe et de pensée, la pensée catholique (du grec *katholou*: universel) de saint Augustin nous fait pénétrer dans la science du Principe en rejoignant les exigences les plus intimes de la rationalité pensante. Désormais nous pensons l'adresse de l'*esse* divin à la pensée elle-même, la possibilité même de l'activité pensante[2]. La notion de principe est désormais connue « avec un cœur catholique » au sens fort et étymologique employé par Claudel[3], c'est-à-dire d'un cœur agi par la Vérité et non agissant pour sa vérité; la pensée est

---

1. Pleinement rationnelle parce que parfaitement reliée à ce que nous avons vu se donner comme l'ultime essence du *principium*, et totalement inouïe parce que n'ayant pas été mise en œuvre par la philosophie existante.

2. *Proverbes*, VIII, 12 : « Moi, la Sagesse, [...] je possède la science de la réflexion ».

3. Claudel, *Cinq grandes odes*, dans *Œuvre poétique*, « Bibliothèque de la Pléiade », Paris, Gallimard, 1967, II, p. 240.

pensée du *katholou* quand elle suit l'exigence qui la traverse et qu'elle ne recule pas devant ce qu'elle doit au Principe : il n'y a aucune rigueur pour la pensée à ne pas laisser au principe agir le Principe. Si le Principe est par définition et par essence ce que l'homme recherche précisément parce qu'Il le dépasse et fonde en retour son indestructible vocation à l'essentiel, c'est en se soumettant à ce Principe qu'on en approchera seulement la connaissance : seule l'humilité nous fera dès lors connaître ce qui est au-dessus de nous [1], démarche dont le statut accordé au Principe fonde la légitimité. « L'élévation indue au contraire, repoussant la soumission, déchoit de celui au-dessus duquel il n'y a rien » [2]. S'élever de la sorte, c'est déjà tomber, et c'est laisser indûment échapper la possibilité d'une connaissance du Principe. Car c'est par l'humilité que la pensée va au-dessus de soi, à sa source ; et il est difficile de comprendre comment la pensée peut ainsi passer à côté du chemin vers ce qu'elle définit pourtant si facilement comme ce qui la dépasse, autrement qu'en faisant intervenir la cuisante réalité d'un orgueil devenu dément. L'effet de cet orgueil permet en tout cas à la philosophie traditionnelle de se constater comme une sorte d'incapacité à assumer pleinement ce dont elle a reconnu l'essence : « Si la voie manque, demande ainsi Augustin, à quoi sert de connaître le but ? » [3]. Les philosophes méprisent l'humilité, si bien que, dans le meilleur des cas évidemment, « après s'être approchés de la vérité par leur intelligence, ils s'en sont éloignés par leur orgueil » [4].

Quand on cherche ce qui est absolument premier et qu'on le déclare, il y a mauvaise foi et mauvaise grâce à ne pas reconnaître ce qu'on a voulu connaître, à reculer face à ce vers quoi on a voulu avancer. Pour aller au fond de la pensée, à son principe, on est obligé de viser en amont de la pensée, et la juste attitude pour entreprendre une telle démarche n'est pas orgueilleusement discursive mais humblement contemplative ; car la pensée ne saurait décemment se mettre au-dessus de ce qu'elle recherche et a défini comme la dépassant : elle doit donner à l'Universel la part qui est la sienne, autrement dit devenir essentiellement catholique. Il faut préférer être de la race d'Abel et de son fils Seth, dont les noms signifient respectivement deuil et résur-

1. Cf. *De Civitate Dei*, XIV, XIII, 1.
2. *De Civitate Dei*, XIV, XIII, 1.
3. *Ibid.*, XI, II.
4. *Contra Julianum*, IV, III, 17.

rection[1], que « fils de Caïn, fils de la possession »[2] (Caïn signifie en effet possession), de crainte de ne « changer la gloire du Dieu incorruptible contre une représentation » et de « rendre la Vérité captive »[3], ce qui revient à s'interdire ainsi tout accès à la teneur de son Nom. La pensée catholique n'est pas une pensée parmi les autres, mais une pensée qui se laisse prendre par cet Autre dont elle a reconnu l'agir originant dans le mouvement même qui est celui de toute pensée et de toute quête conceptuelle. Il s'agit de sacrifier les intérêts subjectifs sur l'autel du Principe afin de recevoir la Vérité. Être catholique, c'est rendre la pensée à sa pulsation originaire, c'est reconnaître au Principe cette légitime initiative que la philosophie, après la lui avoir conféré, ne cesse de lui disputer – comme tous ceux qui ne recherchent pas l'intérêt de ce qui est en question mais seulement le leur[4]; être catholique, c'est refuser le caractère sectaire de toute pensée croyant pouvoir continuer de penser en fuyant devant la radicalité accordant au Principe la fondamentale exclusivité pour laquelle elle est précisément partie à sa quête. Si le Principe est le Principe, c'est de Lui que vient la grâce de Le chercher – Lui qui « nous aide assurément par des voies admirables et cachées »[5]. L'impériale catholicité philosophique de la pensée augustinienne réside dans cette imperturbabilité avec laquelle Augustin sait tirer les implications transcendantales de l'exercice même de la pensée, ainsi que celles de toute pensante soif en souffrance d'une principielle satiété.

Notre démarche suivra la marche de la définition que l'*Évangile de saint Jean* rapporte du Principe lui-même; Jésus répond en effet à ceux qui lui demandent qui il est : Je suis « le Principe, moi, celui qui aussi vous parle (*Principium, qui et loquor vobis*) ». Cette réponse contient en elle-même toutes les dimensions que la pensée augustinienne épouse : un Principe dont l'une des attitudes est la donation ou Parole, et dont l'adresse privilégiée est l'humanité. Nous voyons ainsi s'articuler l'Unitrinité divine, aussi appelée *Idipsum*, Principe éminemment unique en qui chacune des Personnes (Père, Fils et Saint-

---

1. *De Civitate Dei*, XV, XVIII. Deuil de soi-même en faveur du Principe, afin de le laisser apparaître en lui-même et non en nous-mêmes, et résurrection de ce soi par le Principe.
2. *Ibid.*, XV, XXI.
3. Saint Paul, *Épître aux Romains*, chap. I.
4. *De Civitate Dei*, XV, VII.
5. *Ibid.*, XV, VI.

Esprit) est également Principe au moins par appropriation ; l'Incarnation, par laquelle le Principe prolonge son originelle volonté d'accessibilité en rendant son mystère tangible à une humanité blessée par l'insatisfaction ; la foi, en qui la faiblesse humaine – nature raisonnable mais mortelle[1], capable du Principe mais incapable d'être le Principe – répond à la réalité revêtue par l'Incarnation et pose l'acte de sa résistance à tout ce qui l'éloigne de l'Essentiel.

PRINCIPIUM...

Ce qui confère en tout premier lieu au Principe sa principialité, c'est l'excellence de son essence propre. Tous les êtres vivants et toutes les créatures du monde sont, dit saint Augustin, des substances soumises au changement et qui « comportent des accidents leur imposant d'importantes ou en tout cas certaines transformations »[2]. Tout étant est tiré du néant, *ex nihilo*, et gît sur le fond de ce néant dont un acte invisible l'excepte continûment ; toute réalité est sous-tendue par ce vide dont seule la volonté du Principe l'a extirpée, par un agir créateur totalement gratuit, afin de la faire participer à cette propre joie dont Lui, le Principe, jouit dans l'Éternité : l'*être*. Tout étant est une créature, autrement dit, tiré du néant, il prend part à cet être qu'il est impuissant à se donner lui-même, être que seul Dieu peut lui accorder à chaque instant et sans lequel il ne serait pas. « Rien ne peut tenir son être (*esse*) que de Celui qui simplement est »[3]. La participation au pur *esse* qu'est l'être en qui sont dérivables toutes perfections, donne à toutes choses de se tenir dans l'être sans retomber au néant, chacune exprimant dans les limites de son être quelque chose du pur *esse* dont elle est issue : « Ô Dieu, dit Claudel, rien n'existe que par une image de votre perfection ! »[4]. L'être-en-devenir propre à chaque créature provient de cette situation d'entre-deux qui est la sienne, participant par l'existence à la primordiale joie de l'être que le Principe lui ouvre, et n'étant absolument rien par soi-même. Cette tension entre l'être et le néant est la source de la muabilité de la créature ainsi composée de

1. *Ibid.*, XVI, VIII.
2. *De Trinitate*, V, II, 3.
3. *De Civitate Dei*, VIII, VI.
4. Claudel, *Cinq grandes Odes*, *op. cit.*, V, p. 281.

substance et d'accidents. La trace de l'ultime Principe dans la réalité créée est cette substance où l'être apparaît comme une certaine motion de stabilité puisque la substance demeure une et dessine l'horizon des accidents. Ce qui caractérise ainsi l'excellence du Principe, c'est l'*être*, non pas tel ou tel être, telle ou telle réalité, mais l'*être intégral* sans variations ni mesure, un être qui n'est aucun étant et qu'il faut entendre comme « bon sans qualité, grand sans quantité, créateur sans nécessité, au premier rang mais sans place, enveloppant tout mais sans être extérieur, partout présent mais non localement, éternel mais hors du temps, auteur des choses changeantes mais sans changer lui-même, étranger à toute contrainte »[1]. La suréminence du Principe se caractérise par une absence de commensurabilité à l'endroit même de son essence. Le Principe « par qui toutes les choses qui n'auraient pas l'être par elles-mêmes tendent à l'être »[2] est lui-même l'être sans restriction, non pas un être maniable et configurable dont la pensée pourrait se saisir pour le réduire à certaines de ses mesures, mais l'être au sens infinitif, l'*esse* sans mesure qu'on ne saurait circonscrire à la moindre localité ontique et qui échappe ainsi par nature à toute emprise des sens ou de l'entendement pour venir au contraire ouvrir l'espace d'exercice de ces derniers.

La suréminence du Principe se manifeste donc comme l'infinité de son essence dans l'invisibilité de qui tout s'abîme pour pouvoir jaillir à l'existence. Le Principe est l'être qui fait être ce qui est, il n'est aucun étant mais l'abîme impréhensible par qui est tout ce qui est. « S'il soustrayait aux étants l'efficacité de sa puissance, ils ne pourraient ni poursuivre leur course […], ni d'aucune manière se maintenir dans l'être »[3]. Les étants sont muables, mais le Principe, « Lui, est étranger à de telles vicissitudes. Aussi bien n'y a-t-il qu'une seule essence immuable, et c'est Dieu à qui sied vraiment, au sens le plus fort et le plus exact, cet être (*esse*) dont l'essence tire son nom »[4]. Le Principe est principe ou absolument premier parce que de lui, l'Immuable, on peut dire qu'il *est*; mieux : qu'il est l'*être* (au sens infinitif du terme); mieux encore : qu'il est l'être vivant et jouissant de son propre *esse*, coïncidant avec sa propre éternité[5]. « Pour lui, en effet, être n'est pas

---

1. *De Trinitate*, V, I, 2.
2. *Soliloques*, I, 2.
3. *De Civitate Dei*, XXII, XXIV, 2.
4. *De Trinitate*, V, II, 3.
5. Cf. *De Civitate Dei*, XI, X : « Dieu est ce qu'il *a* ».

une chose et vivre une autre, comme s'il pouvait être sans vivre ; pour lui vivre n'est pas une chose et comprendre une autre, comme s'il pouvait vivre sans l'intelligence ; pour lui, comprendre n'est pas une chose et être heureux une autre, comme s'il pouvait avoir l'intelligence sans la béatitude. Mais pour lui, vivre, comprendre, être heureux, tout cela c'est être » [1]. Ainsi la notion de principe est-elle chez saint Augustin attachée par essence (conformément à sa signification la plus profonde) à ce dont on ne peut rien concevoir de plus éminent : l'être à qui tout doit d'être, mais également la réalité suprême qui coïncide et jouit de son propre *esse* et dont la béatitude même se confond avec le pur *esse*. Or, « qui donc est plus que Celui qui a déclaré à son ami Moïse : « Je suis Celui qui suis » – « Dis aux fils d'Israël : Celui qui est m'a envoyé vers vous » (*Exode*, III, 14) » [2]. Et tel est désormais le nom du Principe lui-même, qu'on est alors fondé à cesser d'ignorer comme cette Vérité que l'humanité a pour plus profonde essence de rechercher ou d'avoir trouvée, même sans en posséder l'explicite conscience [3] ; tel est désormais le nom du Principe : non plus un substantif qui le situerait parmi les étants et en ferait ainsi un simple étant comme les autres – ce substantif dont Heidegger a pu dire que la métaphysique fuyait derrière lui l'exigence de penser l'être en tant que tel, et que bien avant lui Augustin a déjà stigmatisé comme manière insuffisante de donner au Principe toute la principialité de son essence –, ni un adjectif par lequel l'*esse* pur serait réduit à un trait particulier, mais un *verbe*, et le verbe par excellence, le verbe de tous les verbes : *être*. De cet *être* toute chose est une trace expressive, comme un « sol mieux gravé qu'un parfait parchemin » [4].

Le nom *Yahweh* par lequel les *Écritures Saintes* parlent du Dieu principe de toutes choses, est en rapport avec la première personne du

1. *De Civitate Dei*, VIII, VI.

2. *De Trinitate*, V, II, 3.

3. L'athéisme ne peut mettre en cause que les dieux que l'on peut inventer, non pas le désir même d'absolue vérité dont la soif de briser les faux principes et les faux dieux n'est que l'une manifestation. Ce désir est plus même que la pensée dans son exercice, il est la pensée à sa source ; aucune opération de la pensée ne le précède, toutes sont sa manifestation. De même que nous naissons en un corps, notre esprit naît en ce désir qu'il ne constitue pas mais qui le constitue intégralement. Notre pensée est ainsi requise par une constitution qui n'est pas elle et lui vient de la Vérité – qui semble être son objet quand elle est sa suressentielle rection. Cf. *De vera religione*, XXXII, 60 ; XXXIV, 63.

4. Péguy, *Présentation de la Beauce à Notre Dame de Chartres*, dans *Tapisserie de Notre Dame, op. cit.*, p. 906.

verbe être (*hawah / hayah* en hébreux) : *èhyèh*, Je suis. Afin que cet
être ne soit plus compris comme attribut réductible au maniement
conceptuel ou affectif que la faiblesse humaine en voudrait obtenir, la
« définition » que le livre de l'*Exode* donne du Principe possède un
double sens : « Je suis Celui qui suis », d'une part, mais d'autre part :
« Je suis qui Je suis » (*èhyèh ašèr èhyèh*). Il y a ainsi dans le Principe
toute la dimension attachée à l'exigence de son essence : d'abord un
don de soi à cette réalité humaine qui est capable de se rapporter à lui,
mais aussi un retrait fondamental – « Je suis qui Je suis », c'est-à-dire
non pas ce que tu veux ou voudrais que je fusse pour ton intérêt – par
lequel le Principe affirme la véritable consistance de tout Principe
véritable : s'imposer à l'homme comme premier, imposer la puissance
de son Nom à toute recherche principielle, imposer toute l'épaisseur
ontologique de ce Nom divin à l'encontre de toute réduction trop
humaine. En même temps qu'Il se donne à l'homme, le Principe se
manifeste dans un Nom et une perfection qui l'immunisent contre les
dérives humaines.

N'oublions pas que la notion de principe peut être prise en deux
significations : celui qui prend ou bien celui qui est pris ; dans le
premier cas, il est regardé en toute rigueur comme ce qu'on recherche
qu'il soit, dans le second, il est projeté et déformé par une volonté
humaine particulière qui, par définition, est ouverte à l'éventuelle
efficacité de ce qui voudra la contredire. Parler du Principe selon lui et
non selon nous, c'est ce que rend précisément possible une fois pour
toutes cette « définition » biblique de Dieu par laquelle émerge enfin
une philosophie du principe qui en retienne toutes les dimensions :
Dieu n'est pas projection d'un intérêt humain, il n'est pas une chose
parmi les choses à laquelle on pourrait opposer une autre chose qui
viendrait l'amoindrir[1], il n'est pas réduit à une caractéristique particulière aussi flatteuse soit-elle ; il est la puissance de ce qui est en soi-
même et ne dépend de rien d'autre, il est Celui qui est non pas ceci ou
cela mais *qui* il est, l'être, regard de soi-même en soi-même être, être
insituable et incompréhensible de la surabondante béatitude duquel
jaillit la vie. Bien plus que le fait neutre d'exister, l'être qu'est le
Principe est un *ipsum esse*, un événement pur, un flux de soi en soi qui
est également flot d'une existence vive toujours présente et donatrice.

---

1. Comme chez Hegel où le principe (l'infini) dépend de son adaptabilité puis de son
adaptation à ce qui lui est autre (le fini).

Cette singulière essence dont la nature est d'être soi et dont la conséquence est que tout soit, saint Augustin (après un Psaume) l'appelle l'*Idipsum*, vocable intraduisible par lequel est exprimé l'*adesse* de Dieu en soi-même. « Tu es, Toi, cet être-même (*id ipsum*) par excellence, Toi qui ne changes pas »[1]. L'expression «*id ipsum*» ne se trouve qu'à deux reprises seulement dans la traduction latine des *Psaumes*[2], mais Augustin lui confère une attention toute particulière, y voyant l'expression même du mystère de l'être de Dieu dont l'identité à soi constitue un flot ininterrompu d'être et de béatitude. « Qu'est-ce que l'*Idipsum*? Ce qui est toujours de la même manière, ce qui n'est pas tantôt ceci, tantôt cela. Qu'est-ce donc que l'*Idipsum*, sinon ce qui est? Qu'est-ce donc que ce qui est? Ce qui est éternel. Car ce qui est tantôt d'une manière et tantôt d'une autre n'est pas, puisque cela ne demeure pas : ce n'est pas tout à fait un non-être, mais ce n'est pas l'être absolument. [...] Voilà l'*Idipsum* : Je suis Celui qui suis »[3]. L'*Idipsum* désigne ainsi la façon dont le Principe est s'il est ce qu'il est : ultime. «*Idipsum* signifie ce lieu suprême et immuable qui est Dieu, sa sagesse et sa volonté, Dieu à qui nous chantons : "Tu les changeras et ils seront changés, mais Toi Tu demeures le même" »[4].

L'âme, « étincelle de raison, fait de l'homme l'image de Dieu »[5], car au cœur de cette étincelle se trouve, avant tout autre élément, le sens de ce qui est absolument principiel, autrement dit l'empreinte même du Principe sans laquelle l'homme n'aspirerait jamais au lieu de ce repos et de « cette source de paix que toute soif réclame »[6]. « Il n'est personne qui n'aime la paix »[7], et cette paix n'est qu'une secrète aspiration à la perfection, à la béatitude et à l'indépendance du Principe qui n'a besoin de rien que de Lui-même pour être heureux : plus un étant est, plus il est en paix[8]; et la paix de l'homme est l'accord avec le Principe, ce qui exige d'abord sa véritable connaissance, sa connaissance en vérité[9]. Si le principe veut être principe, si l'homme veut

1. *Confessions*, IX, IV, 11 : « *Tu es id ipsum valde, qui non mutaris* ».
2. Cf. *Ps* IV, 9, et CXXI, 3.
3. *Enarratio in Psalmum* CXXI, 5.
4. *De Trinitate*, III, III, 8, citant *Ps.* CI, 27-28.
5. *De Civitate Dei*, XXII, XXIV, 2.
6. Verlaine, *Sagesse*, II, IV, II, dans *Œuvres poétiques complètes*, « Bibliothèque de la Pléiade », Paris, Gallimard, 1962, p. 268.
7. *De Civitate Dei*, XIX, XII, 1.
8. *Ibid.*, XIX, XIII.
9. *Ibid.*

trouver le principe qui répondra à sa soif de fondation sans pour autant n'être qu'émanation des motivations de sa subjectivité, si l'homme veut atteindre le Suprême propre à ce qui *est* en soi-même et indépendamment de toute volonté intéressée, principe originant de tout ce qui s'éprouve originé sans savoir par quoi ou par qui, la notion d'*Idipsum* par laquelle saint Augustin interprète *Ex*. III, 14 ouvre cette neuve perspective où le Principe apparaît comme l'être dont l'insaisissable origine régit intangiblement l'existence de toute réalité, y compris celle de la pensée [1], y compris celle de la native insatisfaction dont est tissé notre cœur d'homme, y compris jusqu'à « montrer Sa faveur d'autant mieux qu'[Il nous] laisse moins trouver de douceur à ce qui n'est pas [Lui] » [2].

Demeure cependant un mystère peut-être encore plus grand que ce que l'*Idipsum* nous dit déjà du mystère : la transcendance d'un tel principe nous est malgré tout accessible ; l'humanité « est capacité de Dieu, elle peut participer à Dieu » [3]. Le mystère s'ajoute au mystère : toute instable qu'elle soit, l'âme humaine a reçu « la capacité de participer à l'immuable Sagesse, de sorte que son partage soit avec l'*Idipsum* » [4]. L'homme, malgré la précarité de sa condition, peut se rapporter à Dieu puis se retourner vers Dieu. Le mystère de l'être se double d'une dimension de communicabilité qui doit rejaillir d'une manière ou d'une autre sur la façon dont nous devons comprendre le Principe par qui nous sommes principiés. Si l'*esse* est un *adesse*, il faut comprendre le *ad* non seulement comme un auprès de soi-même, comme la dimension relative à l'essence en elle-même parfaite de Dieu, « Masse de Déité en soi-même amassée / Sans lieu et sans espace en terme compassée / [...] De soi en soi étant sa jouissance » [5] ; mais aussi et surtout comprendre ce *ad* comme le ce-vers-quoi cette essence est susceptible de s'ouvrir. Une motion d'ouverture appartient à la

---

1. C'est le sens de la seconde grande partie du *De Trinitate* (livres VIII-XV) que nous ne pouvons analyser ici et sur lequel nous nous sommes exprimé. *Cf.* M. Caron, *La Trinité de saint Augustin*, Paris, Ellipses, 2004.

2. *Confessions*, VI, VI, 9 – par où apparaît ainsi l'essence de cette grandiose gestion de l'insatisfaction qu'est la philosophie, cette dernière brodant le canevas de sa propre histoire en courant après une juste intelligence du Principe tout en refusant de pénétrer dans la logique d'humilité précisément requise par la juste définition du Principe et en rejetant cette tâche fondamentale dans le domaine du religieux ou de la théologie.

3. *De Trinitate*, XIV, VIII, 2.

4. *Ibid.*, III, III, 8.

5. M. Scève, *Microcosme*, v. 11 *sq.* « Compassée », c'est-à-dire mesurée.

volonté du Principe : « c'est Moi qui ai appelé et me suis fait entendre » [1], et cette motion d'ouverture doit donc avoir sa possibilité dans l'essence même de ce Principe. Ce dernier n'est pas une réalité forclose mais une *suréminence transmissible*. Tout en n'ayant besoin de rien, sa béatitude est tellement parfaite qu'elle se veut partager librement. D'où pour saint Augustin le sens même de la Création en qui Dieu veut communiquer à toute catégorie d'être, de la forme de vie la plus modeste à la plus noble, la possibilité de participer à sa propre joie : « tout être, dans la mesure où il est, est bon » [2]. L'être est une joie dont Dieu ne veut exclure quoi ou qui que ce soit, et c'est là que réside le sens même de la Création. « Toute chose a nécessairement une forme, si infime soit-elle. C'est donc un bien, si infime soit-il, et il vient de Dieu » [3]. Dieu a voulu faire exister une multiplicité d'êtres pour que rien de bon ne soit excepté d'exister ; de fait, « il est des biens supérieurs à d'autres, et ils devaient être inégaux pour exister tous » [4].

Il faut ainsi prendre en considération « le grand bien qu'est l'être lui-même, objet du vouloir et des heureux et des malheureux » [5], afin de comprendre qu'il y a encore un plus grand bien à ne pas garder ce bien pour soi, à ne pas le confisquer, à le faire partager ; en effet pour la créature, « tout moins-être est un mal, non comme être mais comme moins-être, et être moins qu'on ne fut, c'est pencher vers la mort » [6]. Mais afin que nous comprenions qu'Il puisse communiquer ainsi quelque chose de sa propre constitution et de sa béatitude, le Principe doit être pensé dans toute la profondeur de son essence : qu'est-ce qu'un principe qui se fait partager dans toutes les créatures par l'être et chez l'homme (qui en a au moins l'idée) par le connaître ? L'*adesse* de l'*esse* est d'une part l'*Idipsum*, mais également *l'adresse* de son *Idipsum*. Que l'*adesse* soit adresse est donc l'urgente question qui vient à la pensée. Pour que l'absoluité de l'*Idipsum* soit transmissible à l'homme, il faut que l'invisibilité inhérente à l'être se donne au sens

---

1. *Isaïe*, XLVIII, 12.

2. *De vera religione*, XI, 21.

3. *Ibid.*, XVIII, 35. Notons que le fameux problème platonicien du *Parménide* où le jeune Socrate pose la question de l'éventuelle existence d'une Idée des choses repoussantes, par exemple l'Idée du poil ou celle de la boue, trouve ainsi sa solution dans la théorie augustinienne de la bonté inhérente à l'être et dans les conséquences liées à cette Essence de toute-bonté que Platon ni ses successeurs ne pourront voir pleinement.

4. *De Civitate Dei*, XI, XXII.

5. *De libero arbitrio*, III, 7, 20.

6. *De vera religione*, XIII, 26.

interne de l'homme d'une manière expresse. Tant que la pensée n'a
pas pensé que le Principe, aussi transcendant qu'il soit, s'adresse aussi
à l'homme, elle n'a pas pensé le Principe, et tant qu'elle ne pense cette
relation ontologique de l'être à l'essence de l'homme qu'en faisant
dépendre l'essence de l'être de sa réceptabilité en l'homme, elle n'a
pas pensé adéquatement ce qui, dans l'essence de l'être, indépendamment de l'homme, fonde la relation à l'homme [1].

L'enjeu est important : expliquer *dans* l'être – sans en amoindrir
l'indépendance ni la transcendance pour lesquelles l'homme lui-
même est précisément mû à s'orienter par nature vers l'être – la relation de l'homme et de l'être. C'est pourquoi saint Augustin va engager
sa méditation sur la voie de ce qui dans le Principe, sans en être pour
autant une simple qualité particulière ou un accident, est en soi-même
à la fois soi-même et ouverture à l'homme. La relation à l'essence de
l'homme ne doit pas être un accident dans le Principe, sinon cette relation serait subie par ce dernier (ce qui contreviendrait à son essence),
mais une dimension rendue possible par le Principe lui-même. Si le
Principe demeure principe dans sa relation à l'homme, alors il devient
possible de comprendre, d'une part, que l'homme y puisse aspirer
comme à ce qui le dépasse (la transcendance sans laquelle le Principe
n'est plus à l'initiative est alors maintenue); d'autre part, que le
Principe puisse ne pas être victime de sa propre essence qui en quelque
sorte l'obligerait à s'ouvrir à l'homme afin de se compléter (comme
chez Hegel) ou de s'accomplir dans le domaine du phénomène dont il
se ferait alors dépendre en y requerrant un site justificateur, un *Da*
(comme chez Heidegger). C'est parce que le Principe n'a pas en soi
besoin de nous qu'il est précisément principe pour nous, d'où la parole
du Psaume : « J'ai dit au Seigneur : tu es mon Dieu parce que tu n'as
pas besoin de moi » [2]. Faire dépendre le Principe de son être-là phénoménal serait renier sa transcendance et lui retirer *de facto* la légitimité
de prétendre au titre de Principe [3].

Il faut que transcendance soit maintenue pour ne pas briser le sens
qu'il y a pour l'homme à se tourner vers le pur *Autre con-cernant* dont

---

1. Donnons comme exemple de ce dernier inconvénient Hegel ou Heidegger chez
qui l'être a besoin de l'homme pour se déployer. Chez ces penseurs, l'idée d'une autonomie du Principe est vécue comme contredisant le déploiement, et ce présupposé demeure
inexpliqué dans les limites de leurs œuvres respectives.

2. Psaume XV, 2.

3. Cf. *De Civitate Dei*, XIX, XXIII.

il peut obtenir sa propre justification : un principe sans transcendance n'est qu'une production du désir humain (et une transcendance trop maniable n'est pas une transcendance). C'est dans ce contexte qu'il faut comprendre le déploiement de la Trinité où l'on voit agir comme Dieu unique le Père, sa Parole (son Fils) et le souffle même du Saint-Esprit par lequel il a voulu soutenir cette Parole et se donner *comme* une telle Parole. Toute Parole s'adresse à quelqu'un ; Celle de Dieu crée le monde et s'adresse à l'homme.

... *QUI ET LOQUOR* ...

L'*Idipsum* est un *adesse*, et le « *ad* » qui constitue la teneur de cet être divin revêt une double signification apparemment antinomique : il signifie à la fois « tourné vers soi » et « adressé à l'extérieur ». Cette préposition latine souligne donc simultanément la façon dont l'être est relation à sa propre essence et la motion de transmissibilité qui le constitue. Et la singularité de la surabondance liée à l'essence du Principe réside précisément en ceci : son inhérente et ineffable joie s'avère si suprême qu'elle est simultanément son propre rayonnement ou sa propre *ex-pression*. Penser le Principe en accord avec son essence, c'est-à-dire en tenant compte de la suréminence qui le place à l'initiative et de sa présence au cœur de l'âme humaine, c'est parvenir ainsi à la nécessité pour la pensée de regarder agir dans le Principe la consistance essentielle de l'*adesse*. Le Principe est rapport à soi dans la joie la plus absolue et ce rapport à soi ou ce suprême bonheur s'est fait lui-même rapport à l'homme au point que l'homme ne vit pas un seul instant ou ne pose pas un seul acte sans qu'y soit enveloppé le désir d'y trouver le bonheur auquel le Principe a inscrit l'aspiration en nos âmes. Cette dimension propre au Principe comme *Idipsum* vers lequel une réalité si différente du Principe – l'homme – peut néanmoins se tourner et dans l'aspiration auquel la disproportion de l'homme est elle-même structurée, saint Augustin nous apprend à la méditer en tournant notre regard vers l'essence trinitaire du Principe en question.

La Trinité est la condition de possibilité du « *ad* » de l'*adesse* : par elle il devient pensable que le Principe soit une telle surabondance et qu'il puisse transmettre cette essence de sorte qu'à l'homme soit donné d'y pouvoir penser. La notion de Trinité permet d'aller au

bout du concept de transcendance tout en y comprenant une instance
interne d'ouverture à ce qui lui est infiniment inférieur. C'est dans la
Trinité que la structure de l'*Idipsum* s'avère et se déploie pleinement,
c'est dans la Trinité qu'il nous devient plus compréhensible que Dieu
soit simultanément relation à soi et relation à nous malgré la disproportion. Dans la notion de Trinité, en même temps que se manifeste
toujours plus à la pensée la suréminence du Principe, l'ouverture de ce
dernier à notre moindre réalité s'accroît paradoxalement : plus l'on
s'élève d'un côté, plus de l'autre il devient possible de descendre. Le
Principe qui est Trinité est parfaitement uni à la puissance et à la
transcendance de sa propre essence – ce qui marque un tournant
historique pour la pensée du principe –, et de la surabondance qui en
résulte émerge la possibilité du partage de cette surabondance même
dont le caractère absolument superlatif est exprimé dans la divine
volonté de créer le monde afin d'y faire régner la joie de l'être[1]. C'est
ainsi que le *ad* de l'*esse* propre à l'*Idipsum* a transmis à l'extérieur de
soi (*et* en communion avec la Déité) la vie aux corps de la Création,
mais qu'il s'est également transmis lui-même comme Personne à
l'âme de l'homme ainsi élevée au rang d'image de Dieu. « Il a mis son
œil dans notre cœur »[2].

Celui par qui toute âme humaine est capable de penser au divin et
d'aspirer au bonheur suprême qu'elle pressent antéprédicativement
non en elle-même mais là où Dieu est, Celui par qui Dieu rend sa suréminence pensable ou « sensible au cœur » (Pascal), c'est son Verbe,
Celui dont saint Paul dit qu'il est « l'Image visible [pour l'homme] du
Dieu invisible »[3]. Le « *ad* » s'exprime par conséquent à un double
niveau dans cette Création effet de ce bonheur dont l'*Idipsum* jouit et
qu'il veut transmettre, à un premier niveau en donnant la joie de l'être
à toutes choses étantes, puis, à un second, en donnant sa propre Image
à l'homme par l'intermédiaire de son Verbe, c'est-à-dire en la donnant
à cette âme humaine capable de Dieu (*capax Dei*) et concernée par

---

1. Que le monde soit l'objet d'un acte créateur est le corrélat logique de la transcendance du Principe : si ce dernier est ce qu'il est, il ne peut être réduit au monde, aussi beau
que soit celui-ci. Le Principe apparaît comme créateur dès lors qu'apparaît une claire et
conséquente pensée de son absoluité.

2. *Ecclésiastique*, XVII, 8.

3. Saint Paul, *Épître aux Colossiens*, I, 15. *Cf.* Saint Augustin, *De vera Religione*,
XLIII, 81 : « … le Père de sa propre sagesse qui, lui étant de tout point semblable, est dite
sa ressemblance et son image, puisqu'elle est issue de lui ».

Dieu (au moins comme question, même tue)[1]. « Le Verbe de Dieu, dit Claudel, est Celui en qui Dieu s'est fait à l'homme donnable »[2]. C'est par son Verbe que Dieu se rend intérieurement visible à nos âmes, c'est parce qu'il est aussi Verbe qu'il retentit en l'horizon de nos capacités d'entendre et touche malgré elles les cloisons de nos entendements ; c'est parce qu'il est aussi Verbe qu'il entre dans notre phénoménalité, ou mieux : qu'il ouvre cette phénoménalité.

Si le Principe est Principe, il n'a nullement besoin de nous, « car nul ne prétendra rendre service à la source en buvant, à la lumière en voyant »[3] ; et cependant, malgré son inaltérable transcendance, il nous parle, il nous *con-cerne*[4]. On ne peut concilier ces deux aspects d'une réalité pourtant unique qu'en s'élevant au lieu où cet apparent antagonisme déploie sa propre possibilité : le Principe est Amour, prévenance, c'est pourquoi nous nous tournons vers lui, parce qu'Il se tourne vers nous de sorte qu'une simple créature puisse comprendre quelque chose à ce qui lui est qualitativement si différent ; Il se transmet, c'est-à-dire met entre Lui et nous sa propre transmission, son propre rayonnement, son propre Fils, « *Principium, qui et loquor…* »[5].

Cela étant dit, on ne saurait induire de cette transmissibilité du Principe en lui-même pour autrui une quelconque inadéquation de son essence avec elle-même ou une quelconque négativité interne : c'est parce que le Principe est absolument Lui-même qu'Il est aussi ouverture au domaine d'existence que Sa surabondance produit[6]. La

1. Capacité qui, si l'on s'y attache un instant, relève du miracle : comment la précarité humaine peut-elle penser une réalité aussi sublime, sans commune mesure avec sa propre condition, ni même avec sa propre imagination ? Car l'idée de Dieu n'est pas produite par l'imagination puisque en lui précisément nous ne voyons rien, nous ne pensons rien, tout en ne pouvant jamais évacuer cette charge de nuit qui nous appelle et convoque à sa garde.

2. Claudel, *Cinq grandes odes*, *op. cit.*, V, p. 281.

3. *De Civitate Dei*, X, V.

4. Tout homme à qui on parle de Dieu, cela lui *dit* quelque chose.

5. *Évangile selon saint Jean*, VIII, 25.

6. Chez Hegel c'est parce que l'en-soi n'est pas encore pour soi qu'il doit se faire pour-l'autre et obtenir de l'extériorité la médiation vers son pour-soi, laissant inexpliquée une dynamique d'extériorisation seulement posée dans sa factualité (que l'on tente de légitimer par son déploiement) ; chez saint Augustin au contraire, c'est parce que l'en-soi est déjà un pour-soi qu'il est aussi pour autrui, puisant en sa parfaite essence son élan dynamique. Chez Hegel, c'est afin d'atteindre le pour-soi que le principe est pour l'autre ; chez saint Augustin, c'est afin d'atteindre le pour-l'autre que le principe est pour soi. Sur cette question, *cf.* M. Caron, « Passion du Fils et impassibilité du Père : la solution de Hegel et ses limites », *Revue des sciences philosophique et théologique*, septembre 2005, n° 3.

communion de la propre essence de Dieu en elle-même est absolue, et absolue la communion de Dieu et de son Verbe ; c'est pourquoi le Verbe de Dieu est appelé *le Fils*. À mesurer le rapport d'un homme et de sa propre parole, et sur des bases anthropomorphes, nous aurions tendance à mésinterpréter la relation du Verbe de Dieu à Dieu Lui-même en la comprenant comme une sorte de hiérarchie au sein de l'Essence elle-même. Le Fils n'est pas inférieur au Père dont il est issu : le croire serait injurier l'essence même du Principe en estimant qu'il peut produire en lui-même une réalité moins parfaite que lui ; ce serait dire que le Principe n'est pas ce qu'il est ou qu'il n'a pas ce qu'il est. Il y aurait contradiction et il n'y aurait aucun intérêt à vouloir penser un principe en qui l'essence impliquerait une carence évidente de principialité. Le Verbe de Dieu est donc de même nature que lui, il est aussi Dieu, sinon cela signifierait que Dieu a un com-portement inférieur à son essence. Le Principe veut faire partager l'être et son être, c'est le corrélat même de sa surabondance, à défaut duquel il faudrait induire que sa surabondance est limitée et qu'il n'y a donc pas principialité dans le Principe – conséquence absurde, puisque dimi-nuer l'essence du Principe, c'est le nier comme Principe. Dieu veut faire partager l'être et son être : il crée le monde, il crée l'homme, et cela par son Verbe. Le Verbe est ainsi à la fois celui par qui Dieu crée le monde et toutes ses créatures, et celui par qui il donne en énigme à l'homme une image de son essence : le Verbe est à la fois celui par qui Dieu agit et Dieu Lui-même.

Ce statut éminemment paradoxal est à la mesure de la propre éminence de Dieu, et c'est là l'unique moyen pour nous de laisser à la notion de Principe ce qui lui appartient : le fait d'être entièrement tourné vers sa propre joie, Lui-même en et face à Lui-même, et le fait de rayonner sa propre béatitude pour manifester son inhérente bonté à la vouloir faire partager en donnant d'exister à toutes les formes d'existence.

Dieu est ainsi manifestation de soi, et cette manifestation est monstration de soi dans l'âme humaine à qui il donne son Image inté-rieurement puis extérieurement (par l'Incarnation). Le Père se rend visible en son Fils unique. Et la consistance même de l'essence par laquelle Dieu est ainsi manifestation de soi, la raison interne de sa

Cf. également notre ouvrage *Être et identité : Méditation sur la* Logique *de Hegel et sur son essence*, Paris, Le Cerf, 2006.

volonté de faire partager son essence, la gratuité de la bonté donatrice, le Celui-en-Qui de l'union du Père et du Fils pour la manifestation de la gloire de Dieu, c'est l'Esprit-Saint, l'Amour qui unit le Père et le Fils de telle sorte que soit attachée à la Déité la volonté de création et de transmission. L'Esprit-Saint n'est pas l'élément en qui le Père et le Fils se tiennent comme s'ils en dépendaient, mais ce qui procède – sans la précéder – de leur réciproque unité; le Saint-Esprit, c'est aussi Dieu.

Nous l'avons dit : plus Dieu est proche de son Essence, plus cette dernière est parfaite; et plus elle rayonne sa béatitude, plus est présente la volonté de créer le monde en vue d'un partage de la communion propre à l'essence interne de Dieu. Plus Dieu est en soi-même, plus sa joie produit le partage : il faut donc penser un Dieu-Principe dont l'essence soit la plus parfaite possible afin de rendre pensable que ce Dieu produise le monde dans la volonté même de Son essence – autrement dit afin de rendre tout simplement pensable le Principe lui-même qui est à la fois absolument lui-même et première cause de tout ce qui n'est pas lui-même. Le Père et le Fils sont unis dans la même volonté de répandre la perfection de leur essence, et cette volonté, c'est l'Esprit-Saint, qui est en quelque sorte *l'état d'esprit* de la Déité[1]. Le Saint-Esprit procède de l'amour réciproque du Père et du Fils, c'est-à-dire qu'Il est cet Amour. Ainsi, « le Père, le Fils, le Saint-Esprit sont d'une même et unique substance ou essence »[2]. Dieu est Substance, c'est pourquoi tout ce qui est Lui est aussi Substance ou Personne : comme le dit saint Augustin, « cette charité [l'Esprit-Saint] aussi est Substance, car Dieu est Substance »[3].

Ce n'est pas parce que Dieu est Trinité qu'il faut pour autant le croire triple[4], car tout ce qu'il est en lui-même est lui-même et réalise à chaque fois tout ce qu'il est. La Trinité n'est pas trithéisme, mais compénétration ternaire de l'être en lui-même et déploiement de la béatitude qui en est à la fois cause et conséquence. « Toute créature intellectuelle, animale ou corporelle tient de cette même Trinité créatrice son être, son type d'être et la parfaite ordonnance de sa destinée.

---

1. À la fois état et esprit : esprit de la Déité, mais *état* (de cet esprit) qui est une Personne, c'est-à-dire une Substance absolue à part entière; à défaut de quoi, comme nous le savons, Dieu ne serait pas égal à lui-même en perfection dans les différentes « fonctions » de sa vie divine, ce qui est contradictoire.

2. *De Trinitate*, I, II, 4.

3. *Ibid.*, VI, V, 7.

4. Cf. *ibid.*, VI, VII, 9.

Non pas que dans l'ensemble de la Création une part soit œuvre du Père, une autre du Fils et une autre du Saint-Esprit : tous les êtres ensemble, comme chaque nature individuelle sont l'œuvre du Père, par le Fils, dans le don du Saint-Esprit »[1]. La Trinité donne l'être car elle est communion d'amour de Dieu en lui-même, donnant ainsi sa faveur à la poussée donatrice par laquelle toute chose vient à l'être. L'essence, « pleine en soi d'infinité latente »[2], est l'*esse* transmis comme un don, « car l'Essence souveraine donne à tout étant (*omne quod est*) d'être (*esse*), d'où le mot *Essence* »[3].

Revenons à la Personne du Fils. En vertu de l'égalité, dans la Déité, de ce qu'elle est, pour que le Principe soit effectivement Principe, le Fils est égal au Père ; c'est la raison pour laquelle le Fils, est aussi appelé Principe. Il est « le Principe dans lequel Dieu a fait le ciel et la terre »[4], comme il est écrit au commencement du livre de la *Genèse* : « *In Principio fecit Deus caelum et terram* ». C'est dans le Principe, c'est-à-dire par sa Parole, par son Verbe, que Dieu *prononce* la création du monde. Pour Dieu, être, penser, parler sont le même, car il est être. C'est pourquoi « Job fit cette réponse au Seigneur : Je sais que tu es tout-puissant : ce que tu conçois, tu peux le réaliser »[5]. Lorsque l'être pense ou prononce quelque chose, sur un mode qui est incomparable avec ceux qui sont propres à notre humanité, il fait être ce quelque chose : *en Dieu tout ce qui a lieu donne lieu*, car Il est être. « Sa vive parole / N'est pas comme la nôtre incertaine et frivole »[6]. Ainsi, « Dieu dit : « Que la lumière soit », et la lumière fut »[7] ; et il en est de même pour tous les « actes de parole » rapportés par le premier chapitre de la *Genèse*. Comme pour mieux montrer la communion de Dieu et de son Verbe, le Père et le Fils, il est écrit dans le texte biblique : « Faisons l'homme… »[8], pluriel de majesté soulignant simultanément et l'unité de Dieu et l'association des Personnes divines dans l'acte créateur par lequel Dieu transmet au monde la gloire de son *adesse*.

---

1. *De vera religione*, VII, 13.
2. M. Scève, *Microcosme*, v. 17.
3. *De vera religione*, XI, 22.
4. *De Trinitate*, I, XII, 24.
5. *Job*, XLII, 1-2.
6. Ronsard, *Remontrance au peuple de France*, v. 39-40. Cf. *De Trinitate*, XV, XI, 20.
7. *Genèse*, I, 3.
8. *Genèse*, I, 26. Cf. *De Trinitate*, I, VII, XIV : « Si le Père seul, à l'exclusion du Fils, avait fait l'homme, l'Écriture ne dirait pas : "faisons l'homme…" ».

Ainsi, Celui par qui tout a été fait est le Verbe de Dieu lui-même Dieu et lui-même Principe, car en Dieu nulle inégalité de Dieu à Dieu, de Dieu à sa Sagesse, de Dieu à son Verbe, de Dieu à sa Puissance, de Dieu à son Amour. « Celui par qui tout a été fait n'a pas été fait lui-même » [1]. Le Fils est engendré semblable au Père. « On ne peut diviser l'action du Père et du Fils » [2] car cette action, c'est toujours l'action de Dieu ; « le Fils n'a pas lui-même été fait puisqu'il peut faire à son tour avec le Père tout ce qui a été fait » [3]. C'est dans le Principe que Dieu a créé (*Gn.* I, 1), c'est dans son Principe, dans son essence, dans sa substance, dans sa joie, que le Principe regarde pour créer, et cette essence est d'autant plus à même de créer qu'elle est *une*, ce qui suppose la puissance du lien réunissant les Personnes divines (Père, Fils, et Saint-Esprit) au cœur de la même *Unitrinité*. La distinction de ces Personnes n'est pas une division de la nature divine. La distinction entre le Père et le Fils est une distinction d'origination et non d'essence : le Fils vient du Père, il est consubstantiel au Père, il est engendré par lui (et non pas créé), il est l'Unique-Engendré (*Unigenitus*) [4], il émane éternellement du Père qui est à lui-même sa propre origine [5]. Le Père engendre le Fils, le Fils est engendré du Père comme parfaite Image du Père. De la sorte, « la vie du Fils est immuable comme celle du Père, mais elle lui vient du Père ; l'action du Père et du Fils est indivisible, mais le Fils tient son action de Celui dont il est, du Père » [6]. Ainsi, « le Fils n'est pas inférieur au Père, mais il vient du Père » [7]. Et le Verbe de Dieu est au plus haut des cieux lui-même Principe [8].

« Il y a un Principe sans Principe et un Principe ayant un autre Principe. Le Père seul est Principe sans principe. Pour le Fils, il est Principe mais de telle sorte qu'il est engendré par le Père » [9]. Cependant, « il n'y a qu'un seul Verbe de Dieu. C'est donc en lui comme en

1. *De Trinitate*, I, VI, 9.

2. *Ibid.*, I, VI, 12.

3. *Ibid.*

4. *Jn*, III, 16.

5. De même, la distinction entre le Saint-Esprit et les deux autres Personne de la Trinité n'est en rien dispersion de son unité puisque le Saint-Esprit est la manifestation même de l'unité qui procède de l'amour unissant le Père et le Fils dans l'Eternité.

6. *De Trinitate*, II, I, 3.

7. *Ibid.*

8. *Ecclésiastique*, I, 5.

9. *De Genesi imperfectus liber*, III, 6.

sence du Fils qui transmet sa parfaite image, cette unité d'absolue identité entre Dieu et sa Sagesse est, par appropriation, portée en l'Esprit-Saint dont la mission consiste à transmettre cette vie trinitaire (préalablement ouverte par le Fils) à l'humanité.

L'Esprit est don, il est manifestation du don qu'est Dieu comme être (*esse*). «[L'Esprit-Saint] est avant d'être donné», puisqu'il est l'Éternité de l'Amour du Père et du Fils; il est «non de tout temps, mais de toute éternité»[1]; ainsi, pour Augustin, «puisque le Saint-Esprit ne procède que pour être donné, il est déjà don et cela avant que n'existe à qui le donner»[2]. Le Saint-Esprit a donc vocation au don, Lui le don de Dieu au double sens du génitif, Lui qui de la part de Dieu donne Dieu Père, Fils et Esprit-Saint à l'homme. «Sa relation va et au donateur et aux bénéficiaires [...] : il est l'Esprit du Père et du Fils qui nous l'ont donné, mais le nôtre aussi à nous qui l'avons reçu»[3].

Résumons. «Le Père n'a pas de père dont il procède, le Fils, au contraire, tient du Père et son existence et sa coéternité avec lui»[4], étant ainsi être et souverain de l'être tout comme le Père. Dans le Fils «il y a la suprême égalité, la suprême ressemblance, sans un seul point d'écart [...] mais une correspondance jusqu'à l'identité avec ce qu'elle reproduit. En [Lui] il y a la première et souveraine vie pour laquelle vivre n'est pas une chose et être une autre, mais être et vivre sont le même. [...] Il est le Verbe parfait, l'art du Dieu tout-puissant et sage, rempli de tous les principes immuables des êtres vivants»[5]. Cette communion parfaite des deux premières Personnes de la Trinité, «l'ineffable embrassement du Père et de l'Image, ne va point sans jouissance, sans amour (*caritate*), sans joie. Cette dilection, ce plaisir, cette félicité, [...] c'est dans la Trinité le Saint-Esprit»[6]. Et la joie de l'amour est l'élément transmissible par excellence. C'est parce que le Principe est cet Amour qui, parfaitement accompli, s'avère et devient lisible comme Trinité, que le Principe se donne aussi à l'homme, par le Père dans le Fils avec l'Esprit-Saint. Amour parfait et Trinité sont synonymes car «dans la Trinité, une chose est autant que trois ensemble et deux ne sont pas plus qu'une. De plus elles sont infinies :

1. *De Trinitate*, V, XV, 16.
2. *Ibid.*
3. *Ibid.*, V, XIV, 15.
4. *Ibid.*, VI, X, 11.
5. *Ibid.*
6. *Ibid.*

chacune d'elle est en chacune des autres, toutes sont en chacune, chacune en toutes, tout en tous et tout est un »[1].

Cet Amour sans mélange, et dont la perfection est inscrite au cœur du désir de tout homme, n'est jamais totalement recouvert par nos prévarications. Quand l'homme aspire au Principe, c'est à un tel Principe qu'il aspire, et non, mal gré qu'il en ait, à un quelconque « dieu horloger » incapable de combler l'aspiration de la réalité humaine ; si un homme n'a pas peur de ses propres aspirations ou s'il naît à l'ardeur de ne plus les condamner, c'est à un tel Principe qu'il reconnaît aspirer et c'est évidemment *par* la vertu d'un tel Principe (dont nulle pensée récupératrice ne peut plus s'approprier la primeur) qu'il peut lui être structurellement donné d'y aspirer. Dieu pénètre au cœur de l'homme de telle sorte que ce dernier puisse s'élever non seulement à la pensée de Sa transcendance, mais également à la pensée de Sa Trinité, par la vertu d'une communication ouverte à l'initiative de la Déité envers la réalité humaine : l'absolue dispro-portion de « cette immanence témoigne que Dieu nous a donné de son Esprit »[2].

En ce Principe, la vie est inséparable des Substances en qui elle circule à égalité de nature. « Le Père est lumière, le Fils lumière, le Saint-Esprit lumière, et à eux trois ensemble ils ne font pas trois lumières mais une lumière unique »[3]. Cette vie trinitaire en qui chacune des Personnes est à la fois tout et relation à chacune des autres, en qui rien n'est à l'une qui ne soit aussi aux autres, en qui rien qui ne soit dit de l'une ne puisse être dit des deux autres prises ensem-ble ou séparément, en qui rien n'est attribué à l'une que par appro-priation non exclusive, cette circulation réciproque et ubiquitaire de chacune dans et avec les autres est ce qu'on a appelé la *circumin-cession*, ou *périchorèse*. La circumincession est la façon dont la vie s'exprime dans le Principe, la circulation réciproque des Personnes, « l'unité de la Trinité, unité incorporelle et immuable, consubstan-tielle à elle-même et coéternelle par nature »[4]. Elle est ce que toute pensée trouve au cœur de l'agir qui la régit – quand elle pense à ce que « principe » veut dire.

1. *De Trinitate*, VI, X, 12.
2. *Ibid.*, XV, XIX, 37.
3. *Ibid.*, VII, III, 6.
4. *Ibid.*, I, VIII, 15.

Cependant, une essence aussi éminente, aux proportions si écrasantes et si inattendues, ne peut être atteinte par l'homme naturellement ; se hisser jusqu'à sa pleine compréhension est impossible tant est grande la différence qualitative entre son essence principielle (dont nous connaissons désormais les majeures implications) et notre condition. Il faut pour cela qu'elle ménage d'elle-même le chemin qui conduit à elle-même. Et c'est précisément la dernière dimension, la plus sublime, que revêt le Principe, en conformité avec sa principialité même (c'est-à-dire en conformité avec son essence de pur amour et de pure prévenance que nous avons vue se déployer comme synonyme de cette principialité) : nous parler jusqu'au bout, à nous tels que nous sommes, et à tous les prix, même les plus impensables. Le Principe nous parle jusqu'au bout, il parle pour ainsi dire jusqu'à nous, « *Principium qui et loquor* vobis ». Le Principe est tout le contraire d'une projection humaine à caractère anthropomorphe, lui qui pour pallier la faiblesse humaine pousse la principialité jusqu'à se faire *anthropophore*… « *'Twas much, that man was made like God before, / But, that God should be made like man, much more* »[1].

C'est quand nous laissons parler le cœur de la pensée, notre cœur lui-même dans son aspiration ontologique tout à la fois naturelle et surnaturellement blessée, que le Principe manifeste pleinement les dimensions de sa radicalité et déploie toute la principialité dont son infinité est capable – jusqu'à l'Incarnation, jusqu'à la Passion, jusqu'à la Résurrection, assumant même la mort pour transmettre à tous sa Vie, ouvrant le cercle de la perfection trinitaire à la créature même, qui a la libre possibilité de s'en détourner ou d'y répondre.

… *VOBIS*

Le Principe s'est voulu anthropophore afin d'aller quérir sa propre créature là où elle est, dans la vallée des larmes et de la mort. Qu'il se soit fait homme ne signifie pas qu'il ne soit qu'humain, tout au contraire : il est celui qui est tellement autre, il est celui qui est tellement inconcevable pour l'esprit humain, que pour devenir un tant

---

1. J. Donne, *Sonnets chrétiens*, XV, trad. fr. J. Fuzier et Y. Denis, dans J. Donne, *Poèmes*, Paris, Gallimard, 1962, p. 231 : « C'était beaucoup que Dieu fît l'homme à son image ; / Mais que Dieu prit les traits de l'homme, davantage ».

soit peu accessible il a fallu qu'une telle suressence se rendît telle. L'humain ne pouvant se porter jusqu'à une aussi éminente transcendance, le Principe, « étant voie de la vie dans les régions inférieures, parce qu'il est la vie même dans les supérieures »[1], s'est fait lui-même porteur de l'humain. En tout point semblable au Père, le Fils auprès du Père, est venu donner sa proximité au Père. « La sottise, l'erreur, le péché, la lésine », ces maux qui obsessionnellement « occupent nos esprits et travaillent nos corps »[2], deviennent le creux de capacité où s'engouffre par amour l'inhérente prévenance du Principe dont l'essence est de communiquer sa vie au monde et à l'être-au-monde. C'est à nous en entier que le Principe vient parler, autrement dit à nous dans toutes les dimensions de misère qui sont les nôtres, à nous dans *toute* notre humanité. Le Principe n'a rien voulu mépriser de ce que nous nous faisons en nous détournant de l'Essentiel, il a voulu rendre possible que sa lumière brille jusques dans nos ténèbres (« *et lux lucet in tenebris* »).

Nous ne pouvons tellement pas L'inventer (nous qui ne pouvons que Le retrouver après que Lui a voulu se manifester, d'où notre dépendance vis-à-vis de sa Révélation) qu'il Lui a fallu Se révéler pour que nous goûtions toute Sa dimension. La notion de principe est indissociable de celle de révélation. Il ne nous faut rien moins que sa Révélation, donc rien moins que lui-même en entier, pour que la faiblesse de notre constitution ait capacité de Le désirer, puis de le penser, puis de s'élever jusqu'à l'idée de cette essence divine selon laquelle précisément l'infinité peut être communiquée à la précarité. Sans Lui, sans sa Révélation, nous ne pouvons rien faire[3], et c'est en cela qu'il est réellement Principe : un Principe en qui n'est pas toute primeur conditionnante et toute primeur d'initiative n'est pas un Principe mais un outil de conceptualisation voué à être rejeté le jour où son instrumentalité sera percée à jour.

« C'est moi qui descends parce que tu ne peux pas venir »[4]. De l'homme au Principe, il y a tout le chemin que le Principe a daigné ouvrir à l'éventualité de la réponse humaine afin que l'homme mortel pût atteindre ce bonheur auquel il aspire sans pouvoir l'étreindre

---

1. *De Civitate Dei*, IX, XV, 2 : « *idem in inferioribus via vitae, qui in superioribus vita* ».
2. Baudelaire, *Au lecteur*, prologue des *Fleurs du mal*.
3. *Jn* XV, 5.
4. *Enarratio in Psalmum* CXXI, 5.

jamais. « Il a donc fallu que le médiateur entre Dieu et nous possé-dât une mortalité transitoire et une béatitude permanente, pour être conforme, par ce qui passe, aux hommes voués à la mort et les transférer d'entre les morts à ce qui demeure »[1]. Dieu s'est donné accessible ; l'être est le porte-voix de Sa propre Paix.

C'est uniquement lorsque le Principe atteste réellement son amour et sa prévenance, lorsqu'il se *révèle*, qu'il devient *pensable* (tout en demeurant in(com)préhensible), c'est quand nous le voyons dans tout l'effet de son essence (par son Incarnation et ce qui en a résulté) que nous pouvons nous élever à la pensée de cette essence. C'est par la Révélation de sa principialité que nous accédons à sa vérité. Si le Principe est principe, il a l'initiative en tout, y compris dans le chemin qu'il nous faut suivre pour parvenir jusqu'à lui ; il est à la fois l'inaccessible suréminence de sa principialité, et la voie ou la voix qui conduit à la Vérité c'est-à-dire à lui-même. « Tu ne peux pas saisir ; il y a trop à comprendre, trop à appréhender. Retiens ce qu'est devenu pour toi celui que tu ne saurais saisir. [...] Pour que tu deviennes, toi, participant de l'*Idipsum*, lui-même s'est fait d'abord participant de toi, et le Verbe s'est fait chair (*Jn.*, I, 14) pour que la chair participe au Verbe »[2].

La philosophie traditionnelle a dans le meilleur des cas une idée de la patrie où la Sagesse réside, mais elle ne connaît pas le chemin qui y mène, car elle ne parvient pas à penser ce chemin comme étant au Prin-cipe lui-même – non pas quelque chose du Principe, mais le Principe en Personne[3]. « La poursuite du bonheur imposait à l'homme le devoir de ne suivre que Dieu, mais ne lui donnait pas le pouvoir de connaître Dieu : en se mettant à la suite du Dieu fait Homme, l'homme suivrait à la fois et quelqu'un qu'il aurait le pouvoir de connaître et quelqu'un qu'il aurait le devoir de suivre »[4]. On va vers le Principe par le Principe : si le Principe est, tout dépend de lui, y compris le chemin, c'est pourquoi le chemin est aussi le Principe en Personne : « Moi, Je suis la porte »[5], dit Jésus. Il est « celui qui est en même temps Dieu et homme : Dieu le but où l'on va ; homme, la route par où l'on va »[6], en

1. *De Civitate Dei*, IX, XV, 1.
2. *Enarratio in Psalmum* CXXI, 5
3. *De Civitate Dei*, X, XXIX.
4. *De Trinitate*, VII, III, 5.
5. *Jn*, X, 9.
6. *De Civitate Dei*, XI, II.

vue « d'ouvrir à l'homme le chemin qui, par l'Homme-Dieu, conduit au Dieu de l'homme » [1], au seul Dieu qui, négateur de tous les dieux de nos désirs (« Tu ne te feras pas d'idoles en ma présence » [2]), n'en est pas moins le seul Dieu du désir humain [3].

Le Christ, Verbe de Dieu fait chair [4], vient transmettre ce qu'il est, la parfaite ressemblance avec Dieu ; il transmet comme modèle son égalité avec le Père [5]. « L'économie temporelle de notre salut a fait que la Force de Dieu en personne, la Sagesse immuable de Dieu, consubstantielle et coéternelle au Père, a daigné prendre la nature humaine, afin de nous enseigner, par ce moyen, que l'homme doit habiter ce que doit habiter toute créature intellectuelle et rationnelle » [6]. Ainsi, au cœur de cette égalité divine dont la communion d'amour a été étendue jusqu'à notre misère et proposée à notre volonté, nous-mêmes, « marchant dans le Fils », tendons vers l'unité du Père et du Fils, « car il nous a été donné dans son humilité comme une route à travers le temps, et dans sa divinité comme une demeure éternelle » [7].

L'être lui-même est humilité, sa puissance est humilité comme transmission, comme don, « humilité de Dieu manifestée dans le Christ » [8], humilité victorieuse ; le Principe est don, sinon nous n'en parlerions même pas qui nous demeurerait inaccessible dans son inaccessibilité même ; comme don de sa suressence à la pensée humaine, il est humilité, et c'est pourquoi on ne va à lui que par l'humilité, par la foi, et non par volonté captatrice. Accueillir la donation a lieu dans cette humilité par laquelle nous nous ouvrons à la teneur de la principialité du Principe, ce Principe qui nous apprend à la fois qui il est et comment venir à lui, car, *éminence transmissible*, il est ainsi la vie et la

1. *Ibid.*
2. Cf. *Deutéronome*, V, 6-7.
3. *Cf.* H. de Lubac, *Sur les chemins de Dieu*, Paris, Le Cerf, 1983, p. 12.
4. Cf. *De Trinitate*, I, VII, 14 : « La condition de Dieu ayant pris la condition d'esclave, il advient que Dieu est Dieu et homme, et que l'homme est homme et Dieu (*utrumque Deus et utrumque homo*) : mais Dieu est Dieu et homme par Dieu qui prend [l'homme], tandis que l'homme est homme et Dieu à cause de l'homme pris par Dieu. Cependant, cette assomption de l'homme par Dieu n'a point changé ni altéré l'un en l'autre. La divinité ne s'est point abîmée dans la créature, de telle sorte qu'elle eût cessé d'être la divinité, et la créature n'a point été absorbée par la divinité, de telle sorte qu'elle eût cessé d'être la créature ».
5. *De Civitate Dei*, XI, II.
6. *De vera religione*, LV, III.
7. *Ibid.*
8. *De Civitate Dei*, IX, XX.

présence de ce qu'on ne voit pas encore, c'est-à-dire de ce que l'on recherche. La foi est le mode de connaissance de ce qu'on ne peut saisir : elle est donc une positivité de rapport mais face à un objet qui nous surpasse tellement qu'il n'est précisément pas « ob-jet », qu'il n'est précisément pas ma chose, mais que moi-même, je suis la sienne, moi-même je suis une réalité agie. La pensée qui est foi incarne l'humilité requise pour se rendre connaissable le Principe, pour le laisser se déployer en nous ; et afin d'accueillir ce qui nous surpasse, il n'y pas d'autre attitude que celle de l'oraison par laquelle la pensée se fait capacité afin que le Principe l'investisse de son flot quintessenciel.

« Le Principe auquel nous revenons » est en même temps pour cela « la grâce qui nous réunit à lui » dans le baptême par lequel nous imitons son humilité. « Dieu unique dont l'initiative nous a constitués », comme le dit saint Augustin, le Principe a répandu la gloire de son être jusqu'à poursuivre de son amour la brebis égarée à qui il parle en personne et qu'il est prêt à porter sur son propre dos comme il y a porté la Croix. C'est ce dos de soi-même que le Principe a choisi de montrer afin de se faire lui-même notre chemin vers lui-même, c'est ce dos qui nous est un tel soutien d'accès au Principe que nous y savons également la prévenance de Dieu. C'est « en son dos que nous découvrons mieux combien le [Principe] nous a aimés le premier »[1], se donnant donnable à nos âmes, en nous préservant de l'éclat de sa Face que nous ne pouvons soutenir, n'apparaissant qu'en énigme, nous ménageant ainsi un accès pensable à sa présence trinitaire, et nous léguant les Sacrements comme les canaux par lesquels nos âmes de nouveau irriguées sont approchées du Principe dont elles s'acceptent pleinement répons.

Le Principe n'a pas abandonné l'homme qui se détourne continuellement de lui, et a opposé l'opiniâtreté de l'amour à l'entêtement de l'insensé. Dans sa miséricorde, il est venu en aide à tous les hommes pour qu'ils le cherchent et puissent le trouver. Le Père a tellement aimé le monde qu'il a envoyé son propre Fils. « Il cache sous la chair sa claire Déité, / Pour nous illuminer de céleste clarté ; / Et pour nous donner vie entière et perdurable, / Il lui plaît d'éprouver les rigueurs de la mort : / Bref, afin que par lui l'homme soit libre et fort, / Il se vient faire serf, infirme et misérable »[2]. Afin que notre vie ne soit

-    1. De Trinitate, II, XVII, 28.
     2. A. de Marquets, Du jour de Noël, dans Sonnets spirituels.

plus à nous-mêmes, mais à lui qui est mort et ressuscité pour nous, il a envoyé d'auprès du Père l'Esprit-Saint qui renouvelle le cœur de l'homme et achève toute sanctification.

Bien que «Dieu [ait] jugé qu'il serait plus parfait pour ses serviteurs de le servir de bon cœur», et que «cela [soit] impossible s'ils le servaient non par volonté mais par contrainte»[1], Il a en outre tout accepté, tout assumé, afin qu'il n'y ait plus raison de ne pas voir; tout a été consommé afin que toute pupille voie la lumière dont elle est la possible confession. Pour un peu de temps encore l'immanente noce mystique accepte de se célébrer Trinité à portée des hommes, mais un peu de temps encore et elle refermera les cieux qu'elle a gardés ouverts pour notre soif. La noce trinitaire se laisse pâtir de notre sommeil pour demeurer ouverte à nos extrémités – *Principium, qui et loquor nobis*.

Maxence CARON
Université de Paris I

---

1. *De vera religione*, XIV, 28.

leur évidence qui font d'eux, selon la règle générale énoncée dans la 3ᵉ méditation, des vérités, et non pas des conventions ou des hypothèses. Si l'on veut arriver quelque part en philosophie, il faut donc d'abord et avant tout rechercher les premiers principes et entreprendre à partir d'eux la déduction de toutes les connaissances qui en dépendent. Tel est le 2ᵉ caractère des principes de la philosophie : ils entretiennent avec le reste des connaissances une relation d'ordre telle qu'ils peuvent être connus sans elles, mais non elles sans eux[1].

Puisque la philosophie est la recherche des premiers principes, la différence entre les philosophies tient surtout à la nature des principes posés comme premiers : si ce sont de vrais principes on doit pouvoir connaître à partir d'eux de très nombreuses choses et par ordre, tandis que les faux principes (des principes posés à tort comme premiers), ne mènent nulle part, on n'en déduit aucune connaissance solide. C'est pour les fruits qu'ils peuvent produire qu'il faut rechercher les premiers principes, qui ne sont premiers que par cette capacité d'engendrement indéfini de connaissances utiles que symbolise la célèbre comparaison de la philosophie avec un arbre représentant dans une intuition unique la continuité entre les racines (premiers principes) et les fruits (les diverses connaissances). La tâche de la philosophie est donc de trouver dans la raison humaine les éléments les plus simples et indubitables, les principes, qui permettent d'aller plus loin et de multiplier les conséquences. Peu importe le nom donné à l'élément : cause, notion, principe. Ce dernier terme est très peu présent dans les *Regulae*[2] et les *Méditations*, alors qu'il est d'un emploi courant dans le *Discours* et les *Principes* (ainsi que la *Lettre-Préface*). Mais si le terme n'est pas très fréquent, ni même très important en tant que tel, sa fonction est essentielle : il rappelle la nécessité de commencer par le commencement sans laquelle la philosophie n'est plus qu'un discours au mieux probable et toujours incertain. De là, dans toutes les parties de la philosophie cartésienne, l'exigence réitérée de la recher-

---

1. Voir la définition de l'ordre dans les *Réponses aux Secondes Objections* : « L'ordre consiste en cela seulement, que les choses qui sont proposées les premières doivent être connues sans l'aide des suivantes, et que les suivantes doivent après être disposées de telle façon, qu'elles soient démontrées par les seules choses qui les précèdent » (AT, IX-1, p. 121 ; FA, II, p. 581)

2. Notons toutefois le passage important de la règle 3 sur la déduction distinguant de façon classique les premiers principes « vrais et connus » « connus que par l'intuition » des conséquences qui s'en déduisent (AT X, p. 370 ; FA, I, p. 89).

che des principes, exprimée de plusieurs façons : semences de vérités, natures simples, idées innées, notions primitives. Mais, comme ces diverses expressions le montrent, l'accent est mis sur la connaissance des choses par les idées de l'esprit qui trouve en lui les premiers principes de cette connaissance, et non des choses considérées comme des absolus, indépendantes des perceptions de l'esprit. Les principes cartésiens (mais aussi, on le verra, pascaliens) ont une portée et une signification épistémologiques. Premier n'a pas un sens ontologique ou cosmologique, mais un sens en rapport avec l'esprit connaissant où il désigne les plus simples et les plus certaines vérités. La différence entre Descartes et Pascal est que le premier principe est, comme Descartes n'a cessé de le rappeler, l'être ou l'existence de celui qui pense parce que cette connaissance est la plus certaine qu'on puisse avoir, alors que pour Pascal le premier principe se dit au pluriel et ne s'identifie pas avec la connaissance de notre existence comme chose pensante. Par premiers principes (expression récurrente dans tous les grands écrits pascaliens), il faut entendre les vérités qui rendent possible notre pensée ou notre connaissance : à la fois ce qu'on ne peut comprendre et ce sans quoi on ne peut rien connaître ni comprendre. L'existence factuelle des premiers principes témoigne de l'existence d'une autre source de connaissance que la raison et d'une autre faculté, appelée le cœur ou aussi l'instinct et le sentiment, qui impose à la raison ses vérités, d'une autre nature que celles que la raison établit par preuves et démonstrations. Le principe est de l'ordre de l'axiome plus que de l'idée au sens cartésien.

L'importance reconnue par les deux penseurs à la question des premiers principes donne à ce moment philosophique exceptionnel la valeur d'une reprise et d'un recommencement du travail philosophique depuis le début. Mais la divergence et même l'opposition entre les deux façons de considérer les premiers principes ne sont pas moins significatives des enjeux profonds de cette question.

Rien n'est pour Descartes plus distinctement conçu que ce que l'esprit, suivant une démarche méthodique, aperçoit comme première vérité, c'est-à-dire comme connaissance plus certaine que tout autre : sa propre existence de chose qui pense. Il n'y a pas d'autre exemple de premier principe ou de première et plus certaine vérité. À tel point que cette vérité devient modèle et critère de ce qui doit être tenu pour vrai, selon un raisonnement que l'on peut résumer ainsi : ne connaissant rien de plus certain que ma propre existence nécessairement soustraite au doute le plus général qui soit, je suis assuré de ne pas faillir si je ne tiens pour vrai que ce que je conçois clairement et distinctement. Descartes n'appelle pas cela principe mais règle, règle générale. Peut-on inférer de ce fait un usage relativement limité et précis dans sa philosophie du terme de principe ? À première vue, Descartes n'appelle principe que les choses ou les notions connues en premier, selon un usage rigoureux du terme même. En ce sens ni les règles pour la direction de l'esprit, ni les préceptes de la méthode, ni les lois de la nature, ni les maximes de la morale par provision ne peuvent être appelés des principes, car ces termes caractérisent la forme de ces énoncés : commandements, prescriptions, consignes. Ces termes spécifient la forme du rapport qui lie les énoncés à leurs applications : les lois commandent à la nature, les règles et les préceptes sont des consignes pour celui qui s'est engagé à les suivre et à les appliquer, les maximes sont des règles particularisées par le domaine pratique et tirent leur validité de l'expérience qui les a recommandées au sujet. Peut-on tenir tous ces indicateurs formels pour des principes ? Oui si l'on retient la connotation de commandement de ce terme, comme lorsque l'on dit que Dieu est le principe de toutes choses, mais même dans cet emploi il ne signifie pas seulement que Dieu est le créateur et le souverain de toutes choses, mais qu'il est l'origine de toutes, que l'analyse de la moindre chose déboucherait, au terme d'une régression complète, sur Dieu comme cause ou raison dernière. Le terme de principe aurait alors une signification plus dynamique que celle d'éminence et désignerait la cause ou la production d'une chose. Le terme de principe prend alors, comme dans la philosophie leibnizienne, un sens et une direction cosmothéologique qu'il n'a pas du tout chez Descartes qui paraît en réserver l'emploi à ces choses qui sont connues avant les autres et qu'on doit tenir pour premières, soit selon la vérité de la chose, soit selon la connaissance qu'on en a. Ni les règles ni les maximes ne sont des principes car ce ne sont pas des choses mais des énoncés par rapport auxquels la question de la première place n'a pas de pertinence particulière, ni selon l'ordre de l'être ni selon celui du connaître. Les principes de la philosophie sont donc les choses que l'on doit connaître avant les autres si l'on veut parvenir à la connais-

sance certaine de ce qui entre sous le chef de la philosophie. En recher-
chant les principes et en les présentant comme ceux de la philosophie,
Descartes affiche une ambition totalisante et une prétention systématique qui témoignent de la prégnance chez lui d'une conception
encore très philosophique de la science que Pascal rejettera au non
d'une conception plus autonome mais aussi plus restrictive de la
science. Ce n'est pourtant pas la même chose que d'exposer les principes de la nature et de la grâce, comme le fera Leibniz. Descartes
énonce bien les principes des choses métaphysiques ou immatérielles
et des choses physiques ou matérielles, mais ce qui tient lieu de principes ce sont les vérités conçues comme les premières par l'esprit
connaissant. Ce sont des principes qui permettent de se représenter la
liaison des objets que la physique étudie, ce ne sont pas les forces
primitives ou les causes productrices de toutes choses. Les principes
de Descartes ne sont pas des forces qui agissent au dedans des choses
ou des causes premières de tout ce qui est, mais des vérités que l'esprit
humain se représente comme les premières de toutes celles qu'il pourra
acquérir par la suite. La relation des principes à l'esprit connaissant
limite donc la portée des principes, épistémologiques ou métaphysiques au sens cartésien, mais non cosmologiques ou théologiques.
Aussi n'y a-t-il pas un principe unique auquel tout ce qui est dans le
monde se ramènerait, ou plutôt nous l'ignorons et devons par conséquent nous garder de ces spéculations gratuites auxquelles s'adonnent
pourtant bien des philosophes, et le cogito, premier principe s'il en est,
n'est pourtant pas le seul premier principe et reste limité aux choses
que l'on peut déduire à partir de lui[1]. L'existence de Dieu est une
connaissance qui peut à aussi bon droit que le cogito être tenue comme
le premier principe de toutes les connaissances humaines, puisque
sans elle aucune connaissance ne peut être dite certaine, même pas
celles de la géométrie qui semblent pourtant être indépendantes de
l'existence d'un monde et de tout ce qui le constitue. L'idée claire et
distincte du corps comme chose étendue en largeur, longueur et profondeur, qui peut être divisée et mue, constitue le premier principe des
choses matérielles d'où peut être déduite selon Descartes toute la suite
des vérités relatives au monde physique. De même, du seul mouve-

---

1. Nos remarques s'appuient beaucoup sur le texte, fondamental pour la question du
premier principe, de la lettre à Clerselier de juin ou juillet 1646 (AT, IV, p. 444-445 ; FA,
III, p. 658-657).

ment et des figures des organes qui composent la machine du corps
animal ou humain peuvent être déduites toutes les propriétés des êtres
vivants qui ne dépendent pas de l'âme et du mouvement volontaire,
principe intellectuel distinct du principe des mouvements animaux
que Descartes appelle quelquefois en l'abrégeant : l'instinct [1]. Tous
ces principes sont des premiers principes relatifs à des ordres de
choses qu'il est préférable de considérer et d'étudier séparément afin
de ne pas confondre leurs principes propres, distincts sinon séparés les
uns des autres. Cette séparation entre les régions et leurs juridictions
propres n'empêche pas de penser que la connaissance de l'existence
de Dieu est, si l'on peut dire, plus première que les autres connaissances ou principes premiers, mais cela ne fait pas du monde que la
science et la philosophie cartésiennes cherchent à déchiffrer un tout
dans lequel chaque chose est reliée à toutes les autres comme les
parties d'un même tout (comme dans le fragment des *Pensées* sur les
deux infinis, et comme aussi pour Spinoza) qui serait ainsi le principe
unique de toutes choses. Que Dieu soit la cause de toutes choses, ou le
premier principe de tout ce qui est, ne rend pas compte de ce qu'une
chose n'est pas une autre et qu'elle demande pour être connue dans sa
spécificité d'être rapportée à un principe propre d'explication. Il faut
donc distinguer le principe au sens de ce qui cause et fait agir, du principe au sens de ce qui explique la constitution propre à un certain type
de choses. Dieu (ou son entendement, ou sa volonté) n'est pas un
principe d'explication mais un principe d'être ou d'existence, cause
première et universelle. Pour certains et premiers qu'ils soient, les principes d'explication sont ceux que l'entendement humain découvre en
lui-même, et qu'il applique en sachant qu'ils ne sont pas séparables de
sa structure propre. En ce sens, les principes premiers ne sont rien
d'autre que les notions primitives par lesquelles l'entendement distingue et connaît des choses de nature différente. Il faut donc bien distinguer entre le principe – cause et le principe – notion, entre la force qui
cause et produit (elles est unique pour Descartes) et l'idée qui représente à l'esprit la chose qui peut être l'objet de la science humaine. Le
même mot recouvre deux sens distincts, un sens causal ou dynamique
et un sens épistémique. Ces deux sens peuvent aussi être joints. Ainsi

---

1. Voir la lettre à Morus du 5 février 1649 (AT, V, p. 276; FA, III, p. 884) et *La
description du corps humain* (AT, XI, p. 223; FA, III, p. 821).

les lois de la nature en sont aussi ses premiers principes [1] à la fois parce qu'elles sont les règles selon lesquelles Dieu a voulu faire marcher la nature et parce que les notions sur lesquelles elles se fondent sont *mentibus nostris ingenitae* [2] et surpassent en simplicité et évidence toutes les notions utilisées dans la physique de l'école. Une notion primitive est un principe pour toutes les notions qui en dépendent parce qu'elle leur communique l'évidence caractéristique des idées connues par elles-mêmes et non par relation ou comparaison avec d'autres. Il est toujours possible de revenir au principe pour s'assurer de la clarté et de la distinction d'une idée qui n'est pas primitive, c'est-à-dire connue par elle-même. Ainsi quand on veut savoir si un mouvement ou une action sont seulement corporels, il faut se demander si tout ce qu'on observe dans ce mouvement ne peut pas dépendre seulement de la configuration des organes et du mouvement des esprits animaux qui sont des parties du sang. Point n'est besoin de recourir à une obscure force vitale ou à un principe caché de vie dans le corps puisque la notion que selon Descartes l'esprit humain a du corps est suffisante à rendre compte de ce que l'on observe, du moins quand on le fait sans préjugés. Les principes fondamentaux de l'explication des choses relatives à l'âme, au corps, et à l'union de l'âme et du corps sont les conditions de toutes nos représentations, mais ces conditions sont aussi des représentations et non des axiomes (des principes, au sens formel du terme qui n'est justement pas celui de Descartes) qu'il faut admettre sans pouvoir se les représenter. Du principe à la conséquence la transition est continue et le mouvement de l'esprit s'effectue dans les deux sens : la primitivité du principe ne lui donne pas le statut d'une origine qui serait enfouie sous le développement ultérieur dont la complication ne permettrait pas de ressaisir, c'est-à-dire de saisir à nouveau, l'origine dans sa simplicité première. Chez Descartes la possibilité de commencer, ou de recommencer, est inséparable de celle de connaître. Ce qui implique que la nature ne soit pas une origine perdue ou effacée, bien que souvent recouverte par les préjugés conjugués de l'enfance et de l'histoire, et qu'elle se notifie par une

---

1. « L'explication des premières lois ou des principes de la nature », *Lettre-Préface aux Principes, op. cit.* (AT, IX-2, p. 16 ; FA, III, p. 781).
2. À Mersenne, 15 avril 1630 (AT, I, p. 145 ; FA, I, p. 260) et aussi *Le Monde*, chap. VII : « ces vérités […] dont la connaissance est si naturelle à nos âmes » (AT XI, p. 47 ; FA, I, p. 363) et la 5ᵉ partie du *Discours de la Méthode* (« connaissance […] naturelle à nos âmes », AT, VI, p. 43 ; FA, I, p. 615).

sont en quelque façon dépendants de ces principaux premiers principes : ce sont ceux qui régissent en particulier des types de choses qui
peuvent être objets de sciences distinctes. Quoique toutes les choses
matérielles soient des choses étendues, il y a tout de même des différences entre des régions de choses qui tiennent aux principes particuliers de chacune d'elles. Ainsi les principes des figures géométriques ne sont pas ceux des choses matérielles ou physiques (il faut
considérer le poids ou la masse, la vitesse des mouvements, la résistance…), et les principes des corps animés sont particuliers à eux
(chaleur du cœur) : ce sont des premiers principes, parce qu'ils
permettent d'avoir de ces choses des idées claires et distinctes, bien
qu'ils dépendent de principes encore plus premiers parce que plus
généraux. Mais cette généralité des premiers principes de la philosophie recherchée par Descartes n'est pas celle des axiomes ou notions
communes qui ne donnent, selon lui, la connaissance d'aucune chose
en particulier, ce qui, dans l'esprit de cette philosophie, est un motif
de rejet.

Le dédain qu'affiche Descartes pour le principe de contradiction
qui n'apprend rien à personne procède de cette idée qu'un principe est
une vérité qui sert à découvrir des vérités, et non un artifice de forme
visant à présenter autrement ce que l'on connaît par ailleurs et diffé-
remment [1]. Descartes ne conteste pas à cette proposition le statut de
premier principe mais il s'agit pour lui d'un axiome c'est-à-dire un
énoncé qui permet de ratifier un état de choses qui n'est pas celui d'une
situation particulière mais qui peut s'appliquer à n'importe quelle
situation. Ce principe (et d'autres aussi) n'est donc pas premier au sens
où il serait la condition (et non une simple présupposition) de la
connaissance d'autres choses, comme l'est le cogito, il n'est donc pas
premier au sens d'une antériorité épistémologique, qui est le vrai sens
de premier du point de vue méthodique, mais au sens d'une forme
abstraitement séparée des contenus de pensée et posée après coup
avant eux, première à titre honorifique pour ainsi dire. Dans l'exemple
ou plutôt la caricature qu'en donne Descartes dans cette lettre, il
appert que le raisonnement qui met en évidence la validité du principe
en présuppose la connaissance pour pouvoir être effectué. Il n'a pas de
rapport à des choses, ce qui est pour Descartes la marque de la stérilité
et du désœuvrement intellectuel. Dans une telle philosophie la consi-

---

1. Voir la lettre à Clerselier déjà citée de juin ou juillet 1646.

dération de la forme est quasi opposée à l'attention portée à l'usage. La fécondité (plus encore que la validité, qui peut aussi être un point de vue formel) d'un principe, d'une règle, d'une maxime, mais aussi d'une faculté, tient dans l'usage qu'on peut en faire. Un principe dont on n'a pas l'usage, ou seulement à titre de correction d'un raisonnement défectueux, mérite à peine son nom qui signifie tout de même : le premier ou le plus important, ou l'essentiel. Ce principe ainsi que les notions communes ou axiomes n'ont aucun de ces caractères. Exciper de son universalité pour le poser à la base ou au fondement de toutes nos connaissances ne constitue pas pour Descartes une raison suffisante. Du moins ce n'est pas ce caractère que Descartes recherche pour la science. Il doute même qu'une vérité puisse être commune à tous les *entia*, qu'un seul et même principe puisse convenir identiquement pour tout ce qui est[1]. Remarque fugitive et comme retenue mais très intéressante, que nous prenons la liberté d'interpréter comme suit.

Que pourrait-on énoncer qui convienne à tout ce qui est, excepté le fait (plus langagier que réel) que toutes ces choses sont ou existent, ce qui n'est qu'une simple redite de la proposition « tout ce qui est » ? Alors que la moindre des choses perçues est événement pour l'esprit, de telles sentences, même proférées d'un ton docte, n'engendrent aucune perception dans l'esprit. C'est pourquoi la recherche de la vérité se fait en allant du particulier au général, et non l'inverse. La critique cartésienne des principes formels et la recherche des vrais principes de la philosophie procèdent de l'idée que l'exposition de la vérité doit suivre l'ordre de sa découverte, que cet ordre est le seul qui apporte la persuasion sans laquelle l'esprit ne peut pas faire sienne une vérité qui serait sans cela comme tombée du ciel. Dans un important paragraphe des *Principes*, 1re partie, Descartes distingue les notions qui représentent des choses de celles qui portent sur des vérités « qui ne sont rien hors de notre pensée » (art. 48). Distinction classique, mais qui a pour notre propos une portée plus particulière. Après avoir dénombré ce que nous connaissons comme des choses selon leur nature : intellectuelles, corporelles, et composées de ces deux natures,

---

1. « Car il se peut faire qu'il n'y ait point au monde aucun principe auquel seul toutes les choses se puissent réduire ; et la façon dont on réduit les autres propositions à celle-ci : *impossibile est idem simul esse et non esse*, est superflue et de nul usage ; au lieu que c'est avec une très grande utilité qu'on commence à s'assurer de l'existence de Dieu, et ensuite de celle de toutes les créatures, par la considération de sa propre existence », à Clerselier, juin ou juillet 1646, *op. cit.* (AT, IV, p. 445 ; FA, III, p. 659).

Descartes donne des exemples de ce qui est connu comme vérités (art. 49). Or, parmi les axiomes[1] qui sont «seulement des vérités, et non pas des choses qui [sont] hors de notre pensée», figurent le principe de contradiction dont il est seulement question dans la lettre à Clerselier, mais aussi et sur le même plan : qu'on ne saurait faire quelque chose de rien, qu'il est impossible que ce qui a été fait ne puisse n'être pas fait, et que «celui qui pense ne peut manquer d'être ou d'exister pendant qu'il pense et quantité d'autres semblables». Inutile d'en allonger la liste car ce sont des vérités que «nous ne saurions manquer de [les] savoir lorsque l'occasion se présente de penser à elles». Si ces propositions sont appelées notions communes ou axiomes et non premiers principes, c'est parce qu'elles ne nous font rien savoir que nous ne sachions déjà. Elles sont évidentes mais comme le sont des tautologies et non comme le sont des notions qui se rapportent à des choses et en donnent la connaissance. Il y a donc une différence fondamentale entre la découverte par chacun de son existence comme implication nécessaire du fait qu'il pense, et la formulation générale de cette implication comme vérité admise par chacun. Le cogito aussi, comme le principe de contradiction, peut n'être d'aucun usage s'il n'est pas une intellection actuelle de l'esprit mais une proposition énoncée en 3e personne qui ne débouche pas sur l'admirable suite de conséquences dont parle Pascal[2]. La valeur des premiers principes, et leur importance dans la philosophie de Descartes, tient à ce que l'esprit qui les distingue bien est par eux mis sur la voie d'une infinité d'autres connaissances liées entre elles par cet engendrement continu à partir d'eux. Mais ces premiers principes ne sont pas ceux de l'être en général; ils sont seulement ceux des régions toujours déterminées de choses.

Pascal, dont la réflexion sur le principe est au cœur de textes nombreux et centraux, critique la prétention de découvrir les principes premiers. Expression tautologique? non, car pour Pascal on n'a aucun moyen de savoir si les principes dont on part, ou sur lesquels on s'appuie, sont bien les premiers principes des choses. C'est plutôt de

---

1. Le texte français dit : notion commune ou maxime (en latin : *axioma*).
2. *De l'esprit géométrique et de l'art de persuader*, 2e section, p. 358, Lafuma (éd.), «L'Intégrale», Paris, Seuil, 1963.

l'ordre de la factualité, dont le mode de réception est moins l'évidence que la contrainte qui pèse sur la croyance. Je me sens forcé de croire que l'espace a trois dimensions, que le temps n'en a qu'une, ce n'est pas une évidence intellectuelle, mais plutôt une impossibilité de penser ou de sentir autrement. Ces exemples de principes, qui ne sont pas intellectuels mais sensibles, rapprochent la réflexion de Pascal de celle menée par Kant dans l'esthétique transcendantale sur l'espace et le temps comme formes a priori de la sensibilité. Sur ce donné l'esprit construit des raisonnements, mais il y a rupture entre ce donné et le raisonnement qui s'appuie dessus. Les principes ne sont pas posés par l'esprit (Descartes) mais reçus par lui ; le mode de la découverte n'est pas celui de l'aperception mais celui de la réception. Les principes se sentent[1] : on ne comprend pas pourquoi ces principes sont les premiers, on le sait de façon instinctive, à la fois certaine et obscure, parce qu'on éprouve l'impossibilité d'aller plus loin, de descendre en deçà d'eux, ultimes ou derniers crans de l'analyse plutôt que premiers principes. La coupure entre le cœur (ou l'instinct) qui connaît les premiers principes et la raison qui tire de là des propositions et des démonstrations est aussi une relation complémentaire car la raison dont le fonctionnement est discursif plutôt qu'intuitif ne dispose pas de matériaux originaires à partir desquels elle construirait sa démarche propre. C'est cette coupure ou cette dualité qui fait que les principes sont renvoyés au cœur où la raison les trouve. Le paradoxe est que les principes sont très évidents, trop même, et que la raison ne peut en justifier l'usage[2]. Elle les suit sans pouvoir leur demander des garanties ; la raison elle aussi est embarquée. Son principe n'est pas en elle mais hors d'elle, d'où son hétéronomie et sa faiblesse : les principes de la raison ne sont pas des principes rationnels même s'ils sont évidents : évidence inassimilable par la raison qui ne peut donc que l'accepter sans chercher à le justifier. L'évidence des principes qui témoigne pour Descartes du contrôle par la raison de ses démarches marque plutôt pour Pascal la limite de la rationalité confrontée ici

---

1. « Les principes se sentent, les propositions se concluent et le tout avec certitude quoique par différentes voies – et il est aussi inutile et aussi ridicule que la raison demande au cœur des preuves de ses premiers principes pour vouloir y consentir, qu'il serait ridicule que le cœur demandât à la raison un sentiment de toutes les propositions qu'elle démontre pour vouloir les recevoir », *Pensées*, fragment 110-282 (le 2e numéro est celui de l'éd. Brunschvicg).

2. « Les premiers principes ont trop d'évidence pour nous », fragment 199-172.

à autre chose qu'elle même, à un donné qu'elle ne peut qu'accepter (ce n'est même pas à prendre ou à laisser, on ne peut que prendre : nous serions bien incapables d'articuler quoi que ce soit de sensé si nous ne nous appuyions pas sur les premiers principes dont l'évidence est sentie, éprouvée, mais non comprise). « Notre âme est jetée dans le corps où elle trouve nombre, temps, dimensions, elle raisonne là-dessus et appelle cela nature, nécessité, et ne peut croire autre chose » (fgt. 418-233). Cette phrase (la première de l'argument du pari) semble indiquer que le lieu des premiers principes est le corps et non l'âme qui éprouve par l'usage qu'elle fait et a toujours fait, sans même en avoir conscience, des principes sa dépendance à l'égard d'un ordre qui la précède et la soutient et demeure, du fait même de l'assistance qu'il lui assure, extérieur voire même étranger à elle.

La référence commune aux premiers principes chez Pascal et Descartes recouvre donc une différence considérable et de grande portée pour la suite de la réflexion philosophique sur la connaissance humaine.

Rappelons seulement que chez Descartes les premiers principes forment le premier maillon de la chaîne des vérités qui s'en déduisent logiquement : leur évidence irrigue continûment la suite des consé-quences que tire ou peut tirer un esprit procédant méthodiquement. Ces premiers principes sont pour Descartes comme pour Pascal aussi solidement plantés dans l'âme humaine, comme un point fixe et assuré, mais pour Descartes ils fondent, alors que, pour Pascal, ils conditionnent les connaissances acquises naturellement par les hommes. Ils marquent donc la dépendance de la raison à l'égard d'un donné originaire qui s'impose à elle sans qu'elle ait la liberté d'en reconnaître la validité : ils ne sont pas acquis ou reconnus (ce qui est en ce domaine la seule façon d'acquérir), mais reçus de façon immé-moriale, comme s'il s'agissait d'une transmission héréditaire et non d'une constitution. D'où le fait, d'une grande portée dans l'anthro-pologie pascalienne, que c'est la possibilité même de la connaissance, ou le fait même de pouvoir connaître plus encore que l'immensité de ce qu'on ignore, qui manifeste l'insuffisance d'une raison dépendante d'un ensemble de vérités dont l'esprit sent la présence en lui mais sans qu'il puisse les concevoir. La raison n'est pas autonome car les premiers principes, sur lesquels elle s'appuie, ne sont ni justifiables ni explicables. Ils sont dans l'ordre de la connaissance ordinaire ce que les mystères sont pour la foi : des faits qu'il faut accepter tels qu'ils se donnent, sans justification et sans chercher à comprendre. Le principe marque donc chez Pascal l'existence d'un donné intuitivement connu antérieur et extérieur à la raison. Les principes ne sont pas dits premiers parce qu'ils seraient découverts comme tels par l'esprit en quête de certitude, comme chez Descartes, mais parce qu'ils sont là, avant toute réflexion et se dérobant à la prise que l'esprit cherche à avoir sur eux. Néanmoins, et abstraction faite des oppositions que nous venons d'indiquer rapidement, il ne semble pas y avoir de divergence de fond entre Pascal, auteur de l'opuscule *De l'esprit géométrique*, et Descartes quant au rapport de la raison à ce donné que nous qualifions de principes, si ce n'est que l'entendement le trouve en lui pour Descartes, comme l'ensemble des idées, alors que Pascal y verrait plutôt la limitation de l'autonomie ou de la suffisance de la raison. Un rapide coup d'œil à la première partie de l'opuscule montre que mots et principes ou axiomes primitifs mettent en évidence la présence en l'homme d'une lumière naturelle qui lui donne sans effort la connaissance des vérités qui lui permettent d'en trouver d'autres, et que Pascal comme Descartes jugent positive l'impossibilité où nous sommes de définir des termes premiers ou de démontrer des propositions évidentes. « Le manque de définition est plutôt une perfection qu'un défaut » (*op. cit.*, p. 351) est une phrase que Descartes aurait pu aussi bien dire [1]. Dans ce texte ce sont plus les limites du discours que celles de la raison que met en évidence l'existence des principes, c'est-à-dire des vérités qui viennent en premier et qui ont vis à vis de celles qui en dépendent une fonction directoriale et régulatrice. C'est ce que le principe apporte et découvre plus que ce qu'il cèle que ce texte paraît vouloir mettre en avant, de ce point de vue en phase avec l'épistémologie cartésienne. Une autre tonalité nous parvient de la lecture du fgt. 110- 282 qui porte aussi sur les limites de la preuve.

En reprenant la même question (le statut des principes premiers) que celle de l'*Opuscule*, Pascal, dans ce fragment, scinde de façon explicite le bloc constitué par les premiers principes (espace, temps,

---

1. Il le dit en termes quasi identiques dans la lettre à Mersenne du 16 oct. 1639 : « on ne peut donner aucune définition de logique qui aide à connaître sa [la vérité] nature. Et je crois le même de plusieurs autres choses, qui sont fort simples et se connaissent naturellement, comme sont la figure, la grandeur, le mouvement, le lieu, le temps, etc., en sorte que, lorsqu'on veut définir ces choses, on les obscurcit et on s' embarrasse » (AT, II, p. 597 ; FA, II, p. 144).

infinis : l'analyse ne parvient pas à un dernier terme qui pourrait être converti en premier dans le mouvement inverse de la synthèse : « qui ne voit que ceux [les principes] qu'on propose pour les derniers ne se soutiennent pas d'eux-mêmes et qu'ils sont appuyés sur d'autres qui en ayant d'autres pour appui ne souffrent jamais de dernier » (p. 256). Ces principes qui se dérobent à la prise de la raison sont justement les principes premiers au sens ontologique ou cosmologique : premiers principes des choses. La nature est infiniment plus complexe que ce que l'entendement imagine ; les idées claires et distinctes, et d'abord celle de matière, sont seulement relatives au niveau de perception ou d'observation où nous nous situons. Le Dieu de Pascal n'est pas connu comme Dieu vérace, non pas, bien sûr, qu'il puisse être trompeur, mais parce que c'est encore une marque de présomption que de penser que l'esprit de l'homme peut trouver dans son propre fonds, dans ses idées, la garantie que ce qui est conçu clairement et distinctement est vrai : « c'est une maladie naturelle à l'homme, est-il dit dans l'Opuscule, de croire qu'il possède la vérité directement » (p. 352). On ne peut tenir pour vrai que ce dont le contraire paraît faux. C'est pourquoi la connaissance des premiers principes est hors de notre portée. L'accord de fond de Pascal avec Descartes pour reconnaître le caractère clair et distinct des idées de matière et d'âme (rien de plus inconcevable que l'idée que la matière puisse penser, ou que ce qui pense en nous soit de nature matérielle[1]) doit donc être dissocié de leur détermination philosophique comme premiers principes. La raison n'en est pas que Pascal partagerait avec Leibniz l'idée d'une variation de l'évidence même, c'est plutôt que la connaissance que nous pouvons avoir des choses par les idées est comme un atoll perdu dans un océan d'inconnu. Cela suffit pour rejeter la proposition, érigée en règle générale par Descartes, qui fait de la perception claire et distincte la règle de la vérité. Nous ne pouvons donc pas nous reposer sur l'idée de principes premiers de la connaissance : « ce que nous avons d'être nous dérobe la connaissance des premiers principes qui naissent du néant » (p. 257). Nous avons trop peu d'être pour connaître l'infini c'est-à-dire l'infiniment grand, et trop pour pouvoir apercevoir le néant, c'est-à-dire l'infiniment petit ou le commencement impercep-

---

1. « Car il est impossible que la partie qui raisonne en nous soit autre que spirituelle » et, un peu plus loin « ...n'y ayant rien de si inconcevable que de dire que la matière se connaît soi-même » (fragment 199-172, p. 527).

tible des choses. Une idée ne peut représenter une chose avec laquelle elle n'a pas de proportion, contrairement à Descartes pour qui le fini (l'entendement humain) peut représenter l'infini (Dieu) parce que la représentation est une relation fonctionnelle et cognitive, et non analogique ou ontologique. Les premiers principes des choses ne peuvent être connus par les idées d'un être qui tient le milieu entre le néant et l'être. Inversement, ce que l'esprit se représente comme étant les premiers principes ne sont que les limites de ce qu'il peut concevoir, et par conséquent plutôt la marque de son impuissance à aller plus loin que de sa capacité de connaître.

D'où chez Pascal la diversification des moyens de connaître, en rapport avec l'idée d'objets différents de la connaissance, et de principes propres à chaque type de choses. Le rapport à la question des principes change fondamentalement, il n'est plus du tout lié à la recherche du fondement mais, au contraire même, à la reconnaissance de la pluralité irréductible des premiers principes en fonction des types d'objets et du caractère seulement nominal ou de pure commodité du terme « premier ». Les fragments relatifs à l'esprit de géométrie et de finesse sont à notre sens une illustration remarquable de ce rapport diversifié de l'esprit humain aux principes.

Tous les principes ne sont pas également impalpables et hors de portée de la raison, seuls le sont ces termes primitifs (« espace, temps, mouvement, nombres » fgt. 110-282) sans lesquels aucun discours ne serait possible, ou ces axiomes que tout raisonnement suppose. Mais les principes que le géomètre distingue et dont il tire les conséquences avec la rigueur (droiture d'esprit) caractéristique de l'esprit de géométrie sont des principes connus (palpables, dit Pascal) et aussi les principes aperçus d'une seule vue par l'esprit fin : mais ils ne sont pas premiers comme ceux dont parle Pascal dans l'Opuscule et le fgt. 110-282. Ces principes-là ne sont pas des premiers principes, comme ceux sur lesquels repose la connaissance humaine : ils sont (dans le cas de la géométrie) premiers dans un ordre de choses considéré. Ils ont plutôt le statut de conventions : voilà ce qu'il faut admettre et poser pour pouvoir comprendre les autres choses et les mettre en rapport avec ces principes. Quand Pascal dit que les expériences sont en physique les seuls principes[1], il veut justement balayer la prétention de fonder la science sur des choses premières, des principes au sens cartésien de ce qui est plus connu que le reste qui en dépend. Il veut nous dire que rien ne peut être présupposé, que le début ce n'est pas ce qui est premier en soi (nous l'ignorons) ni pour nous (c'est arbitraire) mais ce qui peut être tenu pour un fait. En resserrant la question des principes dans le domaine des choses réelles, différent de celui des noms et des conventions linguistiques, on pourrait dire de façon plus générale que ce sont les faits et seulement les faits qui ont chez Pascal le statut et la fonction de principes. Fait de la révélation, fait anthropologique, fait discursif, fait scientifique. Or les faits ne sont pas connus par la raison mais par les sens, comme les premiers principes le sont par le cœur. La raison vient après, c'est ce qui fait qu'elle ne peut que déduire, inférer, généraliser ou au contraire particulariser, mais qu'elle n'intuitionne pas. Les principes, au lieu d'être en quelque sorte le fait propre de la raison, ce qu'elle seule est à même de saisir, paraissent plutôt en marquer la limite : ils ont alors le sens le moins philosophique qui soit de point de départ purement factuel du raisonnement. Tout ce qui se présente avant la réflexion peut être pris comme principe pour la réflexion. C'est en ce sens que Pascal dit, non sans provocation à l'égard des philosophes physiciens, que les expériences sont les seuls principes de la physique. Cette phrase capitale marque un tournant dans l'histoire des rapports entre la science et la philosophie. Elle signifie, mieux que si elle le disait directement, qu'en physique, modèle de toute enquête sur des faits, il faut bannir tout présupposé, fût-ce même celui de l'idée claire et distincte de corps ou de chose matérielle. Il faut partir de ce qui se donne, tel qu'il se donne, des expériences instituées par le physicien pour isoler un fait, mais aussi des propositions contenues dans un texte, ou des témoignages convergents s'il s'agit de vérité historique. Si l'on peut parler d'une éthique de la raison, celle-ci consiste dans le respect des faits et du souci de leur établissement dans chaque domaine considéré, de la promesse qu'elle se fait à elle-même de n'avoir d'autre principe que la vérité des faits. Nous sommes ici devant un usage presque polémique du terme de principe (le seul principe, au sens de règle de vérité, est de ne pas

---

1. « Les expériences qui nous en donnent l'intelligence multiplient continuellement, et comme elles sont les seuls principes de la physique, les conséquences multiplient à proportion » (*Préface sur le Traité du vide*, p. 231).

avoir de principes, au sens de présupposés, pourrait dire Pascal de la même façon qu'il dit que la vraie morale se moque de la morale) qui n'est pas sans faire penser à la célèbre déclaration de Husserl selon laquelle le principe des principes est que « toute intuition donatrice originaire est une source de droit pour la connaissance » [1].

LA CONNAISSANCE DU SINGULIER

Il est une signification du principe dont il n'a pas beaucoup été question jusque ici mais qui mérite qu'on la considère pour finir, où principe ne désigne pas la place ou la position d'une proposition par rapport à d'autres mais la connaissance de la particularité du domaine que l'on veut étudier. *L'Art de persuader* contient déjà cette acception du terme principe, différente de celle de premier principe que considère surtout *L'Esprit géométrique*. Ainsi les deux puissances que sont l'entendement et la volonté ont-elles, dit Pascal, « chacune leurs principes et les premiers moteurs de leurs actions ». Apparemment très généraux, ces principes pourtant se particularisent et désignent, dans la suite de l'exposition que Pascal fait de cet art de persuader, la connaissance de l'idiosyncrasie de la personne à qui on s'adresse et « dont il faut connaître l'esprit et le cœur, quels principes il accorde, quelles choses il aime ; et ensuite remarquer, dans les choses dont il s'agit, quels rapports elle a avec les principes avoués » (p. 356). Le fait qu'on puisse parler de « principes de plaisir » bien qu'ils soient divers et variables et qu'il faille connaître ceux que chacun accorde pour lui plaire et le séduire, montre que ce ne sont pas seulement les évidences de la géométrie qui peuvent être principes d'où se tirent d'innombrables conséquences, mais que ce terme peut être attribué aussi à ce qui meut de façon obscure et cachée chacun de nous, qu'il n'est pas nécessaire qu'un principe soit clair pour jouer le rôle d'un principe dans d'autres matières que celles de la géométrie. En élargissant on pourrait dire qu'en toute matière se trouvent des principes auxquels il faut savoir rapporter les faits qui en dépendent. Nous ne sommes pas dans le domaine de la science et des vérités géométriques où il est facile de montrer le lien des principes avec les conséquences, nous sommes dans le domaine des choses variables et subjectives où il n'est

---

1. *Idées directrices pour une phénoménologie*, 1, § 24, trad. fr. P. Ricœur, Paris, Gallimard, 1950.

pas facile d'établir des liaisons et moins encore de les faire voir aux autres. Mais ici aussi il y a des principes et un art pour faire voir leur liaison avec les conséquences. Le domaine des choses singulières, personnes, goûts, préférences, n'est peut-être pas aussi irrationnel qu'il le semble lorsqu'on l'appréhende sans tenir compte de la particularité des principes qui y sont à l'œuvre. En toutes choses il y a des principes, dans les choses de la géométrie ainsi que dans les choses fines. Mais le mode de réception de chacun d'eux et la façon d'y rapporter ce qui dépend d'eux révèle selon Pascal deux orientations, ou, en termes proustiens, deux côtés de l'esprit, l'esprit de géométrie et l'esprit de finesse. La différence entre les deux tient d'abord à la façon de se rapporter aux principes et de les apercevoir. Ceux de la géométrie sont palpables, «nets et grossiers» et bien distingués les uns des autres dès lors qu'on les voit nettement (la seule difficulté étant de tourner la tête dans leur direction car ils ne sont pas «dans l'usage commun»). Ceux des «choses fines» ou «des choses de finesse» (l'indétermination de l'expression est en elle-même déjà significative) sont au contraire déliés, nombreux, délicats, ils sont «dans l'usage commun», ce qui veut dire qu'ils sont là, sous nos yeux, la seule difficulté, mais elle est grande, étant de les apercevoir à la fois distinctement et tous ensemble, «tout d'un coup […] d'un seul regard» («uno intuitu», eut dit Descartes, mais pour les choses de la géométrie…). Le regard est ici comme le sommet du cône dont la base circonscrit l'ensemble des choses à voir, à la fois comme ensemble et comme choses distinctes. La question ici est de savoir ce que voit le regard lorsqu'il porte sur les choses fines inaperçues par les géomètres (qui ne sont que géomètres). Car si les principes de la géométrie sont parfaitement identifiables parce que simples, évidents et constants, ceux de l'esprit de finesse ne paraissent pas posséder une identité bien assurée. Que sont ces choses que l'esprit fin aperçoit et distingue? Ce n'est pas par leur individualité que Pascal les caractérisent (il ne donne aucun exemple de chose fine), mais plutôt par leur fonction, ou par l'usage qu'est capable d'en faire l'esprit fin, reconnu d'ailleurs par cet usage même. Ne peut-on pas dire alors que pour le fin, les choses vues par tout le monde ne sont pas que des choses vues mais des principes, au sens de moteurs, de la conduite des hommes, laquelle devient, grâce à cette liaison, intelligible, autant que l'est une démonstration géométrique mais tout autrement parce qu'il ne peut y avoir ici une progression de l'esprit d'un maillon de la chaîne à l'autre, l'essentiel étant de voir « tout d'un coup » le sens de l'ensemble, quitte à en repérer par la suite les principales articulations. Dans ces deux ordres de choses il y a une recherche de la vérité. L'esprit de finesse ne désigne pas une activité de l'esprit moins « sérieuse », récréative ou mondaine, que l'esprit de géométrie, c'est une intelligence des principes, d'autant plus en éveil qu'elle ne peut pas se reposer sur des règles ni même procéder par concepts. La matière à laquelle on a affaire ici est composée de trop de choses et de situations singulières pour qu'elles puissent être subsumées sous un concept. Il n'est même pas sûr qu'on puisse ici former des énoncés et des propositions. En ce domaine, l'esprit agit « tacitement, naturellement et sans art », comme par une raison naturelle, ajouterions-nous en référence à la connaissance que l'aveugle de Descartes a, « comme par une géométrie naturelle », de l'endroit où les bâtons qu'il tient en main se croisent. La plupart de temps, on fait comme si Pascal dans ce célèbre fragment livrait des réflexions de nature psychologique sur les différentes sortes d'esprit dans le monde. Il faut pourtant bien voir que la distinction entre ces deux sortes d'esprit se fonde sur leur aptitude à comprendre des principes de nature différente, à l'œuvre dans des domaines d'objets incommensurables : « choses spéculatives » dans le cas de l'esprit de géométrie, choses humaines, dirions-nous, dans le cas de l'esprit de finesse. Il semble qu'il y ait entre ces choses d'ordre différent un partage aussi net qu'il y en a pour Descartes entre la connaissance des choses purement intellectuelles et celle des choses relatives à l'union de l'âme et du corps. Il n'y a pas de science (au sens mathématique, mais y en a-t-il un autre ?) des choses humaines, ou de la pratique, comme il y en a des choses spéculatives, c'est-à-dire par principes, définitions et démonstrations. Encore une fois, ce n'est pas parce qu'il n'y aurait pas de principes des choses fines ; au contraire, ils sont même très nombreux parce que les choses humaines sont changeantes, variées, singulières. On doit même parler d'une connaissance rigou-reuse et de raisonnements justes autant ici que là. Mais dans un cas il s'agit de la science et dans l'autre du jugement. Par bien des aspects, les réflexions contenues dans ce fragment esquissent un projet théo-rique semblable à celui de Kant dans *La Critique du jugement*. Il s'agit de faire de ce dont on ne sait quoi faire ordinairement (les questions relatives au goût, à l'évaluation en général) des objets pour une connaissance rigoureuse mais non exacte, une connaissance du jugement ayant pour objet des principes qui ne sont pas des vérités formelles ni même spéculatives et non une connaissance par concepts, application de règles ou de lois. Une intuition sans concept parce que synthétique et non discursive n'est pas ici une intuition aveugle, au contraire, ni un sentiment arbitraire et sans principe. Une intuition peut avoir pour objet un principe, et même plusieurs principes, comme en ont les esprits fins, qu'il ne faut pas prendre pour des aristocrates de l'esprit mais comme des guides dans des régions qui ne peuvent être cartographiées. La finesse ne consiste pas dans la volonté de se distinguer à tout prix des autres, au contraire, mais à savoir que, personne ne pouvant voir ou apercevoir à la place d'un autre, il faut éduquer les hommes pour qu'ils parviennent à voir d'autres choses que celles qui sont immédiatement et grossièrement visibles, à être sensibles aux principes, c'est-à-dire aux causes, aux moteurs, aux motifs des actions et des situations et à savoir, grâce à cette intuition des principes, comment agir quand on n'a pas de démonstrations certaines et que l'on a compris qu'il serait ridicule « qu'on leur explique bien toutes choses par définitions et principes ». Les choses de l'esprit de finesse sont celles auxquelles s'appliquent également les maximes cartésiennes de la morale par provision dont le seul impératif est de bien juger, ce qui implique d'ajuster la raison au type de choses ou de situations auxquelles elle a affaire. Ces réflexions pascaliennes nous permettent de comprendre que la morale, qui recouvre le domaine des choses singulières dont elle requiert la compréhension, est aussi une affaire de principes, à condition d'entendre ce terme autrement que de façon spéculative ou formelle. D'ailleurs, un autre fragment (513-4) intitulé : « Géométrie. Finesse. » nous livre une réflexion dans laquelle nous verrions volontiers la conclusion logique de la distinction entre l'esprit de géométrie et l'esprit de finesse : « la vraie éloquence se moque de l'éloquence, la vraie morale se moque de la morale. C'est-à-dire que la morale du jugement se moque de la morale de l'esprit qui est sans règles ». Il n'est pas difficile, la suite du fragment le montre [1], de lier morale du jugement et esprit de finesse, morale de l'esprit et esprit de géométrie. La difficulté est de comprendre pourquoi la morale

---

1. « Car le jugement est celui à qui appartient le sentiment, comme les sciences appartiennent à l'esprit. La finesse est la part du jugement, la géométrie est celle de l'esprit. Se moquer de la philosophie c'est vraiment philosopher ».

de l'esprit est dite « sans règles », l'esprit de géométrie semblant plutôt ne suivre que trop les règles. Mais peut-être que Pascal veut dire : sans règlement, auquel cas la différence entre les deux sortes d'esprit serait que l'esprit de géométrie suivrait avec application et systématiquement les principes abstraits qu'il comprend bien, alors que l'esprit de finesse qui, lui, a affaire à une multitude de principes délicats et à peine sensibles, doit toujours se régler sur le type de chose ou de situation qui se présente à lui. La différence entre les deux esprits renverrait alors à la différence, plus fondamentale, de leurs principes respectifs. Les principes de la géométrie sont des axiomes, des énoncés ou des propositions clairs et évidents, difficiles à apercevoir parce qu'ils sont inusités, mais faciles à comprendre dès qu'ils sont aperçus. Ceux de l'esprit de finesse ne sont pas posés avant d'être appliqués puisque la difficulté est de les faire voir à ceux (les géomètres ? ce nom n'étant pas celui d'une profession mais d'une direction de l'esprit) qui ne les sentent pas. En ce sens, ces principes sont des règles pour juger des choses, règles que l'esprit trouve dans l'acte même de juger ce qu'il convient de faire ou de dire dans une situation précise et singulière, et qui ne préexistent pas à l'usage qu'*un* esprit en fait. Si la morale du jugement peut se moquer de celle de l'esprit, c'est parce que celle-ci est toujours inadéquate à la matière morale et qu'elle est, dans ce domaine – qu'on nous passe l'expression – à côté de la plaque.

CONCLUSION

Le statut du principe est donc dépendant de celui de la raison et de la façon de la concevoir : vérité découverte par l'esprit qui aperçoit en même temps qu'elle doit être considérée comme première / vérité trouvée avant toute recherche et conçue comme étant d'une autre nature que celles qu'il peut établir par des moyens seulement rationnels.

L'exemple de premier principe est donc différent chez Descartes et Pascal. Pour Descartes le cogito est un premier principe exemplaire. La connaissance de notre existence est la première de toutes les connaissances possibles, et la plus claire possible. Mais on ne trouve pas cette vérité toute faite pour ainsi dire, elle n'est pas donnée, sinon personne ne douterait de la priorité de la connaissance de l'âme sur celle du corps. Il faut la rechercher et l'établir, sans quoi elle reste inaperçue. Il en va de même pour les autres principes premiers comme l'existence de Dieu ou les principes des choses matérielles : ils ne s'imposent pas à l'esprit comme des faits bruts et dénués de signification, ils ne sont acquis qu'au terme d'une démarche méthodique qui transforme un savoir implicite, ou confusément aperçu, en une connaissance explicite et fondée. Pascal reconnaît d'ailleurs ce caractère fondateur du principe cartésien, origine de nombreuses autres vérités qui s'en ensuivent et en dépendent [1]. Mais Pascal ne croit pas au pouvoir fondateur de la raison ; la force de la raison n'est pas d'ordre architectonique, elle n'établit pas entre les connaissances humaines un véritable ordre qui ferait que les dernières seraient liées aux premières par un enchaînement déductif continu, tel que l'esprit de l'homme sache avec certitude et évidence quelles sont les choses qui sont connues avant les autres et peuvent être tenues pour les principes de la connaissance. Pascal juge ces titres d'ouvrages (*Des principes de la philosophie*, etc., fgt. 199) présomptueux parce qu'ils présupposent la possibilité pour la raison de « commencer tout de nouveau dès les fondements », de découvrir les vrais principes et de dérouler à partir d'eux la chaîne des conséquences. Pascal tient le cogito pour une vérité de la plus grande importance mais il n'en fait pas pour autant le premier principe de la philosophie. Cela reviendrait à reconnaître l'autonomie de la philosophie (ou de la raison humaine), ce qui est exactement le contraire de ce qu'il cherche à établir : le caractère dépendant de la philosophie humaine par rapport à la religion chrétienne qui seule est capable de découvrir les premiers principes mais d'une façon qui est justement propre à elle et qui est sans rapport avec l'évidence des premiers principes cartésiens. La situation pourrait être résumée ainsi : premier principe contre premier principe, évidence contre évidence. Sous les mêmes mots, des visées absolument différentes et même opposées sont à l'œuvre.

Pierre GUENANCIA
Université de Bourgogne

---

1. Cf. *De l'art de persuader*, p. 358.

KANT
QUESTIONS DE PRINCIPES

On trouve chez Kant plusieurs termes pour formuler le concept de principe : *Satz, Grundsatz, Principium, Prinzip, Grund, Anfangsgrund*. On peut rendre *Satz* par proposition, *Grundsatz* par proposition fondamentale, *Grund* par fondement et *Anfangsgrund* par principe initial en utilisant principe pour *Prinzip* et en conservant le latin pour *Principium*. Si l'on voit certes mal comment un traducteur pourrait rendre « *Satz des Widerspruchs* » par « proposition de contradiction », il est cependant évident que le recours univoque au terme de principe masque d'importantes distinctions conceptuelles[1]. En effet, le partage entre le niveau logico-formel et le niveau transcendantal a un impact décisif sur la théorie des principes, que Kant hérite de la tradition. Il va remanier cette théorie, notamment en distinguant les principes de l'entendement (*Grundsätze*) et la raison comme faculté des principes (*Prinzipien*).

Le principe dans la philosophie moderne

À l'époque le terme *principium* fait partie du lexique philosophique classique : on le trouve aussi bien chez Descartes, Leibniz, Wolff que chez Berkeley, Locke, Newton et Hume. Son emploi est souvent équivoque mélangeant principes métaphysiques, règles logiques et lois physiques : on parle tout autant du principe de contra-

---

1. Ce point est fort bien analysé dans l'article « Principe » du *Vocabulaire européen des philosophies*, B. Cassin (dir.), Paris, Seuil, 2004.

diction que du principe d'inertie, même si dans tous les cas on suppose l'idée d'un élément fondateur et directeur, se laissant formuler dans un énoncé. Dans ses *Principes de la philosophie* Descartes conçoit les principes comme les premières causes incluant les principes de la connaissance et ceux des choses matérielles, caractérisés par l'évidence et la clarté. Sous ce titre Descartes présente l'ensemble de sa métaphysique et de sa physique, sans véritablement théoriser le concept de principe. S'il est une doctrine systématique moderne des principes, c'est chez Leibniz qu'on la rencontre, perpétuant une tradition d'origine aristotélicienne. Il s'agit d'une doctrine du fondement, réduisant les fondements de la connaissance à quelques principes élémentaires et les dérivant d'un fondement théologique. Leibniz ramène les principes de la connaissance au nombre de deux : le principe de contradiction dans l'ordre des essences, des possibles, le principe de raison suffisante dans l'ordre des existences. Les principes résultent donc d'abord d'une théorisation des conditions de vérité des énoncés. Toutefois, alors que le principe de contradiction porte sur les vérités de raison et sur les vérités de fait, le principe de raison porte sur ce que le seul principe de contradiction ne suffit pas à expliquer, à savoir les vérités de fait. Principe gnoséologique il a également une portée ontologique. Ce qui caractérise ces deux principes est qu'ils n'ont pas besoin de preuves, car ils constituent l'essence même de la raison. Toutefois, du principe de raison se laisse déduire des principes dérivés, dont le plus important est le principe du meilleur rendant compte du passage du possible à l'existence. Le *ratio essendi* de ce principe est la sagesse divine et il est lui-même la *ratio cognoscendi* de la notion de force, telle que la révèle la physique et qui constitue l'essence de toute chose. C'est en ce sens que le principe du meilleur nous livre l'origine radicale des choses : le meilleur est le réel, car il est ce qui a le plus de quantité d'essence, c'est-à-dire de force. Principe du maximum d'existence, il fonde le principe des indiscernables et le principe de continuité. La réalité et sa connaissance procèdent ainsi d'une causalité théologiquement fondée, assurant le lien entre la métaphysique et la physique.

Avec l'*Ontologia* de Wolff se produit une logicisation de l'ontologie impliquant une psychologisation et une déthéologisation des principes. L'ontologie ayant pour objet notre compréhension de l'être, fonder revient à expliquer la raison de la chose, le principe de raison devenant un principe purement gnoséologique. La métaphysique tend alors à devenir une théorie de la connaissance et les principes ne sont plus que des opérations de l'esprit[1]. La raison suffisante fonde ainsi toute possibilité, existence et connaissance, elle est « *ratio essendi, fiendi et cognoscendi* ». Dans les écoles wolffiennes la raison suffisante tend alors à s'identifier avec l'essence en tant qu'elle rend raison de tout possible et fait de l'existence un complément de possibilité. La raison suffisante tend ainsi à devenir cause efficiente, dans une sorte d'indistinction de la *ratio*, de la *causa* et du *principium*. Dès lors, ou bien le principe de raison est un axiome logique, ou bien il est un principe dérivé de l'expérience, mais il est, dans tous les cas détaché de son assise théologique. La métaphysique de Wolff débouche ainsi sur une crise de la métaphysique, qui est avant tout une crise de la causalité ; c'est en ce sens qu'elle autorise l'empirisme et cette structure que Kant exposera en 1781 comme le *Kampfplatz* métaphysique. Il apparaît en effet de plus en plus que le principe de raison ne se laisse plus connaître que par induction, *a posteriori*. Hume est ainsi devenu possible et, avec lui, un déplacement de la question des principes.

La systématisation leibnizienne des principes gravitait autour du principe de raison comme fondement théologique de l'être et du connaître. Désormais, la question va devenir celle des principes de la nature humaine. Mais elle concerne d'abord la validité même de la notion de principe dans le cadre du rejet des idées innées. C'est ainsi que Locke s'en prend à ceux qui admettent l'existence de principes innés, de notions primitives ou communes. Le débat ne porte point tant sur l'évidence de certaines propositions admises par tous que sur leur caractère d'innéité. Locke ne conteste nullement la validité du principe de contradiction, mais se borne à constater qu'il ne fait guère avancer la connaissance. Il récuse ensuite une démarche qui consiste à partir de propositions généralement admises pour les élever à la dignité de principes, fondement de toute connaissance. À la détermination des principes, il oppose la recherche des sources de la connaissance, qui sont la sensation et la réflexion. Cette mutation gnoséologique et généalogique débouche avec Hume sur une théorie des principes tout à fait inédite. Généralisant le problème de Locke, il le

1. Voir sur ce point M. Puech, *Kant et la causalité*, Paris, Vrin, 1990 et Ét. Gilson, *L'être et l'essence*, Paris, Vrin, 1987.

retourne contre ce dernier et renoue avec l'idée d'une théorie des principes comme principes de la nature humaine ou de l'esprit. En ce sens, son problème n'est plus seulement généalogique, l'empirisme ne consistant plus simplement à dire que la connaissance dériverait de l'expérience.

Les principes sont alors le fait de l'activité de l'esprit, permettant d'expliquer l'existence d'un accord contingent entre nature et nature humaine. Un principe est tout simplement ce qui produit une impression de réflexion sur l'esprit en relation avec une impression de sensation. Un principe est donc d'abord un fait, en tant qu'il constitue dans l'esprit une impression de réflexion résultant d'une impression de sensation. La théorie des principes devient ainsi une théorie des relations : les relations sont l'effet de principes d'association, de contiguïté, de ressemblance et de causalité, constituant une nature humaine. Ce qui est donc constant dans notre esprit ce ne sont pas des idées, mais le fait que nous mettions en relation certaines idées avec d'autres. Dès lors, la relation de causalité va poser un problème spécifique et crucial, car nous passons du donné à ce qui n'est pas donné, selon une inférence où l'on dépasse le donné. En effet, le principe de causalité est tel qu'il ne produit pas une simple relation entre des termes extérieurs, mais une inférence reposant sur cette relation[1]. L'inférence causale est ainsi une croyance produite par un mécanisme de fusion d'une habitude et d'une attente se produisant dans l'imagination et reposant sur un phénomène de répétition.

Il s'agit pour Hume de transposer dans le domaine philosophique la physique expérimentale de Newton. Il est en effet significatif que les *Principia* de Newton aient exposé une systématisation de la philosophie naturelle, où les principes sont les ultimes raisons des choses, se formulant en des définitions, des axiomes et des théorèmes. Or, la philosophe de la nature s'en tient à de simples phénomènes sans profondeur, déterminés pas des relations numériques et géométriques. Rejetant l'apriorisme cartésien et les hypothèses métaphysiques, Newton a ainsi permis d'élever l'expérience à la hauteur d'un problème métaphysique. Or, c'est à Hume qu'il appartient de théoriser le concept d'expérience en montrant qu'elle n'est pas constituante, puisque les principes n'en dérivent pas. L'expérience est tout simple-

---

1. Voir sur ce point G. Deleuze, *Empirisme et subjectivité*, Paris, PUF, 1953, p. 131 *sq.*

ment une collection de perceptions, qui est le lieu dans lequel les principes constituent les relations et un sujet capable d'aller au-delà de l'expérience. C'est d'ailleurs ce qui permet à Hume de faire de l'expérience, en un second sens, un principe et non l'origine des principes : « L'expérience est un principe qui m'instruit sur les diverses conjonctions des objets dans le passé »[1]. Cette théorisation de l'expérience non seulement mène à son terme la déthéologisation de la métaphysique, mais fait aussi de celle-ci un problème. En logeant la causalité dans l'imagination Hume a détruit la métaphysique, et ce sera la tâche de Kant que de reprendre le problème de Hume sur le terrain même de l'imagination et de repenser le statut des principes. Au crépuscule de la cause, à la croisée de l'empirisme et de l'ontologie, va surgir la question kantienne des principes. Dès lors, on peut bien dire que « Kant assume l'héritage d'un siècle double, celui de Malebranche et de Hume – et d'une causalité entièrement conçue dans l'imagination –, celui de Leibniz puis de Baumgarten – et du principe de raison suffisante comme "fondement de toute l'expérience possible", qui devient la deuxième analogie de l'expérience, destinée à fonder transcendantalement ce qui s'appellera désormais la loi de causalité »[2].

PRINCIPES FORMELS ET PRINCIPES RÉELS

Tel est le contexte dans lequel Kant va poser le problème de la métaphysique, en remaniant la théorie des principes dès 1755 avec la *Nouvelle explication des premiers principes de la connaissance métaphysique*. Il affirme d'emblée qu'il « n'existe pas pour toutes les vérités un principe unique, absolument premier, universel »[3]. Contrairement à Wolff il refuse de réduire tous les principes au seul principe de contradiction, affirmant même, avec Leibniz, qu'il en faut distinguer le principe d'identité et qu'il est une préséance de ce dernier sur le premier, car il est en est la condition. En ce qui concerne le principe de raison, il distingue deux types de raison, celle qui détermine par les

1. *Traité de la nature humaine* I, trad. fr. A. Leroy, Paris, Aubier, 1946, p. 357.
2. V. Carraud, *Causa sive ratio. La raison de la cause de Suarez à Leibniz*, Paris, PUF, 2002, p. 498.
3. AK I, 388, trad. fr. J. Ferrari, dans *Œuvres Philosophiques* I, « Bibliothèque de la Pléiade », Paris, Gallimard, p. 113. (De manière générale, nous citerons les traductions dans cette édition, notée P1, P2, P3).

antécédents et qui est *ratio essendi* de la chose, et celle qui détermine par les conséquences et qui est *ratio cognoscendi* de la chose. En 1764, dans la *Recherche sur l'évidence des principes de la théologie naturelle et de la morale*, il affirme, dans la lignée wolffienne, que « la métaphysique n'est rien d'autre qu'une philosophie qui porte sur les premiers fondements de notre connaissance »[1]. Or, dans la mesure où l'on ne peut ramener tous les principes au principe de contradiction, force est de faire proliférer les principes et d'admettre qu'il est en philosophie un grand nombre de concepts fondamentaux (*Grundbegriffe*) primitifs et indémontrables, valant comme principes : telles sont les notions de représentation, simultanéité, succession, espace, temps, sublime, beau, laid, plaisir, déplaisir. Si l'idée d'une théorie des premiers principes demeure wolffienne, elle se démarque aussi de Wolff en ce sens que toutes les notions philosophiques sont considérées comme des principes. En effet, « en philosophie, où le concept de la chose que je dois définir m'est donné, ce qui est perçu immédiatement et en premier lieu en lui doit servir à un jugement primitif indémontrable »[2]. L'idée essentielle est celle d'une donation originaire ontologique. La métaphysique ne se déduit pas de principes formels, mais remonte à des principes et jugements fondamentaux qui ne sont pas formels mais matériels : son objet est donc donné. Kant reconnaît ici sa dette à l'égard de Crusius qui, s'opposant à Wolff, affirme l'irréductibilité de l'ordre de l'existence à celui de l'essence. La force de la pensée de Crusius est en effet d'avoir vu en quoi le champ de l'effectivité exige un remaniement de l'ontologie traditionnelle[3]. C'est ce problème que Kant a abordé en 1763 dans le *Beweisgrund* et dans son ouvrage sur les grandeurs négatives.

L'enseignement de Crusius a permis à Kant d'élaborer une distinction entre des principes formels et des principes matériels. S'il existe en effet en philosophie un grand nombre de propositions indémontrables, elles sont certes placées sous les premiers principes formels de la logique, mais d'une manière simplement immédiate. Toutefois, « dans la mesure où elles contiennent en même temps les fondements d'autres connaissances, elles sont les premiers principes matériels de la raison humaine ». C'est ainsi qu'un énoncé du type « un

---

1. AK II, 283, trad. J. Ferrari, P1, p. 226.
2. AK II, 281-282, trad. J. Ferrari, p. 224.
3. Voir sur ce point M. Puech, *op. cit.*, p. 202.

corps est composé » est indémontable, car le prédicat ne peut être pensé que dans le concept de corps comme une détermination immédiate. Par conséquent, « de tels principes matériels constituent, comme le dit avec raison Crusius, le fondement et la solidité de la raison humaine », car « ils sont la matière des définitions, et les données à partir desquelles on peut conclure sûrement, même si l'on ne possède pas de définitions »[1]. Il existe donc en métaphysique des données originaires, au premier chef desquels se trouve l'être comme position absolue.

L'intérêt majeur de la *Recherche sur l'évidence...* est, en affirmant que les mathématiques définissent leur objet synthétiquement alors que la philosophie parvient à son objet analytiquement, d'opposer le construit et le donné. En disant ainsi que la métaphysique ne procède pas par déduction formelle, mais doit remonter vers des principes matériels donnés, Kant semble retrouver quelque chose de l'*épagogé* aristotélicienne accédant par le *nous* à des *archaï* qui ne se laissent pas démontrer. Le principe est à la fois cause et raison, *principium essendi* et *principium cognoscendi* ou, pour reprendre les termes que Kant emprunte à Crusius, *Realgrund* et *Idealgrund*. Cependant, Kant précise que pour lui, à la différence de Crusius, « le *Realgrund* n'est pas un principe logique »[2]. Dans le *Beweisgrund*, il conçoit Dieu comme le premier *Realgrund* de toute possibilité. Du même coup, il en résulte que l'existence n'est pas un prédicat du possible, car « pour aucune chose l'existence n'est prédicat ou détermination ». Ce n'est donc que par abus de langage que « le mot *existence* s'emploie comme prédicat, il s'agit moins d'un prédicat de la chose elle-même que de l'idée qu'on en a »[3]. L'existence n'est donc pas un prédicat du possible et ce sont au contraire les prédicats du possible qui doivent s'attribuer à l'existant et, en dernière instance, à l'Existant nécessaire. Kant met ainsi un terme à la longue histoire de l'essentialisation de l'existence et, en 1763, l'existence retrouve une place en métaphysique[4].

Kant parle ici du « mot *existence* » et il est tout à fait significatif que dans la *Recherche sur l'évidence...*, il dise que toutes les notions philosophiques sont des mots. Il écrit alors : « Les signes qu'utilise la

1. AK II, 295, trad. J. Ferrari, p. 241.

2. AK II, 203. *Essai pour introduire en philosophie le concept de grandeurs négatives*, trad. J. Ferrari, P1, p. 301.

3. AK II, 72, *L'unique fondement possible d'une démonstration de l'existence de Dieu*, trad. fr. S. Zac, P1, p. 323-24.

4. Voir Ét. Gilson, *L'être et l'essence, op. cit.*, p. 197.

réflexion philosophique ne sont jamais autre chose que des mots qui ne font pas voir, dans leur assemblage, les concepts partiels dont est constituée l'idée complète désignée par le mot, ni ne peuvent exprimer dans leurs combinaisons, les rapports des pensées philosophiques » [1]. La philosophie est un travail d'élaboration conceptuelle partant de la langue commune, des mots, tout comme chez Aristote, les principes doivent se conquérir à même un magma de signifiance, et tout comme l'ordre analytique n'est que le rétrécissement d'une sémantique dialectique bien plus vaste. G. Granel souligne ainsi comment « l'analyse est ici conçue comme une sorte de travail avec la langue dans les deux sens de la proposition "avec" : lutte contre la langue, dont le moyen est encore la langue, ou plutôt lutte contre l'usage de la langue – c'est-à-dire contre tel et tel langage – à l'aide d'une sorte de possibilité (et corrélativement d'impossibilité) du pouvoir-dire » [2]. Nous avons donc affaire à des premiers principes matériels de la raison humaine, constituant ce que Granel nomme une « matérialité logique », qui fait de la philosophie un travail immanent à la langue. Kant va alors jusqu'à évoquer les représentations obscures que nous avons durant le sommeil et dont nous ne nous souvenons plus. Il ajoute que « peut-être, la plus grande habileté de l'âme à la pensée rationnelle pourrait s'exercer pendant le plus profond sommeil ; car la seule raison de penser le contraire est que l'on ne s'en souvient pas à l'état de veille, mais cette raison ne prouve rien » [3]. On peut voir là une esquisse de ce qui sera le schématisme comme « art caché dans les profondeurs de l'âme humaine » et concevoir les mises en figure de l'imagination comme des jeux de langage [4]. À la différence de la construction mathématique, qui peut être une résolution analytique, l'analyse philosophique est une descente dans le langage jusqu'à des propositions fondamentales comportant un résidu inexpugnable d'obscurité, au sens où celle-ci en tant que *nihil privativum* n'est pas simple absence de clarté, mais consiste ici dans l'opacité de la *Wirklichkeit* et de sa donation.

Tel est bien ce qui vient faire question dans l'opuscule sur les grandeurs négatives avec le statut spécifique du zéro et la distinction entre opposition logique et opposition réelle. Kant note alors que

---

1. AK II, 278-279, P1, p. 220.
2. *Écrits logiques et politiques*, Paris, Galilée, 1990, p. 153.
3. AK II, 290, P1, p. 235.
4. Voir G. Granel, *op. cit.*, p. 167.

« tous les principes réels de l'univers, si l'on additionne ceux qui s'accordent et si l'on soustrait les uns des autres ceux qui sont opposés entre eux, donnent un résultat égal à zéro ». Dès lors, « la totalité du monde n'est rien en elle-même et « la somme de toute réalité existante, dans la mesure où elle est établie dans le monde, considérée en elle-même est égale à zéro = 0 »[1]. Ce zéro, en lequel s'équilibrent les forces newtoniennes, devient ainsi le zéro transcendantal ou l'X de l'objet = X de l'équation transcendantale qui va nommer l'objectité de l'objet comme figure du rien, *ens imaginarium*.

La *Dissertation* de 1770 va introduire une distinction principielle entre les principes du monde sensible et ceux du monde intelligible. Il en résulte l'impossibilité de réduire les principes au seul principe d'identité selon lequel le prédicat est inclus dans le sujet. Dès lors, il faut que les principes de la connaissance sensible ne sortent pas de leurs limites et ne pas confondre les concepts sensitifs et les concepts intellectuels. Kant parle à ce propos de « vice de subreption » et appelle « axiomes subreptices » ces axiomes hybrides qui font passer des propriétés sensitives pour des propriétés intellectuelles. Le principe de réduction de tout axiome subreptice est alors le suivant : « Si, d'un concept intellectuel quelconque, on affirme en général un prédicat faisant référence à l'espace et au temps, il ne faut pas affirmer ce prédicat objectivement : il n'exprime que la condition sans laquelle le concept donné n'est pas connaissable sensitivement »[2]. Kant admet alors qu'il existe des principes que l'entendement tient pour objectifs, alors qu'ils ne valent que par leur convenance avec l'usage de l'entendement, mais ne reposent que sur des raisons subjectives. Il s'agit de règles du jugement auxquelles nous adhérons comme à des axiomes, « des principes de convenance pour cette seule raison que, si nous nous en écartons, notre entendement ne pourrait presque jamais émettre un jugement sur un objet donné »[3]. Kant en recense trois : celui selon lequel tout se produit selon l'ordre de la nature, celui selon lequel il est un privilège de l'unité exigeant de ne pas multiplier les principes sans nécessité, celui selon lequel dans la matière rien ne se crée ni ne se perd. Or, Kant ne distingue pas encore ici le régulateur et le constitutif et la *Dissertation* semble enfreindre le principe du rasoir d'Ockham.

1. AK II, 195, P1, p. 294.
2. AK II, 413, § 25, P1, trad. fr. F. Alquié, p. 668.
3. AK II, 418, § 30, P1, p. 676.

FORMEL ET TRANSCENDANTAL
CAUSE, CONDITION, PRINCIPE

C'est avec la conquête du transcendantal que la question des principes donne lieu à une clarification essentielle, comme le souligne énergiquement la *Réponse à Eberhard*. « Or, il est suffisamment manifeste, comme on l'a dit un nombre incalculable de fois dans la *Critique*, qu'un principe transcendantal doit déterminer quelque chose *a priori* sur les objets et leur possibilité, et, par conséquent, il ne concerne pas seulement, comme le font les principes logiques (en tant qu'ils font totalement abstraction de tout ce qui concerne la possibilité de l'objet), les conditions formelles des jugements »[1]. Le cœur de la polémique est le statut du principe de raison comme *Grund*, fondement. Remettant en cause la distinction entre connaissance formelle et connaissance transcendantale, Eberhard accorde une valeur transcendantale au principe de contradiction et au principe de raison, qui sont donc des principes de l'être. En revanche, Kant considère, comme il le souligne dans la *Logique*, qu'il s'agit là de principes formels et que « le premier détermine la possibilité logique, le second la réalité logique d'une connaissance »[2]. Toutefois, il convient de distinguer raison et cause : la causalité est en effet une application non plus seulement logique mais réelle du principe de raison, impliquant une référence au temps et à l'intuition. Il est dit ainsi dans la *Critique de la raison pure* à propos de la *Deuxième analogie de l'expérience* que « le principe de raison suffisante est donc le fondement de toute l'expérience possible, c'est-à-dire de la connaissance objective des phénomènes au point de vue de leur rapport dans la succession de temps »[3]. Dire que rien n'est sans raison revient alors à dire que tout phénomène donné est l'effet d'une cause à laquelle il succède dans le temps. Or, une telle cause n'est en rien une origine, car elle n'est elle-même que l'effet d'une cause antérieure.

À la question de l'origine radicale des choses se substitue ainsi celle de la constitution transcendantale de l'objectivité. Il est donc

---

1. AK VIII, 194, *Sur une découverte selon laquelle toute nouvelle critique de la raison pure serait rendue superflue par une plus ancienne*, trad. fr. A. Delamarre, P2, p. 1317-1318. On se reportera également au commentaire que J. Benoist donne de ce texte dans l'édition Vrin, Paris, 1999.
2. AK IX, 51, trad. fr. L. Guillermit, Paris, Vrin, 1970, p. 56.
3. AK III, 174, P1, trad. A. Delamarre, F. Marty, p. 934.

exclu de rechercher une raison ultime qui serait à elle-même sa propre raison. Kant n'a donc déserté l'*épagogé* comme remontée vers les *archaï* et chômé la logique de l'auto-fondation que pour ouvrir la métaphysique sur la structure du *Kampfplatz* qui interdit tout usage ontologique du principe de raison. On ne saurait faire de la causalité comme règle de liaison des phénomènes le principe d'une détermination des choses en général. Dire, comme le fait Eberhard, que les jugements synthétiques relèvent du principe de raison est une tautologie consistant à répéter que ces jugements doivent être fondés. La lettre à Reinhold du 12 mai 1789 apporte une clarification importante, montrant comment Eberhard à confondu l'ordre logique et l'ordre réel. « Le fondement est (en général) ce par quoi quelque chose d'autre (de différent) est posé de façon déterminée (une chose telle que, si elle est posée, autre chose est posé de façon déterminée); la conséquence (ce qui a une raison) est ce qui n'est pas posé à moins qu'autre chose ne soit posé ». Le fondement est donc toujours différent de la conséquence. Toutefois, « cette différence est soit purement logique (dans le mode de représentation) soit réelle dans l'objet même » [1]. Or, la différence réelle s'énonce dans un jugement synthétique, alors que la logique, quant elle dit que tous les jugements assertoriques ont un fondement, ne s'occupe pas de cette différence concernant le contenu de la connaissance. Aussi faut-il distinguer entre l'énoncé du principe logique de la connaissance, subordonné au principe de contradiction – toute proposition doit avoir une raison (fondement, *Grund*) – et le principe transcendantal matériel indéductible du principe de contradiction et ayant rapport à l'intuition – toute chose doit avoir sa raison (son fondement, *Grund*) [2].

Le principe de raison suffisante se laisse ainsi subsumer sous les principes (*Grundsätze*) de l'entendement pur comme mise en œuvre du schématisme des catégories. Kant définit l'analytique des principes comme un canon pour la faculté de juger, qui lui apprend à appliquer les catégories aux phénomènes. Comme tels les principes de l'entendement pur mettent en jeu la faculté de juger déterminante, qui est la faculté de subsumer sous des règles. Ce sont « ces jugements synthétiques qui découlent *a priori* sous ces conditions [les schèmes] des concepts purs de l'entendement, et servent de fondement à toutes les

1. AK XI (2), 36, trad. J. Rivelaygue, P2, p. 822.
2. *Réponse à Eberhard*, AK VIII, 193-194, P2, p. 1317.

autres connaissances *a priori*»[1]. Dès lors le principe suprême des jugements synthétiques *a priori* s'énonce comme suit : «les conditions de la possibilité de l'expérience en général sont en même temps conditions de possibilité des objets de l'expérience, et ont de ce fait une validité objective dans un jugement synthétique *a priori*»[2]. L'entendement n'est donc pas seulement pouvoir des règles mais source de principes, permettant de soumettre les objets donnés dans l'intuition aux règles. Toutes les lois de la nature sont ainsi soumises à ces principes, car elles ne font que les appliquer à des cas phénoménaux particuliers.

Nous avons en effet affaire à des principes, dans la mesure où ce sont des énoncés premiers, des *archaï*, qui ne reposent pas sur quelque chose de plus élevé qu'eux. Cependant, de tels principes, à la différence des *archaï* aristotéliciens, exigent une démonstration, car ils ne sont que des principes *a priori* de la possibilité de l'expérience, et il faut en tirer une preuve des sources subjectives qui fondent la possibilité d'une connaissance de l'objet en général. Si les principes sont des schèmes appliqués à l'expérience, ils fondent les jugements synthétiques *a priori* en définissant leurs circonstances de validité, sans être pourtant assimilables à ces jugements, dont l'extension est bien plus vaste, incluant tous les jugements scientifiques. Ce sont donc des propositions fondamentales (*Grundsätze*), résultant des catégories schématisées : si les catégories sont des règles de l'entendement et les schèmes des méthodes de l'imagination, les principes sont des principes de l'expérience, c'est-à-dire les lois fondamentales de la nature. Le principe énonce le mode légitime d'applicabilité d'une catégorie préalablement schématisée, appliquant ainsi le général au particulier et énonçant un critère *a priori*, qui n'a pas recours à l'expérience, mais permet cependant de légiférer sur elle. Cette acception du principe est donc extrêmement restreinte, Kant ne multipliant les principes que pour mutiler leur principauté. Ramener ainsi l'essence du fondement à un principe de production des phénomènes selon la loi de causalité comme loi de succession de la cause et de l'effet revient à réduire l'origine à un commencement empirique dans le temps.

---

1. *Critique de la raison pure*, AK III, 133, P1, p. 883.
2. AK III, 145, P1, p. 898-899.

Or, cette restriction a une répercussion sur la définition de la raison comme pouvoir des principes, distincte de l'entendement comme pouvoir des règles. Kant souligne alors explicitement l'équivoque de la notion de principe, désignant d'abord toute connaissance qui peut être utilisée comme un point de départ sans avoir pour autant un statut principiel. En effet, toute proposition universelle, même si elle est empirique, peut tenir lieu de majeure dans un syllogisme. De plus, des axiomes, qui sont des énoncés *a priori*, ne sont principes que de manière tout à fait relative : l'axiome d'Euclide ne donne de connaissance que dans l'intuition pure de l'espace. «Je nommerai donc connaissance provenant de principes celle où je reconnais le particulier dans l'universel par concepts»[1]. Or, l'entendement nous livre des propositions universelles *a priori*, pouvant servir de majeure dans un raisonnement et donc fonctionner comme des principes. Toutefois, dans la mesure où ces principes ne sont possibles que par l'introduction de l'intuition pure ou des conditions d'une expérience possible, ils ne sont pas des connaissances synthétiques par concepts. Seules de telles connaissances sont des principes au sens strict, et seule la raison peut nous les fournir.

C'est ainsi que la raison peut conférer aux concepts de l'entendement une unité systématique et une extension maximale et «ramener à l'unité les règles de l'entendement sous des principes»[2]. La raison ne se rapporte donc pas à l'expérience ou à l'objet, mais à l'entendement en unifiant *a priori* par concepts les connaissances de celui-ci. Kant va alors distinguer l'usage logique de la raison de son usage pur. L'usage logique trouve son illustration dans le syllogisme; la raison cherche ainsi à ramener la variété des connaissances d'entendement à des conditions universelles qui sont des principes. On peut noter au passage que pour Kant principe se dira toujours au pluriel, qu'il n'existe donc pas un Principe unique et suprême. L'expression de «principe suprême» n'a jamais qu'une signification régionale ou domaniale, comme lorsque l'on parle du principe suprême des jugements analytiques ou de celui des jugements synthétiques. Il s'agit ensuite de savoir si la raison dispose de concepts et de jugements propres. Il appartient en effet à la raison dans sa démarche de s'élever de conditions en conditions en essayant de remonter le plus haut

1. AK III, 238, P1, p. 1017.
2. AK III, 239, P1, p. 1018-1019.

possible vers la totalité des conditions, l'inconditionné. Toutefois, lorsque l'on passe de l'usage logique à l'usage réel, on passe de l'inconditionné recherché à l'inconditionné donné. Or, il y a une différence essentielle entre le rapport logique du conditionné à la condition et le rapport effectif de la donation du conditionné à la donation de la condition en totalité, c'est-à-dire à la donation de la totalité des conditions ou de l'inconditionné. Tel est bien ce que la raison commune ne voit pas en considérant que l'inconditionné est donné. En fait, un objet ne peut nous être donné que comme phénomène selon des conditions temporelles. Pour un conditionné donné des conditions ne peuvent être données que selon une succession temporelle qui ne peut jamais envelopper en une simultanéité la totalité des conditions.

La totalité de la cause n'est donc jamais donnée simultanément et, en conséquence, la cause ne livre plus une origine, mais se transforme en une série de conditions successives. C'est aussi cette mutation de la cause en condition qui fait que l'absolu peut se nommer inconditionné. Dès lors, le principe suprême de la raison est « de trouver, pour la connaissance conditionnée de l'entendement, l'inconditionné qui doit en achever l'unité »[1]. Cependant, ce principe n'est qu'une maxime logique qui ne peut valoir comme principe objectif. En effet, une maxime de la raison est un principe subjectif qui ne dérive pas de la nature, mais de l'intérêt spéculatif de la raison, qui recherche une perfection de sa connaissance. L'idée transcendantale est ainsi un « concept de l'inconditionné, en tant qu'il contient un fondement de synthèse du conditionné »[2]. Il est soit un inconditionné de la synthèse catégorique dans le sujet, soit une inconditionné de la synthèse hypothétique des membres d'une série, soit un inconditionné de la synthèse disjonctive des parties dans un système. Dans tous les cas, l'idée est le concept de la totalité absolue dans la synthèse des conditions, résultant de l'unité systématique et de l'extension maximale que la raison peut conférer aux catégories de la relation. L'affaire de la raison est donc d'achever la démarche de l'entendement en s'élevant à un inconditionné que celui-ci ne peut atteindre.

Or, il apparaît que, si dans l'ordre spatio-temporel des phénomènes il n'y a que du conditionné, la totalité des conditions spatio-temporelles ne peut pas être l'inconditionné et que celui-ci ne peut

---

1. AK III, 242, P1, p. 1022.
2. AK III, 251, P1, p. 1033.

donc pas se rencontrer dans la nature. Il en résulte que l'inconditionné ne se laisse pas démontrer ni donner comme une chose, il ne se laisse pas réifier. Schelling soulignera admirablement ce point : « *Bedingen* (conditionner) désigne l'action par laquelle quoi que ce soit devient *Ding* (chose, chosifié), d'où il ressort du même coup que par soi-même rien ne peut être posé comme *Ding* (chose), autrement dit qu'une chose inconditionnée (*ein unbedingtes Ding*) est une contradiction dans les termes. Inconditionné est en effet ce qui ne peut être transformé en chose (*Ding*), ce qui ne saurait jamais devenir une chose ». Dès lors, trouver l'inconditionné revient à « trouver ce qui ne peut absolument pas être posé à titre de chose » [1]. Si pour Schelling il s'agit du Moi absolu, pour Kant il s'agit de la liberté en tant qu'elle est la clé de voûte du système. L'inconditionné retrouve ainsi sa liberté d'*arché* en tant qu'il ne se laisse point démontrer : de la liberté il n'est pas de preuve mais une épreuve. Il en résulte un certain nombre de conséquences capitales, concernant tant le problème de la métaphysique que le statut du fondement.

Métaphysique et expérience

S'il est vrai, comme le souligne Heidegger, au début de son livre sur Kant, que celui-ci a élevé la métaphysique à la dignité d'un problème, il est cependant parti d'un problème somme toute classique en philosophie : la recherche par la raison de l'absolu. Or, ce désir d'absolu de la raison est contrarié par la finitude de son pouvoir. Elle recherche ainsi quelque chose qui est inaccessible dans le champ de l'expérience possible soumise aux conditions de l'espace et du temps. Or, si l'expérience de l'absolu s'avère être en définitive celle de la liberté – et c'est là tout le sens du fameux primat de la raison pratique sur la raison spéculative –, le paradoxe est alors le suivant : d'une part, la raison ne peut qu'échouer, lorsqu'elle s'aventure au-delà du champ de l'expérience, en faisant un usage transcendant de ses concepts et, d'autre part, il est bien une expérience de la liberté que l'on peut qualifier de métaphysique. En tant que liberté l'inconditionné n'est pas objet de savoir, mais d'une expérience et, en ce sens, l'expérience

---

1. *Werke* 2, 89, *Du Moi comme principe de la philosophie, ou sur l'inconditionné dans le savoir humain*, trad. fr. J.-F. Courtine, dans *Premiers écrits*, Paris, PUF, 1987, p. 67.

du devoir est l'expérience métaphysique par excellence. Par ailleurs, Kant se réfère explicitement à Platon et, même s'il affirme que celui-ci « trouvait ses idées surtout dans ce qui est pratique »[1], il dit également que tout l'ordre de la nature n'est possible que d'après des idées, mais que « aucune créature individuelle, sous les conditions individuelles de son existence, n'est adéquate à l'idée de la plus haute perfection de son espèce ». Il ajoute alors que « cependant chacune de ces idées n'en est pas moins déterminée individuellement, immuablement et complètement dans l'entendement suprême, qu'elles sont les causes originaires des choses et que seul l'ensemble formé par leur liaison dans l'univers est absolument adéquat à l'idée que nous en avons »[2]. L'idée exige donc une détermination complète à laquelle nous ne pouvons jamais accéder, ce qui revient à dire que nous n'avons pas d'intuition intellectuelle et que notre intellection ne peut se faire que par des concepts universels. Il n'y a pas pour nous de concept singulier du concret, notre seule voie d'accès au singulier étant l'intuition sensible de l'objet empiriquement donné. Notre connaissance métaphysique est nécessairement abstraite et générale et de l'inconditionné nous ne pouvons former qu'une idée. Cependant, une idée de la raison n'est pas une simple idée générale. S'il est vrai que nous n'avons pas de l'inconditionné une intuition singulière, il n'en reste pas moins que l'inconditionné présente toujours une dimension incontournable de singularité, que sa principialité tient même d'abord à cette singularité dont le lieu d'individuation est l'existence concrète et effective de l'homme dans le monde au sens existentiel. Comme le souligne excellemment J.-F. Marquet l'idée de l'inconditionné « délivre (ou plutôt délivrerait) à chaque fois quelque chose de singulier et d'unique, mon âme, ma liberté, Dieu – quelque chose à quoi convient seul un mode de connaître intuitif »[3].

Le modèle initialement retenu par Kant est celui du syllogisme catégorique de la première figure, où la conclusion restreint un prédicat à un objet (mortel à Caïus), après l'avoir pensé dans la majeure dans toute son extension (tous les hommes sont mortels) sous la condition de la mineure (Caïus est homme). Kant précise alors : « Cette quantité complète de l'extension, par rapport à une telle condition,

---

1. AK III, 246, P1, p. 1027.
2. AK III, 248, P1, p. 1029-1030.
3. « Kant et l'inconditionné », dans *Restitutions*, Paris, Vrin, 2001, p. 8.

s'appelle l'universalité (*universalitas*). À cette universalité correspond dans la synthèse des intuitions la totalité (*universitas*) des conditions. Le concept de la raison n'est que celui de la totalité des conditions pour un conditionné donné » [1]. Or, si l'idée est le concept de l'inconditionné contenant le fondement de la synthèse du conditionné, un tel concept n'est en fait que celui de la totalité des conditions pour un conditionné donné. L'universalité est la catégorie de l'unité dans la quantité, déduite du jugement universel. La totalité est une catégorie de la quantité déduite du jugement singulier : synthèse de l'unité et de la pluralité, elle est comme *universitas* la pluralité considérée comme unité. L'idée de la raison est un tel concept de la totalité se rapportant à l'absolue totalité dans la synthèse des conditions. À l'universalité formelle correspond au niveau intuitif la totalité des conditions du conditionné, telle qu'elle est comprise comme une unité en quoi consiste l'inconditionné. Celui-ci est donc un universel singulier et c'est pourquoi l'idée comme concept rationnel n'est pas une simple généralité abstraite. L'idée n'est donc plus un terme générique, mais l'ultime spécification de la représentation comme concept provenant des catégories de la relation. C'est ainsi que Kant est amené à distinguer, au § 77 de la *Critique de la faculté de juger*, une généralité analytique qui ne reçoit de contenu que des objets de l'expérience et une généralité synthétique renvoyant à un entendement intuitif allant du tout jusqu'aux parties, capable de produire son contenu. Alors que pour un entendement discursif l'universel est séparé du particulier, pour un entendement intuitif ces deux éléments sont conjoints, réunissant en la perfection d'une totalité singulière l'unité et la pluralité. L'idée d'un tel singulier universel est au premier chef l'Idéal de la raison pure, comme tout duquel procède ses parties : « il est l'*en diaphéron eauto* d'Héraclite et de Hölderlin » [2].

Si donc, pour l'homme, l'universel est soit une abstraction analytique tirée des parties, soit un concept pur de l'entendement permettant d'objectiver ces parties, il n'en reste pas moins que la raison humaine peut, à l'aide des concepts purs de la relation, penser l'inconditionné de chaque synthèse de la relation. Tel est bien le lieu d'une expérience métaphysique de la raison qui découvre un surcroît de signification dans la substance, la causalité et l'action réciproque. La

1. AK III, 251, P1, p. 1033.
2. J.-F. Marquet, *op. cit.*, p. 10.

métaphysique est donc d'abord une expérience de la pensée et non une science, en ce sens qu'elle est une disposition naturelle mettant en jeu l'immortalité de l'âme, la liberté humaine et l'existence de Dieu et correspondant à un besoin de la raison. La question de la possibilité de la métaphysique va ainsi se dédoubler : comment la métaphysique est-elle possible à titre de disposition naturelle ? comment la métaphysique est-elle possible à titre de science ? La première question nous renvoie à la raison humaine universelle qui fait que tout un chacun ne peut éviter de se poser les questions qui font l'objet de la métaphysique spéciale, sans jamais parvenir à trouver de réponse. Cet échec du pouvoir rationnel naturel explique la façon dont le dogmatisme a entrepris de théoriser la métaphysique naturelle, transformant une expérience naturelle en construction conceptuelle, mais débouchant sur des énoncés sans fondement. La critique entreprend la généalogie de cette démarche en démontant le mécanisme de l'illusion transcendantale, de façon à légitimer le besoin de la raison tout en montrant que, même s'il repose sur des structures logiques, il est illusoire de croire pouvoir à partir de là établir des certitudes probantes. On peut dire que, d'une certaine façon, la métaphysique rationnelle, en transformant des idées en objets réels, détruit le caractère naturel de l'expérience métaphysique. En effet, en faisant un usage illégitime des concepts de la relation, elle transforme une expérience reposant sur un besoin naturel en une prétendue connaissance : l'illusion naturelle et bienfaisante de la raison devient une prétention vaine, qui ne peut que conduire à la ruine et dont Kant déconstruit le fonctionnement.

Or, les concepts de la relation sont précisément les concepts de la science expérimentale, telle qu'elle est exposée dans la mécanique de Newton. L'illusion du dogmatisme est d'utiliser ces principes pour constituer une science par purs concepts du supra-sensible, en faisant abstraction des conditions du schématisme. En voulant faire de la métaphysique une science le rationalisme dogmatique procède ainsi d'un scientisme inconscient, qui consiste à vouloir construire une métaphysique en faisant abstraction des conditions d'application des concepts scientifiques fondamentaux. Il se condamne par là à ne pas voir la fécondité heuristique de ces concepts, dont la particularité réside dans le fait qu'ils présentent un excès de sens, qu'ils ne s'épuisent pas dans leur seul usage empirique. C'est ainsi que « les concepts d'entendement semblent avoir beaucoup trop de signification et de teneur pour que le simple usage empirique épuise leur complète détermination, et ainsi, sans le remarquer, l'entendement se construit, à côté de la demeure de l'expérience, une dépendance bien plus vaste qu'il emplit de purs êtres de pensée, sans s'apercevoir qu'avec ses concepts, par ailleurs exacts, il s'est élevé au-dessus des limites de leur usage »[1]. Ces concepts contiennent en effet en eux une nécessité de détermination que l'expérience n'égale jamais. Le concept donne une règle expliquant comment un état succède nécessairement à un autre, mais l'expérience ne fonde pas cette nécessité et l'usage de la causalité schématisée dans les sciences n'en épuise pas le sens. La science n'épuise donc pas le sens de la rationalité qu'elle présuppose et qui consiste en la recherche de l'inconditionné. La raison appelle donc à une expérience métaphysique qui est une expérience de la pensée, irréductible au seul champ de l'expérience offert à la connaissance d'entendement. En d'autres termes, « la science ne pense pas », car la connaissance ne saurait épuiser la rationalité, puisque celle-ci la fonde et que la science suppose la métaphysique.

Tel est bien le contenu positif de la *Dialectique transcendantale*, dégageant le caractère régulateur des idées et prouvant que la science ne peut s'emparer du tout de la rationalité. Dès lors, en tant que méthode de recherche, l'idée régulatrice enveloppe un principe d'individuation, dans la mesure où c'est une finitude singulière qui se découvre capable d'infinité, mettant en jeu une âme singulière et une liberté singulière et un Idéal singulier de totale intelligibilité. En effet, Dieu comme Idéal de la raison pure est une idée « *in individuo*, c'est-à-dire en tant que chose singulière déterminable, ou absolument déterminée par l'idée seule »[2]. En tant que concept toute idée relève de la discursivité, est donc générale, par rapport à l'intuition singulière. Un concept ne peut donc jamais être adéquat à l'individuel, car pour un entendement fini le concept ne peut qu'unifier une pluralité constituant ainsi un nombre de prédicats nécessairement finis. Du fait de sa généralité tout concept implique une indétermination, une détermination complète définissant ainsi l'individualité, au sens où, pour Leibniz, la notion complète est adéquate à l'individu incluant tous ses prédicats. La fonction de l'Idéal transcendantal est donc de combler l'écart qu'il y a entre le concept et la singularité, en étant un être singu-

1. AK IV, 315-316, trad. J. Rivelaygue, P2, p. 91-92.
2. AK III, 383, P1, p. 1193.

lier adéquat à son concept qui le détermine intégralement. Une telle uni-totalité ou universalité singulière est un ensemble de toute possibilité comme concept d'un objet singulier, qui n'est possible que si ses prédicats sont compatibles entre eux. La question est alors de savoir « comment la raison arrive à concevoir toute possibilité des choses comme dérivée d'une seule et unique possibilité qui est au fondement, c'est-à-dire de celle de la réalité suprême, et à présupposer celle-ci comme renfermée dans un être originaire particulier » [1]. Kant explique alors comment la raison convertit d'abord un principe empirique de nos concepts de la possibilité des choses comme données dans l'intuition en un principe transcendantal de la possibilité des choses en général. Il explique ensuite comment elle hypostasie cette idée de l'ensemble de toute réalité en transformant « l'unité distributive de l'usage expérimental de l'entendement en unité collective du tout de l'expérience ». C'est enfin ainsi que « nous pensons une chose singulière, qui contient en soi toute réalité empirique, et qui [...] en vient à se confondre avec le concept d'une chose située au sommet de la possibilité de toutes les choses, qui tiennent d'elle les conditions réelles de leur détermination complète » [2]. Kant a déjà montré que toute réalisation d'un idéal, comme celui du sage, consiste à le supprimer en le convertissant en un concept d'un objet empirique donné hors de ce concept. Or, avec l'Idéal transcendantal la raison recherche une détermination complète selon des règles *a priori*, dont le concept est transcendant. S'il est donc impossible de donner un exemple du sage en le personnifiant dans un idéal de l'imagination, personnifier Dieu revient à en faire une suprême intelligence, se tenant au fondement de la possibilité de toute chose, tel Leibniz identifiant Dieu au principe de raison.

C'est ainsi que l'Idéal transcendantal est d'abord réalisé, converti en objet, puis hypostasié, transformé en un être, et enfin personnifié comme un individu. Or, alors qu'avec les deux idées précédentes, on partait d'une expérience positive de moi-même et de mon monde, avec l'idée théologique on prétend prouver *a priori* l'existence d'un être qui n'a plus rien à voir avec l'expérience et pourtant avec lequel l'expérience métaphysique est à son acmé. Si l'on aboutit alors à une démarche qui prétend dériver l'existence du concept, en fait ce qui

1. AK III, 391, P1, p. 1202.
2. AK III, 391-392, P1, p. 1203.

compte n'est point tant la réfutation des preuves de l'existence de Dieu que la signification ontologique de l'idée de Dieu. C'est en effet avec Dieu comme fondement de la possibilité et de l'existence des choses que la métaphysique prétend trouver une réponse à la question du sens de l'être. Or, dès lors que la phénoménalité nous livre le sens de l'être, Dieu n'est plus sollicité. Il conserve néanmoins un sens, non plus comme fondement mais comme totalité, comme idée nécessaire d'une totalité de l'expérience fondant toute expérience particulière. Ce que la métaphysique traditionnelle a pensé comme origine radicale des choses, hypostasié comme entendement infini est désormais pensé comme Idéal de toute détermination. Si donc nous formons nécessairement l'idée d'un intelligibilité complète du réel, en dépit du fait que les lois que nous découvrons sont purement idéelles, nous sommes conduits à penser que ces lois préexistaient dans une intelligence suprême constituant une totalité d'intelligibilité[1]. C'est ainsi que la *Critique de la faculté de juger* montrera comment l'entendement divin, en son indifférence aux catégories de la modalité comme catégories de la finitude, continue à exprimer à l'infini la limite de l'entendement fini. Alors que le rationalisme classique hypostasiait l'entendement infini pour en faire le principe et le fondement de toute vérité et réalité, Kant va mettre en abîme ce fondement.

DE L'ESSENCE DU FONDEMENT
DE L'HYPOSTASE À L'ABÎME

Kant utilise la notion d'hypostase pour caractériser un usage transcendant des concepts : hypostasier consiste à transformer un rapport logique en une substance et à lui donner valeur de principe. L'objectif de la *Dialectique transcendantale* est de déconstruire le procédé logique par lequel la raison hypostasie ses idées, du fait d'une illusion naturelle inévitable, au sens où hypostasier des représentations, c'est « les transporter hors de soi comme des choses véritables »[2]. Or, la notion traditionnelle d'hypostase est liée à celle de personne, des personnes de la Trinité. Thomas d'Aquin note que « *persona* et *hypos-*

---

1. Ce point est très bien analysé par J. Rivelaygue, *Leçons de métaphysique allemande*, t. II, Paris, Grasset, 1992, p. 215-216.
2. AK IV, 245, P1, p. 1460.

larisé en un Idéal semble ainsi avoir perdu son pouvoir de principe, à la fois sa principialité gnoséologique, une fois récusée comme *Deus ex machina* la fondation théologique de la connaissance, et sa principauté éthique, puisqu'il ne fonde plus la morale mais ne subsiste plus qu'à titre de postulat de la raison pratique. Dès lors, il n'y a plus que la loi morale qui implique le concept de la nécessité inconditionnée.

LOI ET PRINCIPE

« La raison pure contient, non pas certes dans son usage spéculatif, mais dans un certain usage pratique, à savoir l'usage moral, des principes de possibilité de l'expérience, c'est-à-dire d'actions qui pourraient être trouvées dans l'histoire de l'homme conformément aux prescriptions morales »[1]. De tels principes peuvent ainsi avoir une réalité objective et la fondation de la morale exige une théorie des principes. La *Critique de la raison pratique* distingue ainsi des principes subjectifs ou maximes, lorsqu'ils ne valent que pour la seule volonté du sujet, et des principes objectifs ou lois, lorsqu'ils valent pour la volonté de tout être raisonnable. Principe est un terme générique, incluant aussi bien des lois que des maximes, des règles ou des préceptes : il s'agit d'un énoncé de fond (*Grundsatz*) prescrivant une norme à l'agir rationnel et déterminant ainsi la volonté. De tels principes ne sont pas forcément des lois, mais sont le plus souvent des règles, la maxime étant alors le principe d'action subjectif que la volonté se donne pour règle : se faire une maxime c'est se donner une règle de conduite, la règle que l'on se donne pour principe à partir des raisons subjectives étant la maxime. Or, une règle n'est pas une loi, en ce sens que la règle peut répondre de diverses manières à la faculté de désirer et ne présente pas, à la différence de la loi, le caractère d'un impératif.

Si donc la règle est un produit de la raison telle qu'elle prescrit l'action comme moyen en vue d'une fin, « pour un être chez qui la raison n'est pas le seul principe déterminant de la volonté, cette règle constitue un impératif, c'est-à-dire une règle qui est désignée comme un devoir exprimant la contrainte objective qui impose l'action, et elle signifie que, si la raison déterminait entièrement la volonté, l'action

1. AK III, 524, P1, p. 1367.

aurait lieu infailliblement d'après cette règle »[1]. Les lois sont donc des impératifs. Ceux-ci, lorsqu'ils sont hypothétiques, ne sont que des principes pratiques, alors que la loi morale est un impératif catégorique. Nous avons alors affaire à une nécessité qui n'est plus subjectivement conditionnée, la règle n'étant objective que parce qu'elle échappe à tout conditionnement subjectif et contingent et la maxime de la volonté pouvant alors constituer le principe d'une législation universelle. Le principe n'est donc pas constituant, mais constitué par une volonté pure de tout mobile sensible. Dès lors, l'énoncé de la loi – « agis de telle sorte que la maxime de ta volonté puisse en même temps valoir comme principe d'une législation universelle » – signifie que c'est l'universalité de la législation de ma volonté qui constitue le principe de mon agir libre. Dès lors, « on peut appeler la conscience de cette loi fondamentale un fait de la raison […], qui se proclame par là comme originairement législatrice »[2]. Kant souligne le caractère déconcertant, étrange de ce phénomène qui précisément ne convient pas du tout au monde phénoménal. On retrouve donc ici une situation qui rappelle l'abîme de la raison humaine. Or, en tant que nécessité inconditionnée, la loi s'adresse à moi en me tutoyant et en excluant toute théophanie : « tu dois, donc tu peux ». L'abîme s'ouvre donc à présent devant moi comme retrait du divin et interpellation à opérer ce que *La religion dans les limites de la simple raison* appelle une « révolution », consistant à dépouiller le vieil homme pour revêtir le nouveau. On peut certes changer ses mœurs et revenir à la tempérance pour raison de santé ou à l'honnêteté pour des raisons de respectabilité, mais devenir vertueux par le caractère intelligible est tout autre chose. En effet, « un homme qui, lorsqu'il a reconnu une chose comme son devoir, n'a pas besoin d'un autre motif que cette représentation de la loi, c'est là ce qui ne saurait se faire par une réforme progressive, aussi longtemps que la fondation des maximes demeure impure, mais ici il faut une révolution dans l'intention de l'homme (un passage de celle-ci à la maxime de la sainteté), et il ne peut devenir un homme nouveau que par une sorte de régénération, pour ainsi dire par une nouvelle création et un changement de cœur »[3].

---

1. *Critique de la raison pratique*, AK V, 20, trad. L Ferry, H. Wizmann, P2, p. 628.
2. AK V, 31, P2, p. 644-645.
3. AK VI, 47, trad. A. Philonenko, P3, p. 64.

Dès lors, le tutoiement en lequel la loi me parle oblige à poser la question de son origine : provient-elle de la raison humaine ou d'une autre instance qui me parle à travers ma raison ? Tel est ce qui autorise les postulats de la raison pratique. Cela ne permet pas de dire s'il est un Dieu et une vie future, mais autorise une certitude morale. Or, puisque celle-ci « repose sur des fondements subjectifs (la disposition morale), je ne dois même pas dire : Il est moralement certain qu'il y a un Dieu, etc., mais : Je suis moralement certain, etc » [1]. Le tutoiement que m'adresse la loi inconditionnée m'a donc permis de parler de l'inconditionné à la première personne et peut-être même de le tutoyer. Mais cela n'est possible qu'au prix d'une césure logée en moi et qui rend toujours la finitude susceptible d'infinité.

SYSTÈME, PRINCIPE, FOND ABYSSAL

La polysémie de la notion de principe implique un déplacement vers une autre question, celle de l'unité systématique, qui sera la question centrale des post-kantiens. Reinhold estimera que ce qui manque au criticisme c'est la forme systématique, qu'il ira chercher dans une théorie de la représentation. Or, avec le problème de l'unité de la philosophie transcendantale, la question du principe retrouve ses droits : la nécessité d'unifier les domaines pratique et théorique exige de trouver un premier principe. On retrouve ainsi le problème de Descartes : trouver un fait premier indubitable, qui est le fait de la conscience ou de la représentation, permettant de fonder tous les éléments du criticisme. On peut toutefois reprocher à Reinhold de réhabiliter l'empirisme en partant d'un fait de conscience et c'est ce qui permet à Maïmon de faire de la réflexion le principe qui fonde la possibilité même du discours critique. Ce n'est qu'avec Fichte que l'on parvient à une *Grundlage*, à une « assise fondamentale », qui fait du Moi non plus un fait mais un acte (*Tathandlung*), en partant du primat kantien de la raison pratique. C'est à Hegel qu'il appartiendra d'accomplir ce nouveau destin métaphysique du principe que Kant avait rendu possible. Dans la *Doctrine de l'essence* de la *Science de la Logique*, il montre, d'une part, comment la réflexion qui détermine l'essence ne peut s'effectuer qu'en se niant dans le fondement et, d'autre part, comment le fondement n'est que la totalité des détermi-

1. AK III, 537, P1, p. 1382.

nités de l'essence[1]. Si la réflexion constitue ainsi l'essence, ses concepts ne sont que des déterminations de l'essence en tant que mouvement de paraître de soi-même en soi-même. Le fondement n'est donc rien d'autre que le mouvement de la réflexion, et c'est le dépassement des concepts de la réflexion dans le fondement qui assure le passage du principe d'identité au principe de raison. En effet, la détermination réflexive de l'identité à soi de l'essence n'est que la raison de l'existence. Le fond de l'étant et sa manifestation sont ainsi unifiés dans sa réflexion comme figure de l'essence identifiée au fondement.

Une telle démarche permet ainsi de ramener la principialité à la systématicité. Hegel écrit dans l'*Encyclopédie*: «Par système on entend faussement une philosophie ayant un principe borné, différent d'autres principes; c'est au contraire le principe d'une philosophie vraie, que de contenir en soi tous les principes particuliers»[2]. Le principe de la philosophie est ainsi devenu la systématisation de tous les principes. Ce devenir système du principe repose alors sur trois présupposés: 1) l'identité de l'essence et de sa manifestation, 2) l'identité de la substance et du sujet, 3) l'identité du fondement et de la raison. Se substitue ainsi à l'*Abgrund* kantien le *Grund*. Au séminaire du Thor de 1968 Heidegger dira: «Or c'est justement ici – si nous laissons parler l'histoire – que tout se renverse, et ceci du vivant même de Kant qui, dans sa vieillesse, a assisté avec effroi à ce qui commençait à poindre avec Fichte. On peut dire que Fichte et Hegel sont en quête d'un *Grund* là où pour Kant il ne pouvait qu'y avoir *Abgrund*»[3]. Le système c'est en effet l'abîme qui sépare Kant de Hegel. Pour Kant, la raison pure ne peut trouver de fondement fixe pour le système, car il n'y a là qu'une idée qui débouche sur un fond insondable. À ces propos de Heidegger faisaient déjà écho ceux du dernier Schelling qui, contre Hegel, saluait en Kant celui qui a conçu la nécessité inconditionnée de l'être antérieure à toute pensée comme l'abîme de la raison humaine, celui qui était pénétré «de l'incontournable nécessité de la raison à admettre un étant sans fondement»[4]. Dès

1. Voir sur ce point J. Rivelaygue, «Essence et fondement. Actualité de la Doctrine de l'essence», dans *Leçons de métaphysique allemande*, Paris, Grasset, 1990.

2. *Encyclopédie des sciences philosophiques*, I, *Science de la logique*, trad. fr. B. Bourgeois, Paris, Vrin, 1979, p. 181.

3. *Questions* IV, trad. fr. J. Beaufret, Paris, Gallimard, 1976, p. 229.

4. *Philosophie de la Révélation* I, trad. J.-F. Courtine, J.-F. Marquet, Paris, PUF, 1989, p. 191.

1809, Schelling avait brisé la triple unification présupposée par Hegel : le fond n'est pas réductible à sa manifestation, la subjectivité n'est plus la substance et la remontée au fondement n'est plus une rationalisation.

Tel sera bien, contre Hegel, le motif constant du dernier Schelling qui, dans l'*Exposé de la philosophie rationnelle pure*, relit Kant à la double lumière de l'exigence épagogique d'Aristote et de l'exigence anhypothétique de Platon. La question n'est alors rien d'autre que celle de l'expérience de la pensée. Si la pensée va au-delà de la science, car elle est sagesse, « la sagesse n'est pas seulement science, elle est science et *noûs*, science qui occupe le sommet, c'est-à-dire qui détient le principe situé au-dessus de tout ce qui est digne d'estime (le principe des principes), qui donc, de ce point de vue, n'est plus science mais *noûs*, c'est-à-dire la pensée même qui seule a rapport aux principes »[1]. Contre le système Schelling retrouve donc le principe à partir de sa propre théorie des puissances dans une reprise simultanée de Kant et d'Aristote. S'appuyant sur les *Analytiques postérieurs* (II, 19, 100 b 15) qui affirment que « rien ne peut être plus vrai que la science, à l'exception de l'intelligence », il considère que les lois de la pensée ne sont pas, contrairement à ce que Kant a prétendu, de simples lois formelles, mais des lois de l'être. La raison tient donc d'elle-même le contenu du penser qui est l'Étant, dont l'être se détermine selon ces possibilités principielles que sont les puissances. Alors que Kant a ramené la loi de la raison à un principe régional des énoncés analytiques, tautologiques, Aristote a vu en ce principe une simple loi des opposés qui ne deviennent contradictoires que sous condition de leur position simultanée. Si donc Kant a éliminé de la formulation du principe de contradiction la détermination temporelle de simultanéité, pour la réserver au seul principe des jugements synthétiques *a priori*, force est cependant d'admettre qu'il est une temporalité noétique. En effet, « il va de soi et il est incontestable que la succession est aussi, dans la simple pensée, une succession purement noétique »[2]. Celle-ci consiste en l'éternelle succession des puissances. Or, si la science suprême est déductive et part d'un principe inconditionnel, la question est de savoir comment atteindre au principe, étant admis avec Kant,

---

1. *Introduction à la philosophie de la mythologie*, trad. fr. J.-F. Courtine, J.-F. Marquet, Paris, Gallimard, 1998, p. 342.
2. *Ibid.*, p. 295.

que quelque chose n'est l'Étant que de façon hypothétique. On peut ainsi aller de ce qui se borne à pouvoir être l'Étant à ce qui l'est absolument, selon une voie épagogique remontant du particulier à l'universel, au sens où Aristote dit que c'est ainsi que les premiers principes nous sont connus. Toutefois, la simple expérience ne suffit pas et il faut en fonder la vérité. L'induction ne peut donc être science. Dès lors, si l'induction est la démarche où les éléments sont tirés de l'expérience, on peut aussi appeler induction la traversée des diverses puissances, qui sont des singuliers, selon une traversée de ce qui n'est l'Étant qu'à titre de possibilité et en un sens particulier jusqu'à ce qui l'est effectivement en un sens universel.

Le virage aristotélisant du dernier Schelling reprend contre le panlogisme de Hegel l'objection du post-kantisme : la réflexion ne peut pas commencer par elle-même, car elle présuppose quelque chose d'autre pour pouvoir s'en écarter. C'est là ce qui avait justifié une théorie du commencement, Spinoza nous rappelant que la philosophie doit commencer par l'absolu. Or, Aristote est parti d'un donné ultime que l'on ne peut déduire de concepts préalables et auquel Kant nous a reconduit en affirmant que l'existence n'est pas déductible du concept. Demeure ainsi le mystère de l'être qui ne se laisse pas déterminer par le concept. Par là, Schelling a rompu avec l'idéalisme spéculatif pour renouer avec Kant, tout en réactivant l'antique question du principe. C'est ainsi qu'il fait signe vers Heidegger. Si la détermination des limites de la philosophie rationnelle comme philosophie négative implique une rupture avec le seul travail du concept, l'absolu devient comme l'abîme de la pensée. L'abîme de la raison humaine nous invite alors à déserter le système pour explorer la « fugue » du principe comme fond abyssal.

Si, en effet, dans les *Beiträge zur Philosophie* Heidegger substitue au système ce qu'il nomme des « fugues », c'est parce que la pensée n'est plus fondation principielle (*Begründung*), mais fondation (*Gründung*) procédant d'un fond abyssal (*Abgrund*). Si donc la métaphysique a conçu l'identité comme le trait essentiel de l'être, du fond de l'étant, il apparaît à présent que l'essence de cette identité et de son principe appartient à l'Être compris comme *Ereignis*. C'est ainsi que « ce principe, ce *Satz* au sens d'une énonciation, est devenu pour nous un *Satz* au sens d'un saut : d'un saut qui part de l'être comme fond, pour sauter dans le fond abyssal»[1]. Ce fond abyssal n'est pas un chaos, mais l'*Ereignis* dont provient l'appropriation de l'homme et de l'Être. Pour Kant, le système est « la nécessité inconditionnée comme support ultime de toutes choses dont nous avons si indispensablement besoin » en quoi consiste « l'abîme de la raison humaine », en lequel l'absolu lui-même se mettait en abîme[2]. Le principe ultime est ainsi ce fond abyssal qui vient souligner la finitude essentielle de la raison en sa propre capacité d'infinité. Dès lors qu'au principe se substitue le système, celui-ci devient développement systématique du Savoir absolu. Reste cependant en suspens la question du sens de l'identité fondatrice qui, pour l'idéalisme spéculatif, n'est que l'identité de l'identité et de la différence et persiste à déterminer le statut de la métaphysique comme logique ordonnée à l'identité matinale de l'être et du penser. Resurgit alors sans doute la mise en abîme kantienne du principe, telle qu'elle est méditée par le dernier Schelling et Heidegger.

L'*Abgrund* kantien nous renvoie en effet à la problématisation du rien qui se trouve à la fin de l'*Analytique transcendantale* de la *Critique de la raison pure*. Si le noumène en lequel se retire l'Absolu est un *ens rationis* comme pure possibilité sans donation intuitive, il reste que, si le concept le plus élevé de la philosophie transcendantale est l'objet en général comme *primum cogitabile*, l'impossible lui-même, le pur rien comme *nihil negativum* inconcevable, demeure un objet. Il pourrait alors sembler que, si le possible est seul susceptible de se donner dans le champ de l'expérience et si Dieu comme *ens rationis* est également possible, l'impossible n'existe pas. Néanmoins, ce qui n'est possible que sous des conditions elles-mêmes possibles ne l'est pas en dehors de ces conditions. Dès lors, hors de l'expérience, dans le champ de la raison, l'impossible semble avoir un fondement, le néant devenant ainsi l'assise de la raison. Par ailleurs, l'introduction dans le texte de 1794, *La fin de toutes choses*, d'une durée nouménale extratemporelle accrédite l'idée qu'il est une durée renvoyant à l'*ens rationis*, ne relevant plus du temps comme *ens imaginarium* et qui est donc ce par rapport à quoi la durée phénoménale est une privation, *nihil privativum*. Nous avons ainsi affaire à quelque chose qui nous renvoie à l'inconcevable, au *nihil negativum*. Kant nous dit alors

---

1. *Identité et différence*, dans *Questions* I, trad. fr. A. Préau, Paris, Gallimard, 1968, (trad. modifiée), p. 273.
2. AK III, 409, P1, p. 1225.

qu'une telle pensée ne peut que nous donner le frisson, tel l'abîme de la raison humaine.

Peut-être Schelling se souvenait-il de Kant en disant, après avoir affirmé que le premier principe est un *primum cogitabile*, qu'il faut à la suite d'Aristote distinguer la privation, qui est simple privation de l'avoir, de celle qui en est l'absolue impossibilité. Le Grec dispose en effet de deux particules pour la négation, *mé* et *oùk*, la première niant seulement l'effectivité, la seconde la possibilité, ainsi que de la négation exprimée par l'*alpha* privatif. C'est ainsi qu'il y a «une différence entre *est indoctus*, *est non doctus* et *non est doctus*. On ne peut pas dire d'un nouveau-né ni le premier, *indoctus*, car il n'en a pas eu encore la possibilité, ni le deuxième *est non doctus*, car il ne se trouve pas dans l'impossibilité, mais on concèdera le troisième, *non est doctus*, en effet, puisqu'il nie seulement l'effectivité, il pose la possibilité»[1]. Si Kant suppose une duré nouménale, Schelling admet une succession noétique au sein d'une simultanéité éidétique, qui est l'extrême limite de la philosophie rationnelle conduisant à l'extase de la raison devant l'abyssalité de l'Être. Telle est l'abyssalité qui fait que, pour Heidegger, le néant est requis pour la manifestation de l'Être : «comme *Ab-grund* l'être est à fois le rien et le fond»[2]. Si donc le principe est aussi un saut dans le fond abyssal, le fond n'est pas lui-même fondé, irréductible au principe de raison. Mais il n'est pas davantage chaos, *Ungrund*, car «l'ouvert de l'abîme n'est pas dépourvu de fondement. L'abîme n'est pas le refus de tout fond, telle une absence de fondement, mais le oui dit au fond dans l'ampleur et le lointain qui s'y dissimulent»[3]. Telle semble bien être l'une des postérités de la problématisation kantienne du principe.

Jean-Marie VAYSSE
Université de Toulouse

---

1. *Introduction…*, éd. cit., p. 292.
2. GA 66, *Besinnung*, Frankfurt, Klostermann, 1997, p. 99.
3. GA 65, *Beiträge zur Philosophie*, Frankfurt, Klostermann, 1989, p. 387.

SCHOPENHAUER ET LE PRINCIPE DE RAISON

On ne peut évoquer le destin philosophique du principe de raison sans faire référence à Schopenhauer; celui-ci, en effet, est le dernier grand penseur chez qui ce principe joue un rôle capital – avant la déconstruction qu'en opèrera, au XXᵉ siècle, Heidegger, qui du reste manifeste constamment un dédain souverain à l'égard de Schopenhauer, en qui il voit non un philosophe, mais un simple fabricant de *Weltanschauung* : si son nom apparaît une fois (à titre de référence bibliographique) dans l'essai de 1929 *Vom Wesen des Grundes*, il est totalement absent du grand cours de 1955/1956, *Der Satz vom Grund*; et nous aurons d'ailleurs à nous demander en conclusion si cette distance affichée ne dissimule pas une proximité secrète. Quant à l'importance du principe de raison pour Schopenhauer lui-même, elle apparaît dès qu'on regarde son œuvre : c'est à lui qu'il a consacré son premier ouvrage, sa thèse de 1813 *Über die vierfache Wurzel des Satzes vom zureichenden Grunde* (*Sur la quadruple racine du principe de raison suffisante*); et dans le maître-livre de 1818 *Le monde comme vouloir*[1] *et représentation*, les deux parties consacrées à la représentation sont placées l'une et l'autre (positivement ou négativement) en référence à notre principe puisque la première concerne *die Vorstellung, unterworfen dem Satz vom Grunde* (*la représentation en tant que soumise au principe de raison*) et la seconde (dans le livre, la troisième) *die Vorstellung, unabhängig vom Satz des Grundes* (*la*

---

1. La traduction courante de *Wille* par *volonté* nous semble fautive dans la mesure où Schopenhauer insiste constamment sur le côté masculin du *Wille*, par opposition à la féminité de la *Vorstellung*. On sait que cette dualité se retrouve jusque dans son étrange théorie de l'hérédité du caractère (issu du père) et de l'intelligence (issue de la mère).

représentation en tant qu'indépendante du principe de raison, *i.e.* la représentation esthétique). Tout le statut de la représentation, et par là tout l'enjeu de la philosophie de Schopenhauer, se joue donc sur le principe de raison et son possible dépassement. Mais le livre de 1818 ne reprend cependant pas toutes les analyses de la thèse de 1813, supposée connue : c'est donc elle qui nous servira de point de départ et de fil conducteur.

On sait que cette thèse assez brève (80 pages) fut rédigée par Schopenhauer, alors âgé de 23 ans, de juin à septembre 1813, soutenue en octobre (par correspondance !) et publiée aussitôt après à compte d'auteur ; une seconde édition, très augmentée, verra le jour en 1847[1]. Schopenhauer y traite du principe de raison en prenant pour base la formulation qu'en donne Wolff au § 70 de son *Ontologia* : « *Nihil est sine ratione cur potius sit quam non sit* (rien n'est sans raison qui fait que cela soit plutôt qu'il ne soit pas) », ce que notre philosophe interprète ainsi au § 52 de son texte : « partout et toujours chaque [chose] (*jegliches*) n'est qu'en vertu (*vermöge*) d'une autre »[2], de sorte que « rien de subsistant pour soi, rien d'indépendant, rien de singulier et de détaché [d'un contexte] ne peut devenir objet pour nous »[3] et que « le principe de raison est [ainsi] l'expression de toutes les conditions formelles de l'objet » (*Monde*, § 2)[4]. Dans cette « traduction » on perçoit déjà l'originalité de Schopenhauer par rapport à Wolff : 1) le principe de raison n'est pas, chez lui, un principe ontologique, mais un principe transcendantal au sens kantien, il concerne l'objectivité de l'objet 2) le principe de raison apparaît plus largement comme la formule même de ce qu'on appelera plus tard le nihilisme, en tant qu'il énonce l'impuissance de tout ce qui se donne comme objet à consister par lui-même, son besoin de s'appuyer toujours sur un autre qui lui-même etc., si bien que l'univers entier devient un immense château de cartes.

Mais pourquoi, demandera-t-on, partir de Wolff et non pas de Leibniz, le véritable consécrateur du principe de raison, et qui n'a droit ici qu'à un paragraphe assez désinvolte ? La réponse est double. D'une

1. Ces deux éditions ont fait l'objet d'une excellente traduction commentée par F.-X. Chenet (avec le concours de M. Piclin), Paris, Vrin, 1991.

2. Schopenhauer, *Sämtliche Werke* (cité SW), éd. W.F. von Löhneysen, Frankfurt am Main, Cotta-Insel, 1960, III, p. 187 (trad. Chenet, p. 292). Nous nous référons aux traductions françaises pour la commodité du lecteur, en nous réservant le droit de proposer notre version personnelle.

3. *Ibid.*, p. 41 (trad. Chenet, p. 63).

4. *Ibid.*, 1, p. 34 (*Monde*, trad. fr. Burdeau-Ross, Paris, PUF, 1966, p. 28).

part, Wolff serait le premier philosophe à avoir distingué *causa* et *ratio* au sens strict : la cause a affaire au réel et à l'existence, rien n'existe sans cause, comme Platon l'avait déjà souligné[1] – la *ratio stricto sensu*, elle, a affaire non à la réalité, mais à la vérité qui est toujours vérité d'un jugement ; elle est donc elle-même de l'ordre non du réel, mais du notionnel ; elle fonctionne comme *ratio cognoscendi*, alors que la cause peut être dite *ratio fiendi* d'un fait ou d'un événement. Cette distinction *ratio/causa* a été occultée tout au long de la préhistoire du principe de raison, ou, si elle a été pressentie, on s'est empressé de la gommer en obéissant à une arrière-pensée religieuse : ainsi Descartes, après avoir montré qu'il appartient à la *notion* de Dieu qu'il existe *nécessairement*, en conclut qu'Il est *causa sui*, donc existe réellement – alors que pour Schopenhauer ce concept même de *causa sui* est un pur non-sens, comparable au paradoxe de Münchhausen s'extrayant lui-même du bourbier par une prise vigoureuse sur sa chevelure. Wolff lui-même du reste n'est pas toujours fidèle à cette distinction *causa/ratio*, *Realgrund/Idealgrund*, et c'est avec Crusius seulement que la séparation deviendra vraiment tranchée ; mais Schopenhauer ne découvrira Crusius qu'en 1821 et, vexé d'avoir été devancé, il s'abstiendra de le faire figurer dans la réédition de sa thèse, alléguant que « l'inventeur d'une chose est celui qui, reconnaissant sa valeur, l'a ramenée et conservée, non celui qui l'a prise dans sa main par hasard et ensuite rejetée »[2]. Un autre mérite qui fait préférer Wolff est qu'il a établi, le premier, la quaternité des formes du principe de raison : à la *ratio fiendi* et à la *ratio cognoscendi*, déjà mentionnées, il convient en effet d'ajouter la *ratio agendi* (toute action volontaire a un motif) et la *ratio essendi* (les propriétés d'une chose découlent de son essence – mais nous verrons que Schopenhauer suggèrera une tout autre interprétation).

Mais, si Schopenhauer reprend de Wolff sa définition du principe de raison et l'affirmation de ses quatre formes, il se situe, nous l'avons dit, dans une autre perspective : pour lui, le principe de raison ne relève pas de l'ontologie, mais, comme formule de l'objectivité de l'objet, il appartient à la forme *a priori* de notre faculté de connaître et doit être reconduit généalogiquement à celle-ci. Schopenhauer s'inscrit dans le

---

1. Πᾶν δὲ [αὖ] τὸ γιγνόμενον ὑπ'αἰτίου τινὸς ἐξ ἀνάνκης γίγνεσθαι, *Timée*, 28a (SW III, p. 16).
2. SW IV, p. 166, trad. Chenet, p. 328.

sillage de « Locke et Kant »[1] qui, au lieu de philosopher par concepts (comme les scolastiques et les cartésiens) ont conçu la philosophie comme étant d'abord une enquête sur l'origine des concepts mêmes ou (pour Kant) des jugements synthétiques *a priori* dont fait partie le principe de raison. Il ne s'agit cependant pas ici de déduire ce principe et sa forme quadruple – le principe de raison, comme principe de toute déduction, ne peut lui-même être déduit, pas plus que l'œil, qui voit tout, ne saurait se voir – mais de le prendre comme un fait (c'est l'expérience qui nous apprend qu'il y a quatre formes du principe) et de l'enraciner dans la structure elle-même factuelle, dans la « facticité » de notre faculté de connaître. Or celle-ci se présente comme elle-même articulée selon quatre niveaux auxquels correspondraient les quatre formes du principe : 1) la sensibilité pure, celle qui a pour contenu les formes pures de l'espace et du temps (*ratio essendi*) ; 2) le *Verstand* ou entendement (*ratio fiendi*, causalité) ; 3) la *Vernunft* ou Raison (*ratio cognoscendi*) ; 4) le *Selbstbewusstsein*, la conscience de soi, le sens interne où le sujet est à lui-même objet et se découvre comme vouloir (*ratio agendi*). Nous allons reprendre plus en détail ces quatre instances, en suivant non l'ordre adopté par Schopenhauer, mais « l'ordre systématique »[2] signalé au § 46 de la thèse, avec cependant une modification dont nous rendrons compte.

1) À la sensibilité pure, *i.e.* aux formes *a priori* de l'espace et du temps, va correspondre le principe de raison sous son aspect de *ratio essendi*, c'est-à-dire qu'ici l'*être* de l'objet considéré (le point ou la figure spatiale, l'instant ou le laps temporel) s'épuise complètement dans son rapport aux autres : un point n'*est* rien d'autre que sa situation (*Lage*) à l'égard des autres points, un instant rien d'autre que sa place dans la succession (*Folge*) des autres instants. Ce n'est pas que le point ou l'instant agissent sur les autres ; ce n'est pas de manière *causale*, c'est « immédiatement, par sa seule existence (*Dasein*) que le moment présent, dont l'apparition était cependant inévitable, précipite (*stürzt*) le moment écoulé dans l'abîme sans fond du passé et l'anéantit à jamais »[3]. Chaque instant fonde le suivant qui en surgissant l'effondre dans le néant ; le temps, comme plus tard chez Sartre, est une fondation constamment ruinée. La logique sauvage du *Satz vom Grund* éclate ici de la manière la plus nue, sans que nous puissions autre chose que

1. SW II, p. 57
2. SW III, p. 178-179 (trad. Chenet, p. 284-285).
3. *Ibid.*, p. 40 (trad. Chenet, p. 167).

l'éprouver immédiatement, intuitivement, en deçà de toute médiation conceptuelle. C'est le même rapport que l'espace nous présente sous la forme pétrifiée et figée d'un *Nebeneinander*, d'une coexistence qui évoque la *Wechselwirkung*, l'action réciproque (que Schopenhauer refuse au niveau proprement physique), dans la mesure où chaque figure spatiale est simultanément déterminée et déterminante par la limite qui la coupe des autres en l'articulant à elles. Mais, pour Schopenhauer comme pour Kant, c'est le temps qui est la plus fondamentale des deux formes, puisqu'il fonde à la fois l'expérience interne et l'expérience externe ; c'est le temps, donc, qui apparaît comme « le schème simple, réduit à l'essentiel, de toutes les autres formes du principe de raison, voire comme l'*Urtypus aller Endlichkeit*, le type originaire de toute finitude »[1] – le temps, ou, comme dit aussi Schopenhauer, la temporalité (*Zeitlichkeit*), mot qu'il est sans doute un des premiers philosophes à utiliser et dont il mentionne d'ailleurs l'origine théologique (la temporalité, le temporel désignant avant tout le contraire de l'éternel et de l'idéal, le monde dans sa déchéance et sa nullité) :

On comprendra combien il importe, pour pénétrer à fond l'essence de ce principe, de l'étudier à fond dans la plus simple de ses formes pures : le temps. Chaque instant de la durée, par exemple, n'existe qu'à condition de détruire le précédent qui l'a engendré, pour être aussi vite anéanti à son tour... Or, nous retrouvons ce même néant dans toutes les autres formes du principe de raison ; nous reconnaîtrons que l'espace aussi bien que le temps, et tout ce qui existe dans l'espace et le temps, bref tout ce qui a une cause et une fin, tout cela ne possède qu'une réalité purement relative ; la chose en effet n'existe qu'en vertu ou en vue d'une autre de même nature qu'elle et soumise ensuite à la même relativité. Cette pensée, dans ce qu'elle a d'essentiel, n'est pas neuve ; c'est en ce sens qu'Héraclite constatait avec mélancolie le flux éternel des choses ; que Platon en rabaissait la réalité au simple devenir, qui n'arrive jamais jusqu'à l'être ; que Spinoza ne voyait en elles que les accidents de la substance unique existant seule éternellement ; que Kant opposait à la chose en soi nos objets de connaissance comme de purs phénomènes. Enfin, l'antique sagesse de l'Inde exprime la même idée sous cette forme : c'est la Maya, c'est le voile de l'Illusion qui, recouvrant les yeux des mortels, leur fait voir un monde dont on ne peut dire s'il est ou s'il n'est pas, un monde qui ressemble au rêve, au rayonnement du soleil sur

1. *Ibid.*, p. 187 (trad. Chenet, p. 292).

le sable, où de loin le voyageur croit apercevoir une nappe d'eau, ou bien encore à une corde jetée par terre qu'il prend pour un serpent [1].

Sur un plan plus modestement épistémologique, l'espace et le temps vont fournir leurs domaines respectifs à la géométrie et à l'arithmétique, aux sciences du simultané et du successif – deux sciences qui reposent donc sur l'intuition constructive de la *ratio essendi* et qu'il est absurde de vouloir traduire dans l'élément discursif de la *ratio cognoscendi*, comme Euclide l'a si étrangement fait pour la géométrie. C'est de ces sciences qu'il est juste de dire que « la connaissance selon le principe de raison n'y connaît que le principe de raison lui-même » [2] – d'où leur clarté et leur précision absolue, surtout en arithmétique.

2) Passons maintenant du plan de la sensibilité pure à celui de l'entendement (*Verstand*). On sait que Kant attribuait au *Verstand* une double activité – une activité consciente où il lie un concept à un autre dans un jugement déterminant, et une activité inconsciente, spontanée où il lie les données sensorielles dans l'expérience synthétique et cohérente d'un monde. C'est le parallélisme de ces deux activités qui permet à Kant de déduire, du tableau des fonctions logiques du jugement, celui des catégories qui se schématisent dans la constitution de l'expérience. Schopenhauer va retirer le jugement à l'entendement pour en faire, comme le raisonnement, une activité de la raison (*Vernunft*), réduisant ainsi le *Verstand* à la perception, à l'intuition empirique du réel sensible; en même temps, il va réduire toutes les catégories à celles de la relation, et celles-ci à la seule catégorie de la causalité (les onze autres n'étant que « de fausses fenêtres dans une façade » [3]). C'est donc la causalité (*ratio fiendi*) qui va être la forme du

1. SW I, p. 37 (*Monde*, trad. Burdeau-Ross, p. 30-31).

2. *Der handschriftliche Nachlaß* (cité N), hrsg. von A. Hübscher, Frankfurt am Main, W. Kramer, 1966, I, p. 291.

3. Il est à noter que bien que Schopenhauer insiste fréquemment sur l'impossibilité de déduire les unes des autres les différentes formes du principe de raison, il tente cependant de déduire la causalité en la prenant comme liaison synthétique du temps et de l'espace : en effet, la loi de causalité énonce qu'*ici* il ne peut arriver *maintenant* que *cet* effet et pas un autre; elle ne concerne donc pas le temps et l'espace pris à part (où tout est possible), mais se situe à leur point de jonction et de « limitation réciproque » (SW I, p. 39, *Monde*, p. 33). Si la causalité est un tel jeu du temps et de l'espace, donnant naissance à l'individuation (à *ce* lieu et à *ce* moment, seul *ce* phénomène est possible) et si la matière équivaut à la causalité, il y a donc une vérité de la thèse traditionnelle de l'individuation par la matière, qui unit elle aussi les caractères de l'espace et du temps (= la *permanence* substantielle et le *changement* continu des états). Cette analyse laborieuse, empruntée de

principe de raison correspondant au *Verstand*, et, comme le *Verstand* est avant tout perception du réel, c'est dans la constitution de l'objet perçu que nous allons voir jouer d'abord le rapport de causalité. Qu'est-ce, en effet, que percevoir, sinon rapporter, par une inférence si rapide et immédiate qu'elle demeure inconsciente, les données sensibles qui nous affectent subjectivement à quelque chose d'autre et d'extérieur à nous, à un *objet* qui les *cause* et les effectue (*wirkt*) en nous, et qui est donc l'effectivité (*Wirklichkeit*) même, la chose, la substance, la matière – autant de termes qui chez Schopenhauer ne sont qu'autant de désignations de la cause *i.e.* du reflet exporté et comme aliéné du *Verstand*? « Si nous faisons abstraction [des différentes qualités sensibles], ce qui reste [des corps] n'est plus que *la pure activité effective (Wirksamkeit) en général*, le pur effectuer comme tel, la causalité même, pensée objectivement – donc le reflet de notre propre entendement, l'image projetée au dehors de son unique fonction, et la matière est de part en part causalité pure : son essence est l'effectuer (*Wirken*) en général » [1].

Pour Schopenhauer comme pour Fichte (dont il avait suivi les cours à Berlin avant de le renier), une activité immédiate, non réfléchie, ne se pose pas pour elle-même – elle ne s'apparaît que dans son produit, son résultat qui entre seul dans la conscience et lui présente, sur le mode du donné, son image inversée et réifiée ; c'est ce qui a lieu ici, où « l'urgence de la loi causale se lève et s'éteint dans l'intuition empirique comme dans son produit » [2]. L'objet réel n'est donc pas différent de la *Vor-stellung*, de la représentation du sujet, du *Verstand* – il est plutôt, comme l'indique l'étymologie, le *Verstand* « posé devant » lui-même, si bien que là également on peut dire que « la connaissance selon le principe de raison ne connaît que le principe de raison lui-même », sauf que cette connaissance implique un immédiat aveuglement sur soi. « Le monde est ma représentation » (la première et la plus célèbre phrase du livre de 1818) est une formule qu'il faut prendre à la lettre : la représentation ne reflète pas le réel, elle l'*est*, fût-ce sur le mode de l'illusion ou du fantasme, car la *vérité*, propriété du jugement, n'est nullement synonyme de *réalité*. Mais, si tout ce que nous intuitionnons, nous l'intuitionnons comme cause, il en résulte

façon inavouée au *Système de l'idéalisme transcendantal*, apparaît un peu comme un élément rapporté dans l'édifice schopenhauerien.
1. SW III, p. 104 (trad. Chenet, p. 219).
2. *Ibid.*, p. 103 (trad. Chenet, p. 218).

que toute intuition, y compris la prétendue intuition sensorielle, est en fait une intuition intellectuelle, puisqu'elle n'est rien d'autre qu'une projection en miroir du *Verstand* (*intellectus*) comme puissance de la cause ; et l'intuition intellectuelle, bien loin d'avoir un contenu mystique ou spéculatif, est en fait l'expérience la plus commune. Reste que, pour Schopenhauer comme pour Kant, cette opération du *Verstand* ne peut se faire que sur la base de données sensorielles préalables et que, parmi celles-ci, certaines se prêtent mieux que d'autres à une réelle « mise en cause » débouchant sur un monde d'objets : telles sont notamment les sensations visuelles où « du fait du mode d'action exclusivement rectiligne de la lumière, la sensation nous fait remonter d'elle-même au lieu de sa cause »[1] – l'originalité du peintre (ici Schopenhauer anticipe l'impressionnisme) consistant à savoir « fixer (*festzuhalten*) »[2] les *data* de la sensation en retenant l'entendement de les mettre automatiquement en forme d'objets. Mais nous reviendrons ultérieurement sur cette conception de l'art comme suspension du principe de raison.

Pour l'instant, un autre point doit nous retenir : si *chose*, *objet*, *cause*, *matière*, *substance* sont des termes synonymes, désignant l'exigence générale d'un *dehors* de nous-même fondant nos sensations, il en résulte que sous l'apparente multiplicité des choses, il n'y a en réalité qu'*une seule* matière, et que celle-ci, étant « la pure causalité comme telle, conçue objectivement, ne peut exercer sa puissance sur elle-même, comme l'œil qui peut tout voir, sauf lui-même »[3]. La matière, étant la causalité même, ne tombe pas sous le principe de causalité – elle est sans commencement ni fin, comme le Dieu de la métaphysique classique dont elle partage d'ailleurs la définition, puisqu'elle aussi, nous l'avons vu, a pour essence (*Wesen*) la *Wirklichkeit* ou l'*existentia*. Dès lors, si la causalité se manifeste au niveau des seuls phénomènes, elle n'apparaîtra pas comme une relation entre des choses (puisque tout revient à Une chose), mais comme une relation entre des états de chose, des faits ou des événements : « la loi de causalité se rapporte exclusivement à des changements, *i.e.* à l'apparition ou à la disparition d'états (*Zustände*) dans le temps »[4] et sa définition pourrait être celle-ci : « quand apparaît un nouvel

1. SW II, p. 37 (*Monde*, p. 695).
2. SW III, p. 83 (trad. Chenet, p. 203).
3. *Ibid.*, p. 105 (trad. Chenet, p. 220).
4. *Ibid.*, p. 50 (trad. Chenet, p. 176).

état d'un ou plusieurs objets réels, un autre doit avoir précédé que le nouveau suit (*folgt*) régulièrement, *i.e.* à chaque fois que le premier est donné. Cette façon de suivre (*Folgen*), c'est ce qu'on appelle s'ensuivre (*Erfolgen*)»[1]. La loi de causalité nous fait donc remonter de l'état actuel du monde à un état antérieur et cela à l'infini, car il n'y a pas plus de cause première que de commencement du temps ou de limite ultime de l'espace, et le principe de causalité, comme l'instrument de l'apprenti-sorcier, ne se laisse pas arrêter une fois qu'il a commencé à fonctionner; il nous fait parcourir, inflexiblement, les étapes d'un devenir nécessaire où toute condition apparaît à nouveau comme conditionnée, car, pas plus que de cause première, il n'y a de nécessité inconditionnée[2]. Toutefois, le monde phénoménal ne nous présente pas qu'un seul type de causalité. Au niveau du corps inanimé, la causalité est purement mécanique, l'action égale à la réaction, l'intensité du résultat rigoureusement proportionnelle à celle de la cause; au niveau du végétal, la cause apparaît comme excitation ou stimulus (*Reiz*) et l'effet cesse de lui être exactement et constamment proportionné; cet écart s'accroît encore au niveau du monde animal, où la causalité est celle du *motif*[3] et passe par le medium de la représentation. Il existe donc trois types de cause, selon la plus ou moins grande réceptivité (*Empfänglichkeit*) de l'objet concerné, mais «la loi de causalité ne perd par là rien de sa certitude ni de sa rigueur»[4] : la nécessité règne dans le monde de la psychologie et des actions soi-disant arbitraires tout autant que dans celui de la matière inerte.

3) Avec la motivation, il semblerait que nous ayons abordé une autre forme du principe de raison, celle où il apparaît comme exigence d'une *ratio agendi*, et c'est bien en effet un tel passage de la *ratio fiendi* à la *ratio agendi* que nous trouvons dans «l'ordre systématique» indiqué au § 46 de la thèse. Néanmoins, nous introduirons plutôt à la troisième place la *ratio cognoscendi* en tant qu'elle correspond à la raison (*Vernunft*) et que celle-ci n'est chez Schopenhauer qu'un reflet du *Verstand*. Le *Verstand*, en effet, est, nous l'avons vu,

1. *Ibid.*, p. 48 (trad. Chenet, p. 174).

2. Tout cela évoque beaucoup la théorie bouddhiste de la production conditionnée (*pratîtyasamut pâda*), même si c'est seulement en 1816 que Schopenhauer a été initié au bouddhisme par Friedrich Maier.

3. Rappelons que c'est sur ce point précis que s'éleva, lors de la soutenance berlinoise de 1820, l'altercation publique de Hegel et de Schopenhauer.

4. SW III, p. 64 (trad. Chenet, p. 187).

une faculté intuitive, alors que la *Vernunft* manie des concepts, donc des représentations abstraites, des « représentations de (*aus*) représentations » [1], et se situe par là au niveau de la réflexion qui est, comme son nom l'indique, quelque chose de dérivé et de secondaire : la raison, comme l'ouïe, est passive, féminine, elle conçoit, mais ne produit pas, alors que le *Verstand* possède le même caractère viril et actif que l'œil. Mais ce caractère dérivé donne en même temps à la raison son éminente dignité, car elle nous arrache au présent limité et nous permet de nous re-présenter l'absence, le passé, l'avenir, l'universel, bref tout « ce qui rend la vie humaine si riche, si artificielle et si terrible » [2]. Ces concepts, qui constituent son élément, la raison va les lier – grâce aux termes *est* ou *n'est pas*, dont c'est là toute la signification – dans des jugements et des raisonnements qui auront pour propriété essentielle d'être vrais ou faux, c'est-à-dire fondés ou non. Un jugement vrai, c'est en effet un jugement qui a un fondement, une raison (*Grund*), et, précise Schopenhauer, « en latin et dans toutes les langues latines le nom de l'*Erkenntnisgrund* est le même que celui de la *Vernunft* : les deux s'appellent *ratio, raggione, razon, raison, reason* – ce qui prouve qu'on a considéré la connaissance des *Gründe* comme la plus importante fonction de la *Vernunft*, son occupation κατ᾽ ἐξοχήν » [3]. Ce fondement, cette *ratio cognoscendi* peut être soit un autre jugement (ou plusieurs, comme dans le syllogisme), soit une intuition empirique ou pure – et, en définitive, c'est toujours à une intuition qu'on doit finir par aboutir, celle-ci étant comme le numéraire réel qui garantit la circulation symbolique des billets conceptuels et leur confère leur valeur de vérité. « Toute vérité, conclut Schopenhauer, est [donc] la relation d'un jugement à quelque chose d'extérieur à lui et une "vérité interne" est une contradiction » [4], tout comme l'affirmation d'une cause en soi ou d'un premier moment du temps. La *ratio cognoscendi*, de la même manière que la *ratio essendi* et la *ratio fiendi*, nous condamne donc à une régression indéfinie de condition en condition (d'autant plus que Schopenhauer dénonce

---

1. *Ibid.*, p. 121, (trad. Chenet, p. 235).
2. *Ibid.*, p. 120 (trad. Chenet, p. 234). Non sans humour, Schopenhauer attribue à la prédominance de la réflexion chez les Occidentaux la blancheur lunaire de leur teint de « visages pâles » (*ibid.*).
3. *Ibid.*, p. 129 (trad. Chenet, p. 242).
4. *Ibid.*, p. 131 (trad. Chenet, p. 243).

également la possibilité même d'une « idée simple » [1]) – régression qui
ne peut être conjurée que par le passage, le saut à un autre plan, saut qui
s'opère, ici, lorsque nous fondons la vérité du jugement sur l'intuition
qui, elle, n'est jamais vraie ni fausse, mais réelle ou illusoire. Que
l'intuition soit plus radicale que le jugement explique du reste qu'une
intuition illusoire ne peut être réduite ou remplacée par un jugement
vrai : nous *savons* que la terre tourne autour du soleil, nous n'en *voyons*
pas moins toujours le soleil tourner autour de la terre.

4) Nous arrivons maintenant à la dernière des quatre formes du
principe de raison, celle que désigne l'expression *ratio agendi*. Le
domaine où elle s'enracine va être défini comme celui du *Selbstbewusstsein*, de la conscience de soi, expressément identifiée au « sens
interne » [2] par lequel je me fais objet pour moi sous la seule condition
de la forme temporelle. Nous passons ici sur un tout autre plan : jusque
là, j'avais conscience d'une multiplicité d'objets externes (réels ou
idéaux) ; maintenant, je n'ai plus affaire qu'à un objet interne radicalement singulier – moi-même. Mais quel est ce moi qui me devient objet
dans le sens interne ? Ce ne saurait être le moi du *je pense*, car celui-ci,
comme pur sujet, ne saurait d'aucune manière devenir objet (toujours
l'image de l'œil qui voit tout sans pouvoir se voir lui-même), et
l'expression même *je pense* (ou *je connais*) n'est qu'une proposition
purement analytique qui se réduit à l'affirmation abrupte et vide : *Je*
– toute égologie restant irrémédiablement apophatique. Ce dont je
prends conscience dans le sens interne, c'est au contraire du moi
comme *je veux* – affirmation qui constitue la première et la plus
ancienne des propositions d'expérience, le premier jugement synthétique *a posteriori*. C'est le vouloir qui constitue sinon mon être en-soi,
du moins le phénomène le plus rapproché (sous le seul voile du temps)
de cet en-soi ; ce *vouloir* ne s'actualise du reste que sous la condition
de la *représentation*, et nous retrouvons ici les deux termes fondamentaux de la pensée de Schopenhauer, que le premier Nietzsche repren-
dra sous les noms mythologiques d'Apollon et de Dionysos : Apollon,
dieu de la représentation et de l'individuation, réveillant Dionysos de
son sommeil opaque pour le jeter, tel Tristan au troisième acte, dans la
détresse du désir et de la mort. Mais du coup, cette découverte nous fait
passer « derrière les coulisses » et voir « du dedans » [3] le fonctionne-

---

1. SW II, p. 88 (*Monde*, p. 740).
2. SW III, p. 172 (trad. Chenet, p. 278).
3. *Ibid.*, p. 173 (trad. Chenet, p. 280).

ment de la causalité dont la motivation, rappelons-le, n'est que la forme la plus élevée. En effet, le motif, comme simple représentation, ne peut produire un acte : il n'est que ce qui donne l'occasion d'agir à cette *force* qu'est notre volonté *i.e.* à la forme singulière qu'a prise en nous le vouloir-vivre et que nous appelons notre caractère. Or, ce que nous constatons ainsi en nous-même va nous permettre de comprendre ce qui se passe au niveau de la causalité même purement physique : si un fait peut être dit cause d'un autre fait (ainsi, l'ouverture de ma main « cause » la chute du crayon qu'elle tenait), c'est à la manière d'une cause occasionnelle, *i.e.* en tant qu'il provoque l'entrée en scène d'une *Naturkraft* (ici la pesanteur) toujours latente et qui n'attend qu'une sollicitation pour agir, comme dans le cas du Dieu de Malebranche. N'en déplaise à Biran, une *force* n'est donc pas synonyme de *cause*, elle appartient à un domaine tout autre que celui des phénomènes et du principe de raison, elle est une des formes éternelles, omniprésentes, immuables que prend l'en-soi de toutes choses, le vouloir. L'apparente efficience des faits n'est qu'empruntée, seul dans la nature agit le vouloir. Ainsi la quatrième forme du principe de raison, la *ratio agendi*, nous fait passer du plan phénoménique des sciences au plan métaphysique de l'en-soi, ou, comme dit aussi Schopenhauer, du domaine de la légalité à celui de la liberté ; mais cette liberté n'a rien à voir avec le libre-arbitre (toujours rejeté par notre auteur) : il n'y a en fait, pour chacun de nous, qu'un acte libre, l'acte intemporel par lequel il décide de son caractère intelligible, et c'est ce caractère intelligible qui apparaît, dans le sentiment de soi, comme le caractère empirique d'où procèdent nécessairement toutes nos actions[1]. On se tromperait du reste en croyant que ce caractère (cette force, ce désir, ce vouloir qui me constitue) doit attendre passivement que la représentation lui offre un motif de se manifester : bien plutôt, c'est lui qui manipule souterrainement l'imagination, l'entendement, voire la raison pour en obtenir l'étincelle qui lui permettra d'éclater. C'est ce que Schopenhauer établit dans les analyses qu'il donne du rêve, de l'association des idées, de la mémoire – analyses très suggestives où il anticipe à la fois Bergson et Freud, mais qu'il serait trop long de développer. Il en ressort simplement, comme conclusion, que l'intellect

---

1. Toute cette théorie du caractère intelligible est évidemment dérivée de Kant et des *Recherches philosophiques sur l'essence de la liberté humaine* de Schelling, ouvrage que Schopenhauer avait lu.

n'est, « dans sa condition primitive et naturelle » [1], que le serviteur, l'esclave du vouloir, l'intermédiaire (*Medium*) par lequel celui-ci reçoit les sollicitations du monde – un *accident* de l'évolution, donc, entièrement dépendant de son support.

Nous avons ainsi achevé l'examen des quatre formes du principe de raison et des domaines où elles s'inscrivent. À partir de là, Schopenhauer va déduire la possibilité des différents types de sciences : de la *ratio essendi* procèdent les sciences mathématiques (géométrie, arithmétique); de la *ratio cognoscendi*, la logique; de la *ratio fiendi*, la physique et les sciences du vivant; de la *ratio agendi*, la psychologie et l'histoire (également rattachables au troisième groupe, vu l'ambiguïté de la motivation). Il en déduit également la possibilité de quatre types de philosophie de l'objet, de quatre sortes de « dogmatisme », aurait dit Schelling : la *ratio fiendi* sert de fil conducteur aux différents systèmes matérialistes, de Thales et Epicure à d'Holbach en passant par Bruno; la *ratio cognoscendi* conduit aux systèmes qui font tout procéder d'une notion unique – l'Être de Parménide ou la Substance de Spinoza (l'Idée hégélienne, *Gott der Begriff*, bien que non citée, est sans doute aussi visée); le primat de la *ratio essendi* est illustré par le pythagorisme et, plus curieusement, par « la philosophie chinoise du Yi-King » [2]; enfin, la *ratio agendi* débouche sur les différents systèmes créationnistes dont Leibniz marque l'achèvement et le point culminant. On notera que cette classification ne comprend aucune philosophie du sujet, ce qui est bien naturel puisque le principe de raison, concernant uniquement l'objectivité de l'objet, ne saurait d'aucune manière s'appliquer au sujet, qu'on le considère en lui-même ou dans sa relation à l'objet. « Entre le sujet et l'objet, écrit Schopenhauer, il n'existe aucun rapport fondé sur le principe de raison » [3]. Quoi qu'en pense un réalisme naïf, voire Kant selon l'*Aenesidème* de Schulze (ancien professeur de Schopenhauer), il n'y a pas, dans la connaissance, action de l'objet sur le sujet, mais seulement actions des objets médiats sur cet objet immédiat qu'est mon corps propre, dont le statut est du reste ambigu, puisqu'il a à la fois un avers objectif et un revers subjectif, étant vu du dehors et senti du dedans; et il est tout aussi erroné de faire du sujet, avec Fichte (tel que l'interprète Schopenhauer), « le fondement du monde, du non-moi,

---

1. SW II, p. 469 (*Monde*, p. 1089).
2. SW I, p. 61 (*Monde*, p. 64).
3. *Ibid.*, p. 44, (*Monde*, p. 38).

de l'objet qui devient alors son effet »[1]. L'*Objekt-für-ein-Subjekt-sein* (l'être-objet-pour-un-sujet) se révèle donc comme « la forme première et la plus universelle de tout phénomène *i.e.* de la représentation »[2] – forme première par rapport à laquelle le principe de raison apparaît comme une forme subordonnée, précisant, nous l'avons dit, la seule objectivité de l'objet. Il sera donc possible de suspendre le principe de raison sans anéantir pour autant le champ entier du phénomène. Nous y reviendrons plus loin, après avoir répondu à une interrogation préalable.

En effet, demandera-t-on, pourquoi évoquer une telle suspension du principe de raison ? pourquoi ne pas laisser celui-ci déployer son règne à travers le mouvement irrésistible des sciences qu'il suscite et régit ? C'est parce qu'en fait l'application intégrale du principe de raison aboutit, de façon inattendue, au paradoxe et même au non-sens. Ainsi, nous avons vu plus haut que la *ratio fiendi* se trouvait à la base de la physique et que sa traduction philosophique était le matérialisme, que Schopenhauer a du reste toujours considéré comme la seule attitude scientifiquement cohérente. Mais que fait le savant matérialiste ? « Il cherche à découvrir un état primitif et élémentaire de la matière dont il puisse tirer par un développement progressif tous les autres états, depuis les propriétés mécaniques et chimiques jusqu'à la polarité, la vie végétative et enfin l'animalité. Si l'on suppose l'entreprise couronnée de succès, le dernier anneau de la chaîne sera la sensibilité animale, ou la connaissance, qui apparaîtra ainsi comme une simple modification de la matière, modification produite en vertu de la causalité ». Schopenhauer poursuit immédiatement : « Admettons que nous ayons pu suivre jusqu'au bout et sur la foi des représentations intuitives l'explication matérialiste ; une fois arrivés au sommet, ne serions nous pas pris soudain de ce rire inextinguible des dieux de l'Olympe, lorsque, nous éveillant comme d'un songe, nous ferions tout à coup cette découverte inattendue : que le dernier résultat si péniblement acquis, la connaissance, était déjà implicitement contenu dans la donnée première du système, la simple matière »[3].

En effet, la matière, nous l'avons vu, n'est rien d'autre que le reflet objectif de la causalité, unique catégorie du *Verstand* : le sujet connaissant, déduit à la fin, était donc en fait présupposé dès le début. La *ratio*

1. *Ibid.*, p. 70 (*Monde*, p. 62).
2. *Ibid.*, p. 252 (*Monde*, p. 226).
3. *Ibid.*, p. 62 (*Monde*, p. 54).

essendi, sous sa forme radicale de temporalité, nous place devant une énigme non moins insoluble : si le temps est une forme *a priori* de la sensibilité, *i.e.* une fonction du cerveau, il n'a pu apparaître qu'avec le premier être pensant, « quelque imparfait qu'ait été cet être » ; et pourtant celui-ci n'a pu se poser lui-même que comme résultat d'un passé, d'un temps écoulé qui paradoxalement se serait écoulé alors qu'il n'y avait pas encore de temps : « On pourrait, pour les amateurs d'apologues mythologiques plus ou moins ingénieux, comparer le commencement du temps, qui pourtant n'a pas commencé, à la naissance de Chronos (Χρόνος), le plus jeune des Titans, lequel, ayant émasculé son père, mit fin aux productions monstrueuses du ciel et de la terre, remplacées bientôt par la race des dieux et des hommes » [1]. Mais le mythe n'explique rien et ne nous permet que de mieux cerner le mystère. Autre aporie, la plus importante peut-être : le principe de raison apparaît comme « le principe ultime de toute finitude et de toute individuation » [2], dans la mesure où ce qui définit un individu, c'est sa position unique dans l'espace et le temps – et c'est lui notamment qui préside à l'individualisation du vouloir tel qu'il apparaît objectivé dans mon corps, hiéroglyphe de mon désir ou caractère propre : et pourtant, inversement, le principe de raison apparaît aussi comme l'instrument dont use cette volonté ainsi individuée et incarnée pour rapporter toute chose à elle-même, la connaissance devant toujours

1. *Ibid.*, p. 67 (*Monde*, p. 60). La même remarque pourrait être faite à propos de l'espace et le § 19 (2ᵉ version) de la thèse, qui aborde ce sujet, est peut-être une des sources de la célèbre ouverture de *Matière et mémoire*. Le monde de la représentation est un monde de représentations à l'infini ; or c'est la *Gesamtvorstellung* (SW III p. 45, trad. Chenet, p. 171) de ce monde qui est d'emblée et simultanément projetée par le *Verstand* ; pro-poser (*vorstellen*) une chose, c'est poser du même coup toutes les autres choses qui la conditionnent, donc le monde : mais de toutes ces choses, une seule peut entrer à chaque instant dans ma conscience empirique, conditionnée par le temps et dont la loi est la succession. Comme chez Bergson, le monde est un ensemble d'images (de représentations) que je parcours peu à peu : d'où la possibilité de distinguer les *reale Dinge* (les représentations en tant qu'elles existent seulement dans le « complexe comprenant tout » projeté par l'entendement) et les représentations au sens restreint, celles de la conscience temporelle. Cette analyse ne sera pas reprise dans *Le Monde comme vouloir et comme représentation* (bien qu'on la retrouve dans les cours de 1819), mais elle réapparaît autour de 1830 quand Schopenhauer s'occupe du magnétisme animal – le magnétiseur et le somnambule poussant à l'infini chacun de son côté un des éléments du moi : la volonté devient toute puissante, l'intelligence omnisciente ; j'agis de manière non spatiale sur un autre qui accède, du coup, à une conscience non temporelle (*cf.* dans les *Parerga* l'essai *Über das Geistesseher*, SW IV, p. 275 *sq.*).

2. SW I, p. 245 (*Monde*, p. 219).

ainsi aboutir au corps et à ses besoins. On pourra donc dire aussi bien que l'individu résulte du principe de raison et, à l'inverse, que le principe de raison est « la forme de la connaissance individuelle considérée comme telle » [1], connaissance toujours intéressée et qui ne retient des choses que leurs relations, et avant tout leur relation à mon vouloir. D'une connaissance à ce point relative, on doit certes dire qu'elle n'atteint que des phénomènes (voire des phénomènes de phénomènes), nullement l'en-soi du monde; et pourtant, d'un autre côté, le principe de raison, pris en lui-même, n'est-il pas la meilleure expression de cet en-soi *i.e.* du vouloir vivre dans l'absurdité monotone, tragique et dérisoire de son affirmation qu'accompagne un constant échec, une constante déception? Le principe de raison, dit un fragment de 1817, n'est rien d'autre que « la néantité du vouloir se montrant de quatre manières : dans l'évanouissement continu des instants comme dans la dépendance indéfinie des choses ou le perpétuel renvoi d'un motif à l'autre qu'aucune satisfaction ne vient suspendre » [2]. « La vie, dit un autre fragment de 1815, est de part en part principe de raison, c'est-à-dire inconstante et nulle comme la volonté dont elle est le phénomène et l'objectivité » [3]. Le *Satz vom Grund* aboutit donc paradoxalement à dévoiler l'être, l'en-soi comme *Abgrund*, abîme, vouloir qui (se) veut sans rime ni raison. Ce n'est d'ailleurs pas seulement la nullité du vouloir que traduit ledit principe, mais aussi son caractère douloureux, son déchirement interne en forces divergentes qui se disputent la scène de la représentation et guettent les occasions que leur dispense chichement l'enchaînement des phénomènes. Souffrance et ennui, ces deux *Stimmungen* fondamentales de toute vie, se retrouvent dans les quatre formes du principe de raison – *ratio fiendi* et *ratio agendi* figurent plutôt du côté de la souffrance, *ratio essendi* et *ratio cognoscendi* plutôt du côté de l'ennui.

C'est donc le sentiment d'une absurdité à la fois théorique et existentielle qui va pousser vers une sortie hors du règne du principe de raison. Nous laisserons de côté le cas-limite du saint schopenhauerien (plus bouddhiste, du reste, que chrétien) et n'envisagerons que ces deux issues plus accessibles, l'art et la philosophie. Le regard esthétique se maintient sur le sol du seul phénomène, mais il ne retient que la forme de l'*Objekt-für-ein-Subjekt-sein* et suspend le principe de

1. *Ibid.*, p. 259 (*Monde*, p. 233).
2. N I, p. 115 (*cf.* aussi p. 188).
3. *Ibid.*, p. 227.

raison, si bien que l'objet lui apparaît isolé, complet, sans pourquoi (comme la rose d'Angelus Silesius) et du coup radicalement dés-individualisé, reflet parfait d'une Idée éternelle, immuable arc-en-ciel dans le scintillement des individualités contingentes (tel le rossignol de Keats, unique et immortel oiseau qui chante depuis les temps bibliques). Dans cet objet incomparable, les quatre formes du principe de raison sont simultanément abolies : il n'est pas dans le temps et l'espace, mais a plutôt le temps et l'espace en soi (≠ *ratio essendi*); complet et fermé, il ne renvoie à aucune concaténation causale (≠ *ratio fiendi*) et ne s'appuie que sur lui-même; universel concret, Idée, il ignore l'opposition du concept et de l'intuition et se présente comme une vérité qui est en même temps effective (≠ *ratio cognoscendi*); enfin, il est objet d'une satisfaction désintéressée qui ne fait en rien appel au vouloir (≠ *ratio agendi*). Cela pour un spectateur qui, absous du vouloir, n'est lui-même plus personne, mais «pur sujet de la connaissance», «œil éternel du monde» [1] entièrement absorbé dans sa contemplation. «Je suppose que je considère un arbre esthétiquement, c'est-à-dire avec des yeux d'artiste; alors au moment où ce n'est plus lui que je considère, mais son Idée que je dégage, il devient indifférent de savoir si l'arbre que je considère est bien celui qui est ici présent ou son ancêtre qui fleurissait il y a mille ans; je ne me demande point non plus si l'observateur est bien celui-ci ou tout autre individu placé à un point quelconque du temps et de l'espace; en même temps que le principe de raison, la chose particulière et l'individu connaissant ont disparus» [2].

Reste que, sauf pour le génie ou l'enfant, cette suspension n'est que provisoire et que tôt ou tard, comme dans *La chambre double* de Baudelaire, «le temps reprend sa brutale dictature»; et c'est ce qui va justifier le passage à cet art tout à fait à part dont le matériau est paradoxalement le concept – la philosophie, mais une philosophie d'un type entièrement nouveau, même si elle rejoint les données de la sagesse la plus antique. Jusqu'à présent, en effet, toutes les philo-sophies occidentales n'ont cherché qu'à rendre compte du monde en s'appuyant sur l'une ou l'autre forme du principe de raison (Platon et Kant font seuls exception, et encore ne sont ils pas toujours fidèles à eux-mêmes); à cette tradition Schopenhauer va opposer une concep-

1. SW II, p. 479 (*Monde*, p. 1098).
2. SW I, p. 297 (*Monde*, p. 269-270).

tion de la philosophie où il ne s'agit plus de fonder le monde, mais de l'interpréter, de le déchiffrer, comme on déchiffre un texte écrit avec un alphabet inconnu en le confrontant à une autre version qui, elle, serait accessible : c'est ainsi que Champollion, grâce à la pierre de Rosette, a pu déchiffrer les hiéroglyphes, et c'est ainsi que Schopenhauer prétend déchiffrer le monde en confrontant l'énigme de son phénomène infiniment multiple au texte simple du vouloir que nous délivre l'expérience interne : « l'ensemble de l'expérience ressemble à une écriture chiffrée, la philosophie en sera le déchiffrement ; si la traduction est cohérente dans toutes ses parties, la philosophie sera exacte. Pourvu seulement que cet ensemble soit compris avec assez de profondeur et que l'expérience externe soit combinée avec l'expérience interne, il sera possible de *l'interpréter et de l'expliquer*, en partant de lui-même »[1].

Ce qui s'annonce donc avec Schopenhauer, c'est le virage de la philosophie en herméneutique – virage conçu encore métaphysiquement, mais que Nietzsche, puis Heidegger ne feront que radicaliser ; et c'est du reste sur cette proximité secrète entre Schopenhauer et Heidegger que nous voudrions conclure. Certes, rien de plus différent, en apparence, que la démarche métaphysique de Schopenhauer et celle, *seynsgeschichtliche*, de Heidegger. Et pourtant, dans notre parcours, que de points de rencontre n'avons nous pas effleurés : l'enracinement du principe de raison dans la finitude et la temporalité (thème central de *Vom Wesen des Grundes*) – le lien qui unit le principe de raison pris au sens immédiat et le nihilisme ou la position de l'être comme volonté de volonté – enfin la sortie de l'espace du principe de raison par une pensée que désignent les deux termes apparemment sans rapport de *Gelassenheit* et d'*Hermeneutik*. Nous ne voudrions certes pas actualiser un auteur qui s'est voulu résolument inactuel, ni contraindre Heidegger à l'aveu d'une dette qu'il a toujours déniée : souligner, simplement, qu'en dessous des malentendus toute grande parole, quant à l'essentiel, dit toujours le Même.

Jean-François MARQUET
Université de Paris IV

1. SW II, p. 236 (*Monde*, p. 878).

WITTGENSTEIN
LE PRINCIPE DE LA SIGNIFICATION

Frege a tenté de formuler ce qu'il a appelé les «fondements», *Grundlagen*, ou *Grundgesetze*, lois fondamentales[1], des mathématiques. Ces fondements logiques des mathématiques, exprimés dans une écriture conceptuelle, *Begriffsschrift*, propre à exprimer les inférences formellement valides, sont aussi bien, par inclusion, ceux de tout langage dépourvu d'ambiguïté et d'inférences hasardeuses. Les fondements sont les propositions premières d'une théorie, qui appartiennent elles-mêmes à cette théorie. La métaphore architecturale suppose l'unité formée par l'assise et ce qu'elle soutient. Elle n'implique en rien l'unicité de ce qui constitue le fondement : une assise est faite d'un assemblage de matériaux, comme un ensemble de propositions forme le fondement d'une théorie.

La critique adressée à Frege par Russell dès 1902 révèle le caractère paradoxal des «fondements de l'arithmétique», qui «fondent» à la fois la signification des autres phrases d'un langage et la leur propre. Il n'est pas possible que des phrases d'un langage définissent les termes et les procédures inférentielles de ce langage lui-même. Russell imagine une solution aux paradoxes des fondements de la signification : les définitions fondamentales doivent être exprimées dans un «métalangage», qui porte sur les propositions contenues dans un «langage-objet». Dans le *Tractatus logico-philosophicus*,

1. *Die Grundlagen der Arithmetik. Eine logisch-matematische Untersuchung über den Begriff der Zahl*, Breslau, W. Koebner, 1884, (rééd. Ch. Thiel, Hamburg, Felix Meiner Verlag, 1988), trad. fr. Cl. Imbert, *Les fondements de l'arithmétique*, Paris, Seuil, 1969. *Grundgesetze der Arithmetik, Begriffsschrift abgeleitet*, vol. 1, Iéna, H. Pohle, 1893, rééd. avec le vol. 2, Hildesheim, Olms Verlag, 1962.

Wittgenstein refuse cet aménagement de la recherche de fondements de la signification. Il ne résout pas, selon lui, le paradoxe révélé par Russell. La condition de possibilité de la signification doit être, pour Wittgenstein, radicalement extrinsèque à ce qu'elle rend possible. Elle est de l'ordre du principe plutôt que du fondement.

La métaphore du principe suppose en effet l'hétérogénéité du principe à ce dont il est principe, ainsi que son unicité. Le principe est un *explanans* unique et hétérogène à l'*explanandum*. Le principe « commande », au-dessus et hors de ce qu'il commande, en même temps qu'il « commence », entame et permet. C'est le double sens du concept d'*archè*, à la fois commencement et commandement, que traduit la notion de principe.

Ainsi, pour Wittgenstein, dans le *Tractatus*, un ensemble de propositions ne saurait constituer la condition de possibilité de la signification. La signification dans le langage, c'est-à-dire, aussi bien, dans la pensée, pour l'auteur du *Tractatus*, ne peut pas être expliquée depuis l'intérieur du langage. Par conséquent, les « fondements » de Frege, comme les définitions métalinguistiques chez Russell, ne constituent pas pour Wittgenstein des propositions primitives, des définitions des termes mathématiques ou des procédures déductives. Certes, Frege et Russell définissent les lois de la logique, dans une écriture conceptuelle qui met à jour les rouages de la quantification. Toutefois, ces « lois logiques » ne sont rien d'autre que des « tautologies », nous dit le *Tractatus*[1]. Une tautologie n'explique rien : les fondements et les définitions ne ne sont que des propositions et « toutes les propositions ont même valeur » (6.4). Aucune ne saurait constituer un principe, d'une « valeur » supérieure aux autres, condition de possibilité de leur signification comme de la sienne propre. Le principe de la signification ne peut être une proposition ni un ensemble de propositions : il est donc ineffable.

La lecture critique du *Tractatus* pose dès lors une question, intimement liée au concept même de principe. Le refus d'un aménagement de la notion frégéenne de fondements par l'idée russellienne de la distinction entre métalangage et langage-objet obéit-il à une nécessité conceptuelle, ou bien est-il un enfermement arbitraire dans une

---

1. *Cf.* 5.132 : « [...] Des lois de la déduction, qui – comme chez Frege et Russell – doivent justifier les déductions, sont vides de sens [*i.e.* sont des tautologies, selon la définition du *Tractatus*], et seraient superflues ». Comme toutes nos citations du *Tractatus*, celle-ci provient de la traduction de G.-G. Granger, Paris, Gallimard, 1993.

métaphore, celle du principe ? Cette question pose le problème du lien entre « commencement » et « commandement » : la condition de possibilité de la signification linguistique est-elle nécessairement hors du champ de la signification linguistique elle-même ? Le questionnement transcendantal sur le langage et la pensée est-il nécessairement ineffabiliste ? À cette question, nous répondrons oui : c'est ce que montre Wittgenstein, dans sa critique de la recherche des fondements théoriques de la signification. C'est pourquoi le *Tractatus* déplace la recherche depuis la quête d'un fondement théorique vers la désignation d'un principe ineffable. La quête d'un fondement de la signification mène logiquement à la position d'un objet transcendantal ineffable, principe de la signification. Cette leçon du *Tractatus* est négative : il n'y a pas de fondement, mais pas non plus de principe exprimable. Tout discours sur la condition de possibilité de la signification est négatif. Mais le second Wittgenstein, que nous étudierons essentiellement à partir des *Recherches philosophiques*[1] complète la démonstration par sa partie positive. Le comment et le pourquoi de la signification, s'ils ne sont plus envisagés sous la figure ni du fondement, ni de son substitut ineffable, le principe, ne sont en rien ineffables. C'est là l'enseignement du second Wittgenstein, qui n'est en rien ineffabiliste, contrairement à ce que défend Jaakko Hintikka[2], avec nombre de lecteurs de l'œuvre de Wittgenstein.

La thèse que défend Hintikka sur Wittgenstein constitue le volet historique et critique de la théorie de la signification qui s'est développée dans le cadre de la logique contemporaine. La « sémantique formelle » s'attache en effet à faire exactement ce dont Wittgenstein prône l'impossibilité : formuler la signification des langages formels, comme aussi des langues naturelles. Selon Hintikka, Wittgenstein défend une position ineffabiliste arbitraire. Hintikka soutient que développement de la « théorie des modèles » a rendu obsolète la théorie ineffabiliste de Wittgenstein, avec les travaux de Peirce, Hilbert, Schröder, Löwenheim, Gödel et Tarski. La théorie des modèles consiste en une représentation de la signification. On y expose, d'une part, la *syntaxe*, c'est-à-dire les termes qui figurent dans le langage

1. Trad. fr. sous la direction d'É. Rigal, Paris, Gallimard, 2004.
2. Voir H. Jaakko, *La vérité est-elle ineffable ?*, trad. fr. A. Soulez et F. Schmitz, Combas, l'Éclat, 1994 ; *Lingua Universalis vs. Calculus Ratiocinator – An Ultimate Presupposition of Twentieth Century Philosophy*, Dordrecht, Kluwer, 1997 ; en collaboration avec M. B. Hintikka, *Investigating Wittgenstein*, Oxford, Basil Blackwell, 1986.

étudié ainsi que les règles à suivre pour obtenir des énoncés bien formés de ce langage. D'autre part, on exprime la *sémantique* de ce langage, son interprétation : on indique, pour un domaine donné (toute collection d'objets que ce soit, comme, par exemple, le monde réel, ou l'ensemble des entiers naturels), quels objets correspondent à quels termes du langage, et quels sous-ensembles d'objets du domaine d'interprétation correspondent à quels énoncés bien formés du langage. Une phrase du langage en question est « vraie » lorsque le sous-ensemble d'objets qu'elle désigne figure effectivement dans le domaine d'interprétation. Elle est fausse dans le cas contraire. Le « modèle » est constitué par l'ensemble structuré des objets qui est susceptible de rendre vraies les phrases du langage.

Nous montrerons donc la nécessité du lien entre le transcendantal et le transcendant dans la recherche d'un « principe » de la signification, en indiquant en quoi la théorie des modèles tombe sous le coup d'un argument ineffabiliste de Wittgenstein. Nous ferons cette démonstration en trois temps.

D'abord, nous montrerons en quoi la pensée de Wittgenstein dans le *Tractatus* et celle de Hintikka sont prises dans une même dialectique ineffabiliste, à l'insu de Hintikka. La théorie des modèles est elle-même une variante du paradigme représentationaliste, tout comme le « principe » ineffable de la signification du *Tractatus*, à ceci près que Wittgenstein reconnaît l'impossibilité d'inclure ce principe au sein du langage dont il est la condition de possibilité. C'est la partie négative de la réflexion sur le principe, la reconnaissance de son ineffabilité.

Ensuite, nous verrons, en commentant la pensée du second Wittgenstein, que c'est l'idée même de principe qui est en cause. Cette pensée constitue une critique qui porte sur sa propre première philosophie, celle du *Tractatus*. Nous verrons enfin, pour terminer, que l'argument de Wittgenstein porte sur le paradigme représentationaliste dans son ensemble, y compris, par anticipation, la théorie des modèles.

LE PRINCIPE DE LA SIGNIFICATION : UN POSTULAT ARBITRAIRE ?

L'expression de l'existence de quelque chose d'ineffable passe par le paradoxe. Ainsi, Frege écrit que les expressions primitives du langage géométrique ne sont pas « verbalisables ». Il en donne pourtant des définitions, ne serait-ce qu'au titre «d'éclaircissement», *Erläuterung*, pour donner à voir au lecteur ce dont il s'agit, en faisant appel à sa «bonne volonté»[1]. De même, Wittgenstein, dans le *Tractatus*, invente les tables de vérité permettant de définir le sens des connecteurs logiques, sens qui pourtant n'a pas à être défini, mais devrait être manifesté dans l'usage de ces signes. Wittgenstein transgresse l'interdit, quitte ensuite à nous enjoindre de «jeter l'échelle» par laquelle nous sommes montés, une fois compris ce caractère transcendantal des règles inexprimables du langage, version wittgensteinienne de «l'objet = X» de Kant. L'expression paradoxale traduirait alors la nature transcendantale de l'objet de la sémantique, la condition de possibilité inconnaissable de la signification.

Cette ligne de défense «transcendantaliste» de l'ineffabilité du principe de la signification dans le *Tractatus* est la proie la plus facile des critiques modèle théoriques[2], qui ont pour elles l'absence de paradoxe de leur propre théorie. Ce n'est pas celle que nous défendrons : il s'agira ici au contraire de critiquer à la fois le paradigme modèle théorique et les formulations ineffabilistes tractatuséennes. C'est même l'élément commun au paradigme modèle théorique et à la conception de la signification du *Tractatus* qui fera l'objet de notre critique. La mise au jour d'un élément commun à ces deux camps antagonistes permettra de définir les lignes de partage dans la philosophie du langage et de la logique autrement que comme un conflit radical entre la conception universaliste et la conception logicienne du langage comme calcul, selon l'opposition qu'a largement répandue Hintikka.

Cet élément commun, c'est la recherche d'un *principe* de la signification qui se traduit par la recherche d'une explication de la signification dans le langage. Ce «principe» relève en dernière analyse d'une métaphore visuelle et non pas d'un processus interne au langage et à la pensée discursive, que ce soit dans le *Tractatus* ou dans la théorie des modèles. La différence entre la pensée de Wittgenstein dans le *Tractatus* et celle de Hintikka, c'est que Wittgenstein s'aperçoit du caractère ineffable de son principe, qui «se montre» sans

1. Frege, *Logique et fondements des mathématiques. Anthologie [1850-1914]*, trad. fr. F. Rivenc et Ph. de Rouilhan, Paris, Payot, 1992, p. 215-235.

2. Par souci de concision, nous emploierons en adjectif l'expression «modèle théorique» pour dire «relatif à la théorie des modèles» ou «partisan de la théorie des modèles». Ce calque de l'anglais *model theoretic* est d'usage dans la littérature francophone qui traite de ces questions.

pouvoir se dire, tandis que Hintikka se veut le défenseur acharné d'une conception anti-ineffabiliste du langage.

Selon Jaakko Hintikka, deux théories structurent tout le champ de la logique et de la philosophie du langage depuis les travaux fondateurs de Frege. Le langage « comme calcul » s'oppose au langage « universel ». « L'opposition entre les deux thèses (thèse de l'universalité du langage et thèse du langage comme calcul) a joué, dans l'histoire de la logique philosophique, de la philosophie du langage et de la philosophie analytique des cent dernières années, un rôle qui est à la mesure de leur opposition comme présupposition ultime [...] », écrit-il [1].

L'opposition que trace Hintikka, après Jan van Heijenoort [2], transcende le clivage entre les philosophes aux origines de la philosophie analytique et les philosophes dits continentaux, puisque Frege, Wittgenstein, le premier Russell, mais aussi Heidegger sont « universalistes ». Cette opposition entre langage universel et langage comme calcul est un critère massivement adopté chez les philosophes de la logique et nombre de philosophes du langage. Cette opposition est reconnue au détriment de la conception universaliste, considérée comme une aberration obsolète [3]. La conception universaliste se traduit, selon Hintikka, par une position arbitraire, selon laquelle le principe de la signification serait nécessairement ineffable. Voyons l'argument de la théorie des modèles contre l'ineffabilité du principe.

Pour les sémanticiens modèle théoriques, il y a autant de langages possibles que de syntaxes interprétables dans un univers de discours donné, c'est-à-dire une infinité. L'objet de l'opposition est la nature de la relation sémantique : une et invariable pour les universalistes, infiniment interprétable pour les sémanticiens modèle théoriques. En revanche, pour les universalistes, il n'y a qu'un langage, exclusif et dès lors universel. C'est ainsi que Hintikka caractérise la position universaliste :

> [...] On ne peut selon [les universalistes] faire varier les relations de représentation d'un côté et la réalité de l'autre. Nous sommes coincés, du point de vue logique, avec notre seul langage domestique [*home language*] [4].

---

1. Hintikka, *Lingua Universalis vs. Calculus Ratiocinator*, *op. cit.*

2. « Logic as calculus and logic as language », reproduit en appendice à *Lingua Universalis vs. calculus ratiocinator*, *op. cit.*

3. Voir, par exemple, R. Blanché et J. Dubucs, *La logique et son histoire*, Paris, Armand Colin, 1970, 1996, p. 357 *sq.*, qui reprend exactement les théories de Hintikka.

4. J. et M. B. Hintikka, *Investigating Wittgenstein*, *op. cit.*

Tandis que :

> Selon l'idée concurrente du langage, l'idée du langage comme calcul, nous ne sommes pas rivés à notre langage. Notre langage est notre serviteur, nous sommes ses maîtres. Nous pouvons lui dire ce qu'il doit faire, et nous ne sommes pas engagés par la seule manière qu'il a de faire ce qu'il fait. Nous pouvons louer les services d'un autre langage, si l'ancien ne nous donne pas satisfaction [1].

Les universalistes, comme Frege, Wittgenstein, ou Russell, n'ont pas compris, selon Hintikka, que le langage était interprété au moyen d'une sémantique extérieure à sa partie formelle (vocabulaire et syntaxe, ou calcul), qui assigne des valeurs aux expressions bien formées du langage. La sémantique permet de représenter, comme une alternative parmi d'autres logiquement possibles, l'interprétation partagée par les locuteurs d'un langage donné [2].

Pour les universalistes, en revanche, il est impossible de représenter ainsi la signification des énoncés d'un langage donné. Cette impossibilité de faire varier les interprétations est imputé par Hintikka à l'enfermement dans la métaphore du langage « universel ». La métaphore spatiale du langage comme Univers, dont on ne peut sortir pour le décrire, impliquerait qu'on ne puisse pas faire varier les interprétations d'un système symbolique donné :

> Le langage – notre langage – est universel en ce sens qu'on ne peut s'en échapper. On ne peut pas dire « arrêtez le monde, je veux en sortir », et, selon l'idée du langage comme médium universel, on ne peut pas dire non plus « arrêtez le langage, je veux m'en évader ». Tout ce que nous disons et (selon certains philosophes) pensons, présuppose déjà le langage que nous utilisons, y compris les relations sémantiques en vertu desquelles il peut être utilisé pour dire quelque chose.

Appliquée à la notation canonique formalisée d'un philosophe analytique, cette idée implique qu'on ne doit pas la concevoir seule-

---

1. *La vérité est-elle ineffable ?, op. cit.*

2. Une interprétation modèle théorique d'un énoncé atomique $\Phi(a_1, \ldots, a_n)$ dans un univers non vide quelconque D implique :

i) L'indication, pour chacune des constantes d'individus a_i, de l'objet $\bar{a}_i$ de D qu'elle désigne.

ii) L'ensemble Φ de n-uples extraits de D associé au symbole de prédicat n-aire Φ.

Il existe un « modèle » de l'énoncé lorsque l'énoncé est vrai pour cette interprétation. C'est le cas lorsque le n-uple $(\bar{a}_1, \ldots, \bar{a}_n)$ fait partie de l'ensemble Φ. La valeur de vérité (V) pour l'énoncé considéré sert de point de départ pour énoncer la valeur de vérité d'un énoncé plus complexe dont il fait partie, au moyen du principe de compositionalité.

ment ni d'abord comme un *organon* ou un outil pour faciliter le raisonnement en créant un médium plus adapté à cela, mais comme un langage universel dans lequel tout peut être exprimé. Dans les termes que Frege emprunte à ses prédécesseurs [*i.e.* Leibniz], une *Begriffsschrift* philosophique doit être une *lingua characterica* et pas seulement un *calculus ratiocinator*. Le point intéressant, ici, réside en ce que, selon l'idée du langage comme médium universel, une telle *lingua characterica* ne doit pas être seulement un langage interprété. C'est un langage unique, *i.e.* un langage universel. Et cette universalité signifie son exclusivité. Ce qui est en dehors d'un tel langage universel est inexprimable dans le langage et donc dépourvu de sens [1].

La corrélation entre l'universalisme et la théorie de l'ineffabilité de la sémantique est la pierre angulaire de la critique qu'adresse Hintikka à l'universalisme. Pour Hintikka, dire que les explicitations sur les objets d'une théorie de la signification sont faites dans le langage dont elles sont la théorie est intenable. En effet, l'alternative proposée, la sémantique modèle théorique, est la mise en œuvre d'une théorie de la signification de langages donnés pour des modèles qui constituent l'interprétation de ces langages.

La thèse de l'ineffabilité de la sémantique est donc la thèse de l'inanité de la sémantique *modèle théorique*, et réciproquement.

> […] L'impossibilité de varier l'interprétation de notre langage est une raison supplémentaire importante pour laquelle toute théorie des modèles est impossible selon le point de vue du langage comme médium universel. En effet, une variation systématique des relations de représentation entre le langage et la réalité est une pierre angulaire conceptuelle de toute sémantique logique. Le développement de la sémantique logique et de son jumeau technique, la théorie des modèles, est allé de pair avec une transition graduelle depuis l'idée de l'universalité du langage à celle du langage comme calcul [2].

Dans la perspective modèle théorique, on ne voit guère pourquoi Wittgenstein s'embarrasse d'une thèse ineffabiliste. Il semble que l'on ait tout à gagner à adopter la théorie des modèles, qui offre une manière intuitive et séduisante de rendre compte de la signification. Le sens, c'est le rapport entre un langage et un modèle, ce modèle étant par exemple le monde réel. Nombre de cours de linguistique, de

1. *La vérité est-elle ineffable ?*, *op. cit.*
2. *Investigating Wittgenstein*, *op. cit.*

sémantique ou de logique ne commencent pas autrement que par cette assertion consensuelle.

Ce que cette idée intuitive d'une relation de signification entre langage et monde(s) implique, c'est la thèse modèle théorique selon laquelle tout langage, y compris le langage naturel, n'a de sens que parce qu'il peut être *ré*interprété si l'on *change* les modèles dans lesquels se déterminent les conditions de vérité des phrases du langage. Une interprétation possible implique par définition d'autres interprétations possibles. L'idée d'interprétation d'un langage n'est autre que celle que ce langage puisse avoir un modèle d'interprétation : s'il *peut* en avoir *un*, c'est aussi bien qu'il peut en avoir *d'autres*. La variation est le fait de celui qui interprète la phrase. Il se trouve que pour le langage naturel, le modèle d'interprétation est partagé par les locuteurs, dans une situation linguistique donnée.

La thèse de l'ineffabilité de la sémantique, telle que Hintikka la décrit, voudrait absurdement qu'il n'y ait pas, du moins pour le langage naturel, de variation des interprétations. Selon les universalistes, de la façon dont les comprend Hintikka, on ne pourrait pas manifester la sémantique du langage naturel sous la forme d'un contraste entre différentes interprétations possibles d'un même langage, dont elle serait un cas particulier. Dans le paradigme modèle théorique, il n'y a de possibilité d'exprimer la sémantique que parce que les interprétations sont multiples. Et après tout, il est difficile de concevoir qu'il existe une autre manière de voir que le paradigme modèle théorique : l'idée même de sémantique suppose celle d'une relation entre le langage et ce qu'il dit. Et une telle relation implique la possibilité d'une variation des domaines d'interprétation du langage. La relation sémantique n'est pensable que dans le paradigme modèle théorique.

L'absence d'interprétation chez les universalistes, c'est-à-dire d'interprétation au sens modèle théorique, équivaut à une interprétation, mais à une interprétation arbitrairement unique et exclusive. L'universaliste ne nie pas, selon Hintikka, l'existence de relations sémantiques, ou relations de représentation. Et en effet, c'est le cas de Frege et de Wittgenstein, dans le *Tractatus*. Frege soutient l'existence d'une relation de représentation entre signe et objet : le *Sinn*, le sens du signe, est cette relation. C'est elle que nous saisissons lorsque nous comprenons le signe. Pour Wittgenstein, dans le *Tractatus*, il n'existe pas de relation de représentation entre chaque signe et ce qu'il repré-

sente, c'est-à-dire entre le nom et le fait : leur relation est conventionnelle et ne « représente » rien. Il y a cependant une « relation interne »
entre la forme de la proposition et celle de « l'état de choses », le
« fait » qu'elle exprime. Ils ont la même forme, la même structure.
Cette forme identique de la proposition et du fait qu'elle énonce tient
lieu de la relation de représentation, du *Sinn* de Frege. Une proposition
n'a de sens que si elle partage une structure avec un état de choses.
Sans cela, elle est ou bien *sinnlos*, comme les tautologies et les contradictions, ou bien *unsinnig*, insensée, absurde, comme le *Jaberwock* de
Lewis Carroll. L'isomorphisme du langage et du monde tient lieu dans
le *Tractatus* du *Sinn* frégéen. Par le biais du reflet structurel entre
monde et langage, Wittgenstein pense lui aussi une forme de relation
entre monde et langage, une relation structurelle de représentation.

Wittgenstein, dans le *Tractatus*, ne donne à ce titre guère d'arguments qui permettent de repousser l'offre avantageuse de Hintikka :
quitte à penser le principe de la signification comme la relation entre
une syntaxe et un modèle (le monde, en l'occurrence), c'est-à-dire leur
forme commune, pourquoi ne pas envisager que la relation entre
langage et monde soit contingente ? Dans le *Tractatus*, la relation entre
les noms et les objets est certes contingente, dépendante des différentes langues qui existent. En revanche, celle qui lie le langage dans
sa totalité au monde dans sa totalité est nécessaire. Voilà l'axiome
fondamental de l'ineffabilisme tractatuséen, et bien qu'il puisse
exercer une forme d'attraction mystique, une telle assertion n'en est
pas moins arbitraire. Le fait de bloquer à une seule la possibilité des
variations dans la relation entre langage et modèle est arbitraire.

L'idée même de relation implique ne serait-ce que la possibilité
conceptuelle d'une substitution dans les *relata*. C'est pour éviter ce
problème que Wittgenstein forge, dans le *Tractatus*, l'expression
paradoxale « relation *interne* »[1]. La « relation interne » est une relation
qui n'implique pas la possibilité y compris simplement conceptuelle
de substitution des *relata*. L'expression est oxymorique. Il y a d'un
côté le langage, et de l'autre ce qu'il dit, le monde, bien que cette séparation entre syntaxe et sémantique implique la contingence de leur
relation. Le paradoxe de la « relation interne » symbolise l'arbitraire
que Hintikka impute au principe ineffable de la signification.

1. 4.122-4.126.

L'unicité de la relation langage – monde dans le *Tractatus* ne peut résulter que de la décision arbitraire de «bloquer» les variations de l'interprétation. L'unicité de la sémantique est l'unicité arbitraire du modèle, extérieur au langage, dans lequel ce langage est interprété. Toutes les possibilités de valeurs de vérité du langage sont relatives à un seul et unique modèle. Quelle que soit la taille du modèle en question, il est nécessairement l'horizon exclusif du langage. Même si ce modèle était minimal, minuscule, le langage serait universel. Rien ne serait concevable hors de ce modèle. C'est l'unicité du modèle, l'absence de variation des interprétations, qui en fait l'universalité.

Le paradoxe universaliste consiste, dans la vision qu'en donne Hintikka, à accepter l'idée même de sémantique sans celle de théorie des modèles. C'est pour cela que l'universalisme de Wittgenstein conçoit qu'il y ait des «limites du langage»: l'universalisme est une thèse négative, selon laquelle la sémantique est impossible, bien qu'il n'offre pas d'autre cadre théorique que celui de la sémantique. L'universalisme est pris entre la volonté de faire une sémantique et l'idée de l'unicité d'une telle sémantique.

Sémantique et unicité de la sémantique sont deux notions contradictoires: c'est là toute la force de l'argument de Hintikka contre Wittgenstein. Si cette unicité est nécessaire, comme dans le paradigme universaliste tel que le décrit Hintikka, il n'y a rien à en dire; elle est manifestée dans l'usage de la langue. Mais alors l'extériorité de la sémantique et de la syntaxe que présuppose le paradigme modèle théorique est en cause, et avec elle l'idée même d'une interprétation du langage. Le paradoxe ne se dissout que dans un extrême ou un autre. Ou bien il faut être un sémanticien modèle théorique et penser que la sémantique est extérieure au langage et, dès lors, arbitrairement décidable, représentable comme un modèle parmi d'autres possible. Le principe de la signification est alors parfaitement exprimable. Ou bien il faut penser que le principe de la signification n'existe pas et ne pas chercher à le représenter: ce n'est pas ce que fait l'universalisme tel que le décrit Hintikka, qui pose l'existence d'un principe indicible, extérieur au langage. Un universalisme sans principe de la signification est possible, mais ce n'est pas celui qui est exposé dans le

Tractatus. Il est bien plutôt décrit dans les *Recherches philosophiques* de Wittgenstein et les ouvrages préparatoires à ces *Recherches* [1].

Wittgenstein est certes, dans le *Tractatus*, selon le mot de Hintikka, un « sémanticien sans sémantique », parce qu'il conçoit la syntaxe et la sémantique comme deux entités séparées, sans pour autant en tirer la conclusion qui en suit *a priori*, à savoir que le nombre pensable des interprétations d'un langage ne peut être réduit à un seul. L'idée de sémantique implique la possibilité logique de multiplier les sémantiques pour un système symbolique donné. En liant l'interprétation unique avec l'absence d'interprétation, et l'interprétation multiple avec la possibilité même de la sémantique, Wittgenstein contribue à rendre inséparables l'idée même de principe de la signification et la sémantique modèle théorique.

Par conséquent, le *Tractatus* a un pied dans la théorie des modèles, même si son rapport à cette conception est finalement négatif. Cependant, nous allons maintenant montrer que l'inverse est vrai aussi : la théorie des modèles est tractatuséenne – elle repose sur un principe extra linguistique représentationaliste, tout comme le *Tractatus*. Le caractère tractatuséen de la sémantique modèle théorique, une fois aperçu, permet de renverser l'accusation d'arbitraire : si le *Tractatus* est arbitraire, la sémantique modèle théorique l'est aussi bien, et même plus, dans la mesure où elle n'assume pas le caractère ineffable de ce principe.

Un *fondement* de la signification est impossible, et un *principe*, par définition, ineffable. Telle est la leçon du *Tractatus*, qu'occulte la tradition logique de la théorie des modèles, pour laquelle la sémantique est un *explicans* parfaitement formulable de la signification. La pensée du principe est une pensée ineffabiliste : comme celle du *Tractatus*, évidemment, mais aussi comme celle, non assumée, de la prétendue résolution des paradoxes tractatuséens par la théorie des modèles. La pensée du second Wittgenstein donne les instruments pour montrer l'erreur commune au *Tractatus* et à la théorie des modèles.

---

1. L'universalisme de Frege ne tombe pas non plus dans les paradoxes tractatuséens. Il est injustifié, de la part de Hintikka, de le faire tomber sous sa critique des paradoxes de l'universalisme tractatuséen. Ce n'est pas toutefois l'objet de ce travail-ci de démontrer la cohérence de l'universalisme de Frege au regard des critiques modèle théoriques.

LA RUPTURE AVEC LA DIALECTIQUE INEFFABILISTE

La lecture du second Wittgenstein montre que *seul* le principe est ineffable, ce qui n'implique pas l'impossibilité d'une théorie de la signification, pourvu qu'elle ne soit pas fondée sur un principe. L'ineffable n'est rien d'autre que le corrélat de la quête philosophique d'un principe. La quête d'un principe est source «d'énigme», de «mystère», de «secret». La quête du principe est la méthode où l'on se fourvoie, typiquement, «quand on fait de la philosophie», ou du moins une certaine philosophie.

C'est en effet la quête d'une explication unique et extrinsèque au langage et à la pensée qui fait que le philosophe se heurte à l'énigme du sens. Il tente alors de la résoudre en recourant au paradigme de la vision. Ce paradigme visuel est une vieille ressource à laquelle la philosophie recourt quand il s'agit de dire ce que c'est que comprendre. Pourtant, il s'agit d'une métaphore qui, à bien y regarder, n'aide guère à voir ce que c'est que comprendre des expressions et saisir des concepts. La métaphore visuelle de la saisie du sens ne sert qu'à pointer vers un principe unique de la signification, indiquant son existence et son extériorité au domaine discursif du langage dont il est l'origine.

Or l'une des thèses importantes de Hintikka est l'unité de l'œuvre de Wittgenstein et son adhésion sans faille à la thèse de l'ineffabilité de la sémantique [1]. Cette lecture est aussi celle de nombre de critiques, qu'ils se situent ou non dans une perspective modèle théorique. Elle témoigne de la difficulté à concevoir le langage et la pensée d'une manière non représentationaliste, ou à philosopher sans quête de principe. La lecture de Hintikka est cohérente avec la défense de la sémantique modèle théorique. Celle-ci emprunte au *Tractatus* sa dimension positive représentationaliste et la rend moins arbitraire, en montrant le lien conceptuel entre la notion de relation et la possibilité conceptuelle de substituer différents *relata* dans la relation. Mais elle ne relève pas le fait que l'interprétation de la signification, dans la théorie des modèles, ne fait qu'indiquer un principe purement postulé, ineffable, ou exprimable au prix d'une régression à l'infini. La théorie des modèles en elle-même n'explique rien de la signification dans le langage et la pensée.

---

1. En particulier dans l'ouvrage écrit en collaboration avec M. B. Hintikka, *Investigating Wittgenstein, op. cit.*

Nous défendrons donc ici une lecture des *Recherches philosophiques* qui rompt avec leur interprétation ineffabiliste. Nous montrerons qu'elles constituent une réflexion sur l'inanité de la philosophie lorsqu'elle cherche à mettre au jour un principe de la signification. C'est un point qu'occulte la lecture ineffabiliste de l'œuvre entière de Wittgenstein.

À la lecture ineffabiliste de toute l'œuvre de Wittgenstein, il faut opposer pour commencer le fait que même le *Tractatus* n'a pas l'unité systématique que Hintikka prête à l'ensemble de l'œuvre de Wittgenstein. Le thème de la signification comprise comme « l'usage » des signes y constitue un élément hétérogène à l'explication de la signification par l'isomorphisme du langage et du monde. Avec l'apparition importante des notions « d'usage », *Gebrauch*, ou « d'emploi », *Anwendung*, et *Verwendung*, et de signes « pourvus de sens » seulement « dans l'usage », Wittgenstein expose une vision où langage et sens sont compris dans leur unité.

> 3.326 – Pour reconnaître le symbole sous le signe, il faut prendre garde à son usage pourvu de sens.
> 3.327 – Le signe ne détermine une forme logique que pris avec son emploi logico-syntaxique.
> 3.328 – Si le signe n'a pas d'usage, il n'a pas de signification. Tel est le sens de la devise d'Occam.
> (Si tout se passe comme si le signe avait une signification, c'est qu'alors il en a une).

La notion d'usage permet d'unifier langage et interprétation ou, en d'autres termes, syntaxe et sémantique. Si la thèse de l'ineffabilité de la sémantique revient à énoncer que le sens des énoncés linguistiques est inséparable de l'usage des signes linguistiques, elle n'est pas paradoxale. Même si elle énonce qu'il y a du caché, de l'indicible, il s'agit dans ce cas simplement de dire que l'entité « signification » n'est pas séparée et qu'à vouloir la séparer, on ménage un domaine que l'on ne pourra qu'en vain chercher à exprimer, parce qu'il n'y a rien là à exprimer. On peut lire ainsi l'aphorisme suivant comme le témoin d'une conception de la théorie de la signification dans laquelle il n'y a pas à concevoir une « sémantique » séparée de l'exposition et de l'usage du langage :

3.262 – Ce qui, dans les signes, ne parvient pas à l'expression, l'emploi de ceux-ci le montre. Ce que les signes escamotent, leur emploi l'énonce.

Cependant, dans le *Tractatus*, c'est essentiellement une conception hétérogène de la notation symbolique et du sens qui est exposée. Sinon, le *Tractatus* ne serait pas ce texte apophatique qu'il est indubitablement, en dépit des moments dans lesquels le texte annonce les thèmes du second Wittgenstein. La relation sémantique unit deux entités hétérogènes : le langage, au sens de l'ensemble des signes articulés en expressions bien formées, et le monde, l'ensemble des faits.

L'argument essentiel contre une lecture ineffabiliste de l'œuvre entière de Wittgenstein, c'est le fait que la seconde partie de l'œuvre de Wittgenstein rompt définitivement avec l'idée que le langage reflète le monde. Ce faisant, elle rompt avec le « principe » de la signification, extrinsèque au langage.

Aux obscurités du *Tractatus*, ménagées par les métaphores de l'ineffable et la sui-falsification, fait place en effet « une tendance à la désublimation, […] une insistance à rappeler que les choses réputées supérieures et énigmatiques comme, par exemple, le langage, la proposition, le sens, la pensée, etc. sont en réalité les objets les plus ordinaires qui soient »[1]. L'objet des *Recherches philosophiques* ne demande plus à être circonscrit par un discours qui en épouse la limite sans la transgresser. Le temps n'est plus au contournement du mystère par la métaphore, mais à l'énoncé des erreurs de méthode qui l'ont suscité. Il n'y a plus d'élément ineffable. La contradiction du *Tractatus* est rendue patente : « Ce que je veux enseigner, c'est à passer d'un non-sens non manifeste à un non-sens manifeste », écrit ainsi Wittgenstein (§ 71).

Il faut prendre au sérieux les affirmations de Wittgenstein, dans les *Recherches philosophiques*, selon lesquelles « l'auteur du *Tractatus* » (§ 23) était au nombre des philosophes coupables de rechercher le mystère, le profond, le caché. Le lecteur doit rendre compte de la distance explicitement prise avec les thèses et surtout la méthode philosophique de l'époque du *Tractatus*. Sans cela, il est aisé de rabattre certaines formulations des *Recherches philosophiques* sur des thèses tractatuséennes, en particulier sur la thèse de l'ineffabilité de la sémantique comme ineffabilité du dehors « mystique », extérieur

---

1. J. Bouveresse, *Wittgenstein. La rime et la raison*, Paris, Minuit, 1971, p. 32.

aux limites du langage comme du monde. Hintikka prend ainsi à témoin de l'indéfectible ineffabilisme de Wittgenstein, entre autres, la citation suivante des *Remarques philosophiques* :

> À quelqu'un qui dirait : Et d'où sais-tu que la réalité tout entière peut être représentée par des propositions ? Voici la réponse : je sais simplement que la réalité peut être représentée par des propositions. Et je ne peux pas, dans le langage, tracer une limite entre une partie de la réalité qui peut être ainsi représentée et une partie qui ne pourrait pas l'être. « Langage » signifie : la totalité des propositions [1].

Selon le *Tractatus*, il existe des limites du langage : on peut les montrer. Selon cet extrait des *Recherches philosophiques*, on ne peut pas « tracer » une telle « limite » : ceci n'implique plus que cette limite existe, mais qu'elle n'est que montrable et non pas dicible. Dans le *Tractatus*, Wittgenstein souscrit au postulat selon lequel « ce qui *peut* être montré ne *peut* être dit » (4.1212). Dans les *Recherches*, Wittgenstein n'attribue plus au « montrer » une province différente de celle du « dire ». C'est là une évolution fondamentale, dont Hintikka ne prend pas la mesure. Le fait de *voir* une « limite du langage » n'est plus que le signe que le philosophe s'est fourvoyé dans une problématique représentationaliste. La notion de limite du langage est une citation du *Tractatus*, qui donne lieu ici à une correction philosophique. Lorsque des images qui existent déjà dans le *Tractatus* apparaissent dans les *Recherches philosophiques*, l'usage qui en est fait est différent. L'ineffabilisme du *Tractatus* se fonde sur la distinction entre « dire » et « montrer » : une image y est censée pouvoir « montrer » ce qu'un énoncé linguistique ne peut pas donner à entendre. L'existence d'un principe ineffable de la signification repose donc sur cette distinction entre « dire » et « montrer ».

Dans les *Recherches philosophiques*, l'image et l'énoncé ont les mêmes « limites ». Toutes deux sont des notations sensibles qui demandent à être interprétées : une image ne donne rien à voir sans un usage en contexte de cette image, de même qu'un énoncé. Il n'y a pas d'hétérogénéité entre l'image et l'énoncé, et donc plus de « dehors » du langage dans lequel peut s'inscrire un principe ineffable de la signification.

---

1. *Remarques philosophiques*, trad. fr. J. Fauve, Paris, Gallimard, 1975, VIII, section 85, p. 109 (trad. modifiée), cité dans *Investigating Wittgenstein*, *op. cit.*, p. 5.

Ainsi, une image qui montre un vieil homme courbé marchant à l'aide d'une canne sur une montagne n'indique pas s'il monte ou s'il descend, au besoin à reculons : rien dans l'image seule ne permet de le savoir.

> Je vois une image. Elle représente un vieil homme appuyé sur une canne qui gravit un chemin escarpé. – Comment cela ? N'aurait-on pas aussi pu imaginer que, dans cette posture, il était en train de dégringoler vers le bas de la rue ? Peut-être un martien aurait-il décrit l'image ainsi. Je n'ai pas besoin d'expliquer pourquoi *nous*, nous ne la décrivons pas ainsi [1].

L'usage permet de dire que, le plus souvent, les vieillards qui se trouvent face à une pente avec une canne la gravissent plutôt qu'ils ne la descendent à reculons. Mais c'en est fini de l'idée que l'image permet une intuition instantanée, une saisie d'un état de choses, et que c'est cette image que nous saisissons, au fond, lorsque nous comprenons un énoncé. Le principe ne peut plus alors être extrinsèque à l'ordre du dire. Il ne peut plus dès lors même être question de chercher un « principe » de la signification. Il n'y a pas de « montrer » qui excède les limites du dire : le pouvoir supposé de la métaphore dans la philosophie négative, au sens où une théologie est négative, du *Tractatus*, disparaît. Un énoncé, tout comme une image, fait sens grâce à son inscription dans un usage qui permet d'inférer ce que, dans un contexte d'énonciation donné, il veut dire.

Dans le *Tractatus*, l'image des limites du langage sert à distinguer un dedans et un dehors du langage. Le langage ne peut décrire que ses propres limites internes, au moyen de métaphores qui annulent leur propre contenu, comme la métaphore récurrente du langage comme région de l'espace sans dehors, ou par le biais d'oxymores, comme la « relation interne ». En revanche, dans les *Recherches philosophiques*, les « limites du langage » ne peuvent se comprendre que comme une référence distanciée au *Tractatus*. Toute la méthode de l'ouvrage est un remède au procédé qui conduit à se trouver devant de telles limites. C'est une de ces « images qui nous retiennent prisonniers ». La prison n'est plus celle du langage qu'évoque Hintikka en paraphrasant le *Tractatus*, mais celle de mauvaises habitudes d'un certain langage « philosophique », qui substitue à la pratique linguistique un usage artificiel, impropre à éclairer l'usage réel.

---

1. § 139.

119. Les résultats que donne la philosophie sont la découverte d'absurdités totales et de bosses que l'entendement s'est fait en se cognant la tête contre les limites du langage. Ces bosses nous permettent de reconnaître la valeur de la découverte.

La philosophie comporte une forme de «travail du négatif». Comme chez Pascal, «se moquer de la philosophie, c'est vraiment philosopher»[1]. Toutefois, dans les *Recherches*, s'il y a d'une part un travail du négatif et une moquerie de la philosophie, il y a d'autre part un travail positif. C'est ce qui est méconnu dans les lectures ineffabilistes de Wittgenstein, comme par ceux qui le comprennent comme un philosophe qui assigne pour seule tâche à la philosophie de fustiger ses propres erreurs. Reconnaître l'utilité de la douleur d'une erreur n'est pas en faire une vérité. Wittgenstein dit bien ici que ces «limites du langage» sont une absurdité, *Unsinn*, typique de la philosophie. Aux paradoxes insolubles du *Tractatus* succède d'une part une élucidation de l'erreur tractatuséenne, et d'autre part le développement potentiellement infini de la présentation synoptique des différentes familles de jeux de langage.

Même si le rapport négatif au *Tractatus* est capital, de l'aveu de Wittgenstein[2], il n'empêche pas l'existence d'une théorie wittgensteinienne de la signification, parfaitement énonçable, quoique sous une forme qui ne saurait être celle d'une théorie axiomatico-déductive. L'unité de la sémantique et de la syntaxe dans la notion d'usage implique une dissolution de la question à laquelle répondent à la fois la théorie de la signification du *Tractatus* et une sémantique modèle théorique. Le Wittgenstein des *Recherches philosophiques* n'est plus dans la position ambiguë du *Tractatus*, un pied dans le paradigme modèle théorique, et l'autre dans le paradigme universaliste. Sa philosophie du langage est dès lors libre des paradoxes de sa première manière. Il n'y a plus de principe extrinsèque au langage, qui en serait la condition de possibilité.

Au § 654, Wittgenstein écrit : «L'erreur qui est la nôtre est de chercher une explication, là où nous devons regarder les faits comme

---

1. *Pensées*, 4 (Brunschvicg), 513 (Lafuma).

2. «Il y a quatre ans, j'eus l'occasion de relire mon premier livre [*i.e.* le *Tractatus*] et de devoir en expliquer les idées. Il m'est soudain apparu que je devrais publier ces pensées anciennes avec les nouvelles : que celles-ci ne pouvaient être vues sous leur vrai jour que par contraste avec mon ancienne manière qui leur servirait de fond», *Recherches philosophiques*, *op. cit.*, préface, p. 22.

des phénomènes primitifs », des *Urphänomene*. Cette explication extrinsèque à l'ordre des « phénomènes primitifs » était le principe ineffable de la signification. L'*übersichtliche Darstellung*, la « présentation synoptique », est l'organisation, la claire disposition, des familles de jeux de langage qui permet d'en dégager la vue. Le principe de cette organisation est comparatiste. Le travail « grammatical » confronte entre eux des objets, les jeux de langage. Il fait apparaître dans cette comparaison leurs différences. Wittgenstein distingue ainsi, selon cette méthode, les jeux de langage usuels des jeux de langage sans usage réel, préparatoires à l'exercice véritable de la langue. Ces jeux-là, que fabriquent les logiciens et les philosophes, ont pour modèle des jeux qui servent à *apprendre* la langue, mais pas à la *pratiquer*, comme lorsqu'on désigne un ballon à un enfant et qu'on lui répète « ballon », pour lui apprendre le mot « ballon ». Le représentationalisme confond l'apprentissage de la langue, un jeu de langage bien particulier, avec le nombre infini des jeux qui existent dans la pratique linguistique. Cette simplification outrancière de la signification est exemplifiée par une citation des *Confessions* d'Augustin, dans laquelle Augustin explique qu'il a compris comment les mots signifiaient les choses lorsque, enfant, il a vu ses aînés lui désigner les choses en les nommant. Ce jeu augustinien, mais aussi tractatuséen, du représentationalisme consiste à séparer syntaxe et sémantique, et à mettre l'une et l'autre en rapport grâce à la relation sémantique.

Par conséquent, on ne peut pas sérieusement maintenir avec Hintikka qu'il existe une unité profonde de l'œuvre de Wittgenstein sur la question de l'ineffabilité de la sémantique. L'universalisme du second Wittgenstein n'est pas corrélé à une théorie de l'ineffabilité de la sémantique. Wittgenstein persiste à dire que le « langage » signifie « la totalité des propositions » : il est en cela universaliste. Il n'est pas pour autant ineffabiliste, puisqu'il met en œuvre une théorie « synoptique » de la signification.

La corrélation prétendument nécessaire entre ineffabilisme et universalisme, selon Hintikka, est réfutée. Croire cette corrélation nécessaire, c'est le fait d'une recherche qui ne se conçoit que comme la quête d'un principe trancendantal, donc transcendant, de la signification. La critique du principe tractatuséen vaut également pour celui de la théorie des modèles. Comme le principe de la signification dans le *Tractatus*, celui de la théorie des modèles est ineffable, purement visuel, et n'explique rien de ce dont il est censé rendre compte.

La théorie de la signification défendue par Hintikka, et avec lui les logiciens et les linguistes en général, tombe sous le coup de la critique du représentationalisme développée dans les *Recherches philosophiques*. Nous montrerons que le principe de la signification mis en avant dans la théorie des modèles ne peut offrir une explication de la signification. Il constitue une simple image non interprétée, qui n'a pas de sens en elle-même, mais seulement en vertu d'un usage. Cet usage lui est conféré dans une application pratique *in situ*, et lui est retiré dans la description abstraite d'une théorie de la signification.

UNE IMAGE DÉPOURVUE D'INTERPRÉTATION

C'est l'intuition fondamentale du *Tractatus* que nous pouvons « esquisser une image du monde (vraie ou fausse) »[1]. La référence est conventionnelle : c'est le rapport entre le signe linguistique simple et l'objet simple. Le sens, lui, est nécessaire. C'est le fait pour une proposition d'être *image* d'un fait. Le caractère visuel de la relation de signification est le principe intuitif que défend Wittgenstein jusqu'au bout dans le *Tractatus*. C'est celui du représentationalisme. Le *Tractatus* est même, en philosophie, ou du moins à l'intérieur de l'œuvre de Wittgenstein, le chant du cygne du représentationalisme.

Les phrases dépeignent *littéralement* le monde, selon le *Tractatus*. La théorie tractatuséenne de la signification repose en effet sur l'analogie suivante. De même que nous saisissons instantanément qu'un portrait dépeint une personne parce qu'il y a une forme commune dans l'agencement des parties du tableau et dans le visage de celui qu'il représente, de même nous entendons d'emblée qu'une phrase parle d'un état de chose donné. Si nous ne connaissons pas le visage dépeint, nous nous le figurons grâce à l'idée que nous nous faisons d'un visage réel dont les traits sont agencés comme les parties du tableau. De même une phrase nous dépeint une situation par sa « forme » commune à un état de choses possible.

Descartes a montré dans la *Dioptrique* l'inanité de la conception de la ressemblance comme communauté de forme[2]. Descartes

---

1. 2.0212.
2. *Œuvres de Descartes*, éd. Adam et Tannery, Paris, Vrin, 1996, vol. IV, p. 114.

n'emploie pas le mot « forme », mais « figure ». L'examen de la communauté de figure entre l'image et ce dont elle est l'image aboutit au paradoxe qui condamne la conception de la représentation comme ressemblance et communauté de forme : il n'y a rien de commun entre l'image et la représentation que la figure, au bout du compte, puisque tout le reste peut être différent et l'image demeurer une image, commence par montrer Descartes. Et pourtant, « suivant les règles de la perspective, souvent [les tailles-douces] représentent mieux des cercles par des ovales que par d'autres cercles ; et des carrés par des losanges que par d'autres carrés ; et ainsi de toutes les autres figures : en sorte que souvent, pour être plus parfaites en qualité d'images, et représenter mieux un objet, elles doivent ne lui pas ressembler ». En fin de compte, même la figure, la communauté de forme ou de structure, est disqualifiée comme élément de ressemblance entre l'image et le modèle.

Descartes critiquait déjà le fait que l'on transpose dans le domaine du mental, celui des images de l'esprit, cette conception de la saisie de la ressemblance entre images et modèles dans le monde extérieur. Une première erreur sur les images hors de l'esprit devient une seconde erreur sur les images dans l'esprit. Ce sont ces deux erreurs qui constituent le représentationalisme.

> Or il faut que nous pensions tout le même des images qui se forment en notre cerveau, et que nous remarquions qu'il est seulement question de savoir comment elles peuvent donner à l'âme le moyen de sentir toutes les diverses qualités des objets auxquels elles se rapportent, et non point comment elles ont en soi leur ressemblance [1].

L'erreur décrite par Descartes est aussi bien celle de Wittgenstein dans le *Tractatus*. C'est le postulat de la communauté de structure du langage et du monde, principe imagé de la signification. Descartes préconise de chercher non pas une communauté de structure entre images et modèles, mais la fonction de ces images. De même, le second Wittgenstein défend l'idée qu'il faut comprendre l'usage des images ou des propositions, afin d'expliquer comment elles permettent de se rapporter à des choses, et non plus imaginer un lien structurel entre ces images ou ces propositions et ce qu'elles représentent.

---

1. *Œuvres de Descartes*, éd. Adam et Tannery, Paris, Vrin, 1996, vol. VI, p. 114.

Il y a dans le *Tractatus* d'un côté les phrases, en elles-mêmes non interprétées, et de l'autre le monde. De même, il y a dans la théorie des modèles d'un côté la syntaxe, qui est une collection de symboles, et de l'autre une seconde collection de symboles, l'univers d'interprétation défini par la sémantique. Cette thèse selon laquelle une « sémantique » constitue le principe de la signification est prise dans la même dialectique que la théorie représentationaliste négative du *Tractatus*.

Le principe de la signification, dans la théorie des modèles, est comme celui du *Tractatus* une image non interprétée. Il consiste en une version formulée dans une logique intensionnelle d'une thèse représentationaliste classique. Le principe de la signification réside dans le fait que l'on associe un symbole à un objet dans un domaine d'interprétation : c'est la conception simpliste de la signification du texte des *Confessions* d'Augustin que cite Wittgenstein dans l'incipit des *Recherches philosophiques*, comme aussi la conception qui est la sienne dans le *Tractatus*. Elle consiste à poser d'un côté un symbole, de l'autre un objet, chacun dans un domaine donné, et à tracer une ligne qui relie l'un à l'autre. C'est la même relation qui existe entre une étiquette attachée par une ficelle et un objet ainsi « désigné » par cette étiquette. Qu'est-ce que nous explique un tel « principe » ? Rien, puisque le lien entre étiquette et objet n'est pas posé par une ficelle, une flèche, ou quelque schéma que ce puisse être. C'est une explication qui est au mieux une pétition de principe. On n'aura fait que remplacer le terme de « signification » par une image, en prétendant que l'image a un pouvoir lorsque l'explication n'en a plus.

La représentation d'une relation binaire ne fait pas le travail explicatif attendu d'un principe de la signification. Cette représentation binaire demande encore à être interprétée. La relation sémantique représentée par le lien entre un symbole linguistique et un élément d'un domaine d'interprétation n'est qu'une image, et aucune image ne saurait faire le travail d'une sémantique. Pas plus que le dessin d'un homme courbé sur sa canne sur une pente n'est interprétable *a priori* comme allant vers le sommet, une relation binaire entre un symbole et un élément d'un modèle n'est une façon d'expliquer la signification dans le langage naturel. C'est une image dépourvue d'interprétation, si on la conçoit comme un principe extrinsèque à la langue et aux usages linguistiques.

Si on conçoit cette « relation » entre le mot et la chose comme une image interprétée, qui signifie ce que c'est que le sens, on hypostasie un usage unique dans le langage. On en fait un « principe » du sens en général, occultant par là les autres usages, et instaurant une hiérarchie entre les phrases qui décrivent cette relation, et les autres phrases du langage. C'est là le paradoxe du représentationalisme que refuse Wittgenstein dans toute son œuvre, d'abord dans sa pensée négative d'un principe ineffable de la signification, puis dans sa recherche d'une méthode qui rompt avec la quête d'un principe transcendantal et transcendant de la signification. Le *Tractatus* comme la théorie des images sont des imagiers sans explications d'un principe ineffable de la signification.

CONCLUSION

Wittgenstein montre la nécessité conceptuelle du lien entre les caractères transcendantal et transcendant du principe de la signification. Toute recherche d'un principe expliquant la façon dont nous saisissons le sens des phrases d'un langage conduit à poser un élément ineffable. Ce principe ineffable est traditionnellement décrit comme appartenant au domaine visuel, dans le paradigme représentationaliste. Il est décrit comme une identité structurelle entre la forme de la phrase et celle de l'état de choses dans le *Tractatus*. Dans la théorie des modèles, les éléments du domaine d'interprétation sont les « images » des éléments du langage.

La sortie de la dialectique du fondement (impossible) et du principe (ineffable) passe par l'invention d'une méthode qui rompt avec la recherche d'une explication transcendantale de la signification. La métaphore tractatuséenne du langage comme un espace borné, dont on ne peut sortir pour le décrire, peut être ressaisie à la lumière de la critique de la recherche philosophique d'un principe, qui caractérise la pensée du second Wittgenstein. Dans la perspective négative du *Tractatus*, cette image est une métaphore du principe ineffable qui fonctionne comme un oxymore, en niant son propre contenu : les limites conceptuelles du langage n'en sont pas, puisqu'elles sont *a priori* infranchissables. Dans la perspective des *Recherches*, le fonctionnement de cette image cesse d'être simplement oxymorique. Ce n'est plus la description nécessairement sui-falsificatrice du véritable principe de la signification, mais la description distanciée de l'idée même de « principe ». Son caractère paradoxal et ineffable n'est plus le lot du philosophe lucide, mais au contraire le piège, le leurre, dans lequel mène la recherche d'une explication de la signification unique et extrinsèque à son objet.

Fondement et principe sont tous deux transcendantaux. Le fondement est à la fois la condition de possibilité transcendantale du sens linguistique et un échantillon de ce qu'il est censé rendre possible : des phrases douées de sens. Cette conjonction est paradoxale. Par conséquent, le fondement est impossible. C'est la substance de la critique adressée par Russell aux *Fondements de l'arithmétique* de Frege, dont Wittgenstein a pris acte dans le *Tractatus*, sans admettre la solution métalinguistique russellienne. Le principe est, en revanche, à la fois transcendantal et transcendant à ce dont il est principe. Il est le substitut imagé à un fondement impossible de la signification. C'est un objet entièrement négatif, dont on peut simplement mentionner l'existence en renvoyant sa saisie à un domaine censément étranger à celui de la pensée et du langage, celui de la vision.

Au-delà de la simple reconnaissance de l'ineffabilité du principe, qui se traduit dans le *Tractatus* par des expressions oxymoriques à l'endroit de la description de ce principe, les *Recherches philosophiques* offrent une explication positive de cette ineffabilité. Le « principe » qui se montre sans pouvoir être dit est l'image représentationaliste du « lien » entre le mot et la chose. L'image n'a pas un autre statut qu'une phrase du langage : elle aussi doit être interprétée, c'est-à-dire rendue à son usage dans une pratique. Le lien de représentation entre le mot et la chose n'est que l'un des innombrables usages qui permettent la signification linguistique. Il n'est donc pas un principe, puisqu'il n'est un *explanans* ni unique, ni extrinsèque à l'*explanandum*. Le lien de représentation est un usage des mots qui se décrit par contraste avec d'autres usages, au sein d'une « grammaire philosophique » qui repose sur la comparaison des usages, et non sur l'isolation d'un principe, une condition de possibilité du langage transcendante au langage lui-même.

Christine VAN GEEN
Université de Rouen

PRINCIPE (*GRUNDSATZ*) ET FONDEMENT (*GRUND*) CHEZ HEIDEGGER

Le but de cette étude est d'aborder l'essence des concepts de « principe » et de « fondement » chez le Heidegger de la fin des années 1920. Heidegger aborde ces notions dans deux textes fondamentaux : dans le *Cours* de 1928 qui porte le titre « *Metaphysische Anfangs-gründe der Logik* » (dont certains développements importants ont été repris dans le petit traité « De l'essence du fondement ») et dans un *Cours* de 1955-1956 intitulé « Le principe de raison » qui est lui aussi suivi d'une Conférence qui en résume certains aspects essentiels. Nous nous concentrerons sur le premier de ces deux textes et ce, pour deux raisons : premièrement, une étude extrêmement fine et approfondie en a été publiée récemment [1], le lecteur pourra donc s'y rapporter avec profit ; et, deuxièmement, le *Cours* de 1928 – bien qu'il soit un des textes les plus importants de Heidegger – n'est pas encore accessible au lecteur français jusqu'à ce jour. Cela nous permettra ainsi d'apporter un maillon essentiel à l'évolution de la pensée de Heidegger entre *Sein und Zeit* et le fameux « tournant » (relevant de « l'histoire de l'être ») des années 1930.

Pourquoi une étude sur le principe se doit-elle de s'intéresser au lien entre le principe et le fondement ? Parce que le principe de tous les principes, c'est-à-dire ce qui clarifie l'essence du principe, c'est – selon Heidegger – le « principe du fondement » (ou le « principe de raison ») (*Satz vom Grund*). Non seulement toute compréhension du

---

1. *Cf.* B. Mabille, *Hegel, Heidegger et la métaphysique. Recherches pour une constitution*, Paris, Vrin, 2004.

principe requiert celle du fondement, mais, comme le montre le *Cours* de 1955-1956, le sens du premier et celui du second terme sont inextricablement enchevêtrés. Pour essayer d'y voir clair, nous nous proposons ainsi dans les pages qui suivent d'aborder le rapport entre le principe et le fondement dans le *Cours* de 1928.

La réflexion heideggerienne sur le principe et le fondement s'inscrit dans le projet – qui est le sien – de traiter de l'idée d'une logique *philosophique*. Or, une telle logique traite du *penser*, en tant que « mode de comportement » fondamental de l'existence *humaine*, plus précisément : elle traite des principes ou lois fondamentales qui le caractérisent de façon intrinsèque. D'une manière corrélative, la pensée de Heidegger de la fin des années 1920 s'interroge sur les *conditions de possibilité* de ces principes du penser en tant qu'elles mettent en jeu la constitution ontologique (*Seinsverfassung*) de l'étant pensant qu'est l'être-là humain. Un tel questionnement est selon Heidegger un questionnement du *fondement* (*Grund*) qui rend le penser possible. Il apparaît ainsi que la question de la logique – en tant qu'elle questionne le *fondement* du penser – s'inscrira dans le champ de la *constitution ontologique* de l'être-là. La thèse de Heidegger – que nous allons présenter dans ce qui suit – c'est qu'un des problèmes fondamentaux de la logique, « *la législation (Gesetzlichkeit) du penser, se dévoile comme étant un problème de l'existence humaine eu égard à (in) son fondement, [et qu'elle se dévoile] comme le problème de la liberté* » [1].

FONDEMENT ET VÉRITÉ

La question du fondement est ancrée par Heidegger dans celle de la *vérité*. Le problème de l'*essence de la vérité* et de la *possibilité intérieure* de celle-ci est la *dimension* au sein de laquelle se pose le problème du fondement. Or, ce rapport entre la vérité et le fondement est un rapport de médiation réciproque : le fondement appartient à l'essence de la vérité, et tout jugement vrai l'est parce qu'il est *fondé*. Pour clarifier l'essence du fondement, il est donc nécessaire de s'entendre sur l'essence de la vérité.

---

1. M. Heidegger, *Metaphysische Anfangsgründe der Logik im Ausgang von Leibniz*, Francfort/Main, Klostermann, GA 26, p. 25 (cité *MA*).

Ce questionnement ne signifie pas, bien entendu, qu'on irait chercher le fondement de telle ou telle vérité *particulière*, mais qu'il s'agira de s'interroger sur le rapport entre *toute* vérité en tant que vérité et le fondement *en général*. Le but de Heidegger est ainsi de montrer en quoi *toute* vérité est susceptible d'être fondée. Cette tâche une fois accomplie, on aura répondu en même temps au problème de la *légitimité* du caractère fondé des propositions vraies.

Traditionnellement, c'est le *jugement* qu'on considère comme étant le «lieu» de la vérité. Dans le jugement, un prédicat est attribué à un sujet, et la vérité exprime la *validité* (*Gültigkeit*) d'une telle connexion (*nexus*). Mais qu'est-ce qui *légitime* exactement cette connexion? Et si on identifie, comme le fait Leibniz, la vérité avec l'*identité* (que celle-ci soit intelligible par nous ou par Dieu seul), à laquelle doit nous ramener l'analyse [1], la question se pose de savoir ce qui rend cette identification possible.

Toujours selon la conception traditionnelle (remontant au moins jusqu'à Isaac d'Israëli, si ce n'est jusqu'à Aristote), la connexion entre le sujet et le prédicat d'un jugement est légitimée par son *adéquation* à la «chose». La vérité est ainsi définie comme «adéquation entre la chose et l'esprit» (lequel esprit opère cette connexion). Heidegger en conclut que «le caractère de la vérité comme identité est reconduit à la vérité comme *adaequatio*» [2]. Une nouvelle question surgit alors: d'où provient cette détermination traditionnelle de la vérité comme adéquation?

On en vient alors au problème crucial du rapport entre ce qui relève d'une certaine «intériorité» (l'esprit, la conscience, le sujet) et ce qui lui vient «du dehors» (la chose, l'objet): le problème de la vérité, compris dans le cadre de la tradition philosophique occidentale, surgit dans la question du rapport entre le «sujet» et l'«objet» – le premier étant justement en adéquation (ou non) avec le second. On voit ainsi que le problème de la vérité – et donc celui du *fondement* – ne peut être résolu qu'à condition de déterminer plus précisément ce rapport entre le sujet et l'objet.

Heidegger livre cette clarification en soumettant la nature du jugement (ou de l'énoncé) à une analyse phénoménologique. En effet, *qu'est-ce qu'*un énoncé énonce? Peut-on dire qu'il y a l'énoncé

---

1. *Cf.* par exemple G. W. Leibniz, *Monadologie*, § 33 et § 35.
2. *MA*, p. 155.

(énonçant un rapport entre des représentations du sujet), d'un côté, et le fait ou l'état de choses réel, de l'autre ? L'apport de la phénoménologie husserlienne, mettant l'intentionnalité au centre de ses analyses, réside précisément en ceci que la « conscience » intentionnelle a pour caractéristique essentielle d'être dirigée vers un objet. Le célèbre adage « tout conscience est conscience de quelque chose » a ainsi comme signification fondamentale que le rapport sujet (intériorité)/objet (extériorité) est surmonté en faveur de l'intentionnalité qui exprime la prééminence du *rapport* (intentionnel) sur les pôles (conscience et objet) ici en jeu. Qu'est-ce qui s'ensuit pour la caractérisation de l'énoncé ? L'énoncé n'exprime pas un état interne d'un sujet (ce qui poserait le problème du rapport entre cet état « interne » et l'état de choses « externe »), mais « ce qui se donne d'abord dans (*an*) l'énoncé, c'est cela même *à propos de quoi* (*worüber*) il énonce quelque chose »[1].

Analysons de plus près ce qu'implique cette dernière citation. Prenons n'importe quel énoncé que quelqu'un pourrait prononcer, par exemple celui-ci : « Le tableau est noir ». En comprenant ce qui est ainsi énoncé à propos du tableau, nous ne visons pas comme thème exprès de notre compréhension les sons ou les mots de l'énoncé afin de nous rapporter à travers eux à l'objet, ni les « états d'âme » de celui qui le formule, mais nous nous *rapportons* (*sich verhalten zu*), dit Heidegger, toujours déjà aux choses qui sont autour de nous. Plus précisément, nous ne nous rapportons pas simplement conscientiellement aux choses, mais nous sommes « charnellement » inscrits, pour ainsi dire, dans ce à quoi nous nous rapportons. Ce n'est pas l'énoncé qui permet le rapport à ce qui est énoncé, mais c'est l'inverse : l'énoncé n'est possible que sur la base d'un comportement « latent » – que nous « avons » toujours déjà – à l'égard de l'étant. Du coup, la perspective de la définition traditionnelle de la vérité en termes d'« adéquation » se trouve complètement renversée : il ne faut plus dire qu'il y a vérité lorsqu'il y a adéquation entre la chose et l'énoncé, mais c'est l'énoncé qui suppose déjà un rapport – qui n'est certes ni conscientiel, ni objectivant – à la « chose ». Quel est ce rapport ? C'est un rapport – et c'est ici absolument essentiel – qui *caractérise intrinsèquement l'ÊTRE-LÀ en son existence*, un comportement pratique que Heidegger appelle un « être-déjà-auprès-de-l'étant (*Schon-sein-bei-Seiendem*) », un « commerce avec… (*Umgang mit…*) ».

1. *MA*, p. 157.

À la regarder de plus près, la vérité se présente alors comme *double* : 1) il y a une vérité (en tant qu'adéquation) qui exprime la « conformité » entre un état de choses exprimé dans l'énoncé, d'un côté, et l'état de choses « réel », de l'autre, et 2) une vérité – *plus fondamentale* – enracinée dans l'« être-déjà-auprès-de…(*Schon-sein-bei*) »[1] qui fait le « sens véritable (*echter Sinn*) » de la vérité. La vérité-adéquation s'avère ainsi être *dérivée* par rapport à une vérité que Heidegger érige en *existential* de l'être-là et qu'il appelle l'« être-dévoilé (*Enthüllung*) » de l'étant.

La vérité originaire a son sens propre et véritable dans l'être-dévoilant (« *Enthüllend-Sein* », « *aletheia* »). Heidegger met l'accent sur la *négativité* qui s'exprime ici dans les préfixes « *ent-* », en allemand, « *a-* », en grec (et « *dé-* » en français), une négativité qu'il se propose de thématiser de façon expresse. Cette négativité – qui s'exprime donc dans la vérité originaire – devra être mise en rapport avec le retrait de l'être.

Concernant le rapport entre la vérité et l'énoncé, les développements précédents permettent alors d'établir que la vérité n'appartient pas de façon originaire à l'énoncé mais seulement de façon dérivée. L'énoncé détermine quelque chose *en tant que* quelque chose (un « en tant que » que Heidegger appelle l'« en tant que *apophantique* »[2]). Cet « en tant que » qui dévoile la *détermination* des objets présents eu égard à leurs propriétés (*Eigenschaften*) est *dérivé* par rapport à un « en tant que » plus fondamental – l'« en tant que *herméneutique* » qui met l'étant maniable (*avant* toute objectivation) dans un rapport de renvoi à des significations propres à d'autres étants maniables auxquels il se rapporte toujours déjà dans son usage quotidien. En récapitulant, on peut dire que tout dévoilement ou toute « découverte » accomplis par l'énoncé n'est possible que sur la base d'un dévoilement plus fondamental qui réside donc dans ce « commerce » avec les ustensiles quotidiens que nous venons d'évoquer.

Eu égard à notre problématique du *Grund* il s'ensuit de ce qui précède cette conséquence évidente que si l'être-vrai du jugement (ou de l'énoncé) n'est pas originaire mais dérivé, alors le problème originaire du *Grund* ne saurait être résolu si l'on s'en tient à la seule

---

1. Heidegger écrit : « L'être-déjà-auprès-de…, le commerce-avec *est en lui-même* dévoilant », *MA*, p. 159 (c'est nous qui soulignons).
2. *SuZ*, p. 158.

vérité du jugement. Or, nous disions plus haut que la vérité, loin d'être fondée dans le jugement, comme c'était le cas dans les théories traditionnelles de la vérité, est plutôt fondée dans « l'être-déjà-auprès-de… (*Schon-sein-bei*) ». Il est donc nécessaire, à présent, de comprendre plus précisément le sens de cet existential.

Le propos de Heidegger ici est de montrer que le sens de l'être-déjà-auprès-de… permet de reposer sur une nouvelle base l'ancien problème du *rapport entre le sujet et l'objet*. Pour Heidegger, l'expression « rapport sujet/objet » ne constitue aucunement une solution mais est tout d'abord la formulation d'un *problème*. *En quoi* ce rapport consiste-t-il ? Quel est son *mode d'être* ? Et *qu'*est-ce qui est ici en rapport ?

Heidegger souligne qu'il ne faut pas court-circuiter le problème en adoptant d'entrée de jeu un point de vue « réaliste » ou « idéaliste » – selon que l'on considère que le sens d'être de cela même qui est repose soit dans l'« objet », soit dans le « sujet ». Car il faut évidemment clarifier d'abord le sens d'être de ces termes. Or, traditionnellement, le sens d'être de l'objet et du sujet n'a pas été problématisé. Le projet heideggerien consiste alors à s'acquitter de cette tâche, préalable à toute fondation d'une (nouvelle) métaphysique et aboutissant purement et simplement à la disparition du problème de ce rapport (en tant que, dans la perspective traditionnelle, il restait cantonné à une perspective exclusivement gnoséologique).

Or, on pourrait dire que Husserl a déjà ouvert une telle voie, en substituant ses analyses *intentionnelles* au modèle représentationnel caractéristique de la manière dont la tradition entendait « résoudre » le problème du rapport du sujet et de l'objet – modèle qui, d'une part, précarisait le statut du monde « extérieur » et, d'autre part, devait se servir d'une théorie de l'image peu convaincante. En montrant que la conscience ne se rapporte pas à l'objet de façon médiate (que ce soit *via* une représentation, une image, etc.), mais qu'elle le vise en tant qu'objet intentionnel, la phénoménologie husserlienne rend en effet fructueuse la « redécouverte » brentanienne de l'intentionnalité en tant que caractéristique (*intrinsèque*) de la conscience de se rapporter à l'objet. Elle a ainsi le mérite de sortir cette notion du cadre purement psychologiste qui était celui des analyses brentaniennes, et d'en faire l'essence de la « conscience en général », de la « raison en tant que telle »[1]. Mais le problème fondamental demeure aussi ici irrésolu, selon Heidegger : en effet, quel est le sens d'être de cet étant que Husserl appelle la « conscience » ? Heidegger considère qu'au fond, Husserl s'arrête à mi-chemin. Celui-ci ne s'aperçoit pas du fait que « la saisie de cette structure en tant que structure d'essence de l'être-là doit révolutionner le concept entier de l'homme. Or, ce n'est qu'à ce moment-là qu'apparaît en toute sa clarté sa [*scil.* de l'intentionnalité] signification philosophique centrale »[2].

À la notion d'intentionnalité, Heidegger substitue la notion de *transcendance* ou plutôt : il fonde la première dans la seconde[3]. Qu'est-ce qu'il entend par « transcendance » ? La transcendance signifie d'abord, tout simplement, le fait qu'un étant insigne – l'être-là – surmonte ou dépasse (*steigt über*) (quelque chose) pour atteindre un autre étant (que ce soit un être-là, un étant présent ou autre) et ce, de façon à ce que, dans cette transcendance (dans ce « transcender »), soit dévoilé, pour l'être-là, ce vers quoi l'être-là transcende. Pour Heidegger, c'est la transcendance qui *fonde* le rapport sujet/objet. Mais cela ne signifie pas que le problème de la transcendance serait identique avec le problème de l'intentionnalité. L'intentionnalité est une transcendance *ontique* et elle n'est possible que sur le fondement de la transcendance originaire qu'est l'*être*-au-monde. C'est cette transcendance originaire qui rend possible tout rapport intentionnel à l'étant. Comment faut-il concevoir ce rapport de fondation ? Encore une fois : l'intentionnalité se rapporte toujours à de l'étant en tant qu'étant *présent*. Ce rapport ontique est fondé dans un rapport *ontologique* : c'est dans la mesure où l'être-là se rapporte à l'étant que l'étant est « là ». Et ce « rapport » n'est possible qu'en vertu du fait que tout rapport intentionnel est fondé dans une compréhension préalable (*vorgängig*) de l'être de l'étant. C'est cette compréhension de l'être qui est requise pour que l'étant puisse se manifester en tant qu'étant. Le sens de la transcendance et celui de la compréhension de l'être s'éclairent mutuellement, elles sont toutes les deux « une seule et même [chose] »[4].

1. *MA*, p. 167.
2. *Ibid.*
3. *MA*, p. 253.
4. *MA*, p. 170.

LE CONCEPT DE LA TRANSCENDANCE

Nous avons donc vu que le problème du *fondement* (celui de l'*essence*, c'est-à-dire de la *possibilité intérieure* du fondement en général) ne peut être résolu que dans la dimension du problème de l'*être*. Cette dimension dévoilait le phénomène fondamental de la *transcendance* comme le phénomène qui rend seulement possible la compréhension du statut du fondement.

Heidegger se propose d'extraire le concept de la transcendance de toute réduction gnoséologique, d'un côté, et de toute réduction théologique, de l'autre. En effet, la transcendance ne concerne pas le rapport entre une sphère « intérieure » et une sphère « extérieure » au sens où le sujet (relevant d'une « immanence ») serait séparé par une quelconque borne de ce qui serait « transcendant » par rapport à lui. Le sujet ne se « transcende » pas pour parvenir à un objet situé au-delà de lui. Et, d'un autre côté, la transcendance ne signifie pas pour Heidegger un être inaccessible et sans commune mesure avec nos facultés de connaître. Mais la transcendance désigne chez lui un phénomène qui se laisse cerner selon quatre points fondamentaux : 1) la transcendance en tant que *constitution fondamentale* de l'être-là ; 2) la transcendance en tant que *compréhension de l'être* ; 3) le *monde* comme ce-vers-quoi la transcendance transcende l'étant ; 4) l'*être-au-monde* comme le phénomène fondamental de la transcendance de l'être-là.

1) La transcendance est la constitution originaire de la *subjectivité* d'un sujet. (Être) sujet veut dire : (être) *transcendant*, (être) un étant transcendant – et l'étant ici en question est bien entendu l'être-là. Ce qui importe ici c'est que le *transcender* n'est pas une qualité ou une propriété qui incomberait à l'être-là en tant qu'il serait considéré comme un étant *présupposé* (et qui pourrait aussi faire défaut à cet étant), mais l'être-là existant est originairement transcendant. L'être-là lui-même est la transcendance, cela veut dire : la transcendance est la *constitution fondamentale* de l'être-là, tout rapport à l'étant n'est possible que sur la base de la transcendance.

2) La transcendance est le caractère fondamental de l'être-là qui permet de comprendre le sens de la *compréhension de l'être* (*Seinsverständnis*). La transcendance ne désigne pas le dépassement d'une borne délimitant la sphère d'immanence ou d'intériorité du sujet, ni non plus celui d'un abîme qui séparerait le sujet des objets. La

transcendance est la transcendance de l'étant lui-même : de celui auquel l'être-là se rapporte tout comme de l'être-là lui-même. C'est en transcendant l'étant que l'être-là déploie l'horizon au sein duquel quelque chose peut lui être donné ou lui apparaître. Ce qui est transcendé, c'est donc l'étant qui, lui, ne peut se présenter comme objet (et comme sujet) qu'après coup. Ce transcender caractérise métaphysiquement la *liberté* de l'être-là.

3) Quel est le but vers lequel le sujet transcende l'étant ? Ce qui est transcendé, c'est certes l'étant, mais *ce vers quoi* il le transcende n'est ni un objet, ni lui-même un étant, mais le *monde*.

4) Le phénomène fondamental de la transcendance de l'être-là est l'*être-au-monde*. Dès que l'être-là existe, c'est-à-dire que dès qu'existe son être-au-monde, l'étant (par exemple la *nature*) est déjà transcendé, voire même l'être-là a *sauté par dessus* cet étant (Heidegger appelle cela l'« *Übersprungenheit* » de l'étant) – une condition, toutefois, pour que l'étant se manifeste tel qu'il est en lui-même. Le fait que l'être-là ait ainsi sauté par dessus l'étant livre le fondement (relevant de l'ontologie fondamentale) de l'interprétation *non originaire* de l'être-là, c'est-à-dire c'est la raison profonde qui justifie la prééminence de toute forme de réalisme en philosophie.

L'objet d'une « *métaphysique de l'être-là* » est la transcendance au sens de l'être-au-monde : et celle-là se doit alors de clarifier cette constitution fondamentale métaphysique de l'être-là. Essayons de voir quel cheminement Heidegger nous propose à ce propos dans le *Cours* de 1928.

Tout d'abord, il faut écarter un certain nombre de malentendus possibles. L'être-là est être-au-monde, cela ne veut pas dire – du moins pas nécessairement – que l'être-là existe factuellement dans le monde. L'être-là n'est pas un être-au-monde parce qu'il existe factuellement, mais il ne peut exister factuellement que parce qu'il est, en son essence, être-au-monde. Il faut alors distinguer entre deux choses : d'une part, on peut faire un énoncé sur *l'existence factuelle* (d'un être-là déterminé), à savoir que tel ou tel être-là existe. Mais, d'autre part, on peut aussi faire un énoncé sur *l'essence métaphysique* (de l'être-là), à savoir qu'à l'essence de l'être-là – qu'il existe ou non – appartient l'être-au-monde comme sa constitution ontologique fondamentale (ou, pour le dire autrement, que l'être-là ne peut exister comme tel être-là factuel qu'en tant que l'être-là en général « a » le monde). Dire que l'existence enveloppe la transcendance n'est pas un énoncé existentiel (ontique), mais un énoncé existential (onto-logique). La compréhension de cet énoncé exige la clarification du concept de « monde » et de celui de l'« être-à ».

TRANSCENDANCE ET MONDE

À travers une brève considération du concept du monde chez certains présocratiques, Heidegger fixe provisoirement deux significa-tions fondamentales du concept de monde : 1) le « monde » a un caractère « *universel* » : il est une *totalité* face à une certaine *disper-sion* de l'étant ; 2) il a en même temps un caractère *relatif* à l'être-là humain. Cette dualité est redoublée par une deuxième (qu'il isole à partir de la pensée de Saint Paul, Augustin et Thomas d'Aquin) : a) le monde signifie à la fois un étant (par exemple le monde *créé*) et b) la manière « dont » l'étant est, l'étant dans son « comment » (ce sens est clairement retenu par Kant également). En croisant ces deux dualités, nous obtenons les quatre sens possibles du « monde » :

1. a) un premier concept ontique du monde (le concept « ontico-naturel » du monde) : l'agrégat des étants présents (la « nature ») ;

1. b) un premier concept ontologique du monde (le concept « ontologico-naturel » du monde) : le monde comme *totalité* de ce qui appartient à la nature ;

2. a) un second concept ontique du monde (le concept « ontico-existentiel » ou « humain » du monde) : les hommes existants en tant qu'existants ;

2. b) un second concept ontologique du monde (le concept « onto-logico-existential » du monde) : l'essence métaphysique de l'être-là en général eu égard à sa constitution métaphysique fondamentale – la transcendance.

Heidegger précise que non seulement les concepts *ontologiques* du monde, mais déjà les concepts ontiques (ou « préphilosophiques ») de ce terme visent en quelque sorte la manière dont l'être-là existe – à savoir le se-rapporter, *en sa totalité*, à de l'étant et à l'être-là lui-même.

Cette mise au point concernant le concept de monde une fois faite, nous pouvons revenir à notre problème de la transcendance. Le monde est *constitutif* pour la transcendance de l'être-là – on ne saurait insister suffisamment sur cette idée fondamentale de Heidegger. L'être-là transcende l'étant, il « saute par dessus de lui » vers le *monde* (doué d'une certaine « totalité »). Or, l'être-là ne transcende pas seulement les autres étants, mais il se transcende également soi-même. Aucune positivité ne peut être accordée à l'être-là. Tout comme Husserl – qui, dans les *Méditations cartésiennes*, opposera au « réalisme transcendantal » de Descartes le radicalisme du phénoménologue qui tient jusqu'au bout l'*épochè* et qui ne s'arrête donc pas à la substance pensante [1] –, Heidegger étend la notion de transcendance à l'être-là lui-même : c'est la transcendance de l'être-là qui rend possible que l'être-là puisse être là. « Ce n'est que dans le saut par dessus de lui-même que s'ouvre l'abîme que l'être-là est à chaque fois pour lui-même (…) » [2].

Or, qu'est-ce que ce monde vers lequel l'être-là transcende ? Heidegger y répond en mettant en évidence le lien profond qui existe entre le *monde* (en tant que *constituens* de l'être-là) et la *liberté* de l'être-là. Pour Heidegger, l'histoire de la métaphysique est marquée, dès la *République* de Platon, par une *ontification* du concept de monde, une ontification qui est corrélative d'un primat de l'*intuition*. Au lieu de traquer le sens originaire de la transcendance dans l'être propre de l'être-là, celle-ci a toujours été prise au sens du « *théorein* », c'est-à-dire au sens d'un *nœin* (d'un intelliger) conçu comme « voir » (du monde) des *idées*. Mais Heidegger nous met tout de suite en garde : la mise en rapport du problème du monde avec le problème de la transcendance – mise en rapport qui se fait au nom de la *critique* du primat du *théorein* – ne signifie pas que la liberté serait cantonnée au seul domaine de la *praxis* qui met en jeu un sens *restreint* de la notion de liberté. Le problème qui se pose à Heidegger c'est plutôt de trouver la *racine commune* de l'intuitionner (*théorein*) et de l'agir (*prattein*), entreprise qui ne peut être accomplie que par cette mise en rapport recherchée entre le monde et la liberté.

On trouve malgré tout des indices de cette racine commune dans la théorie platonicienne des idées, plus particulièrement dans l'idée du Bien ainsi que dans la conception aristotélicienne du *hou heneka*, c'est-à-dire du « en-vue-de… (*Umwillen*) ». L'idée du Bien – en tant que finalité de tout agir – qui est non seulement au-delà de tout être sensible, mais même de l'être-en-soi, c'est-à-dire de l'être intelligible,

---

1. E. Husserl, *Méditations cartésiennes*, § 10.
2. *MA*, p. 234.

est une détermination qui transcende l'ensemble des idées et *les organise en leur totalité*. L'idée du Bien correspond ainsi à ce que Aristote appelle le « *hou heneka* » – ce en vue de quoi quelque chose est ou non, ce en vue de quoi quelque chose est ainsi ou autrement. Le *hou heneka* détermine les idées et leur donne la forme de la totalité. Nous voyons ainsi quel est le lien entre la doctrine des idées et le concept du monde : le caractère fondamental du monde qui organise sa totalité c'est le en-vue-de...

Or, la traduction française du « *Umwillen* » cache le lien que Heidegger va pouvoir établir entre cette caractéristique fondamentale du monde et la liberté. Il écrit : « Un "en-vue-de... (*Umwillen*)" n'est possible, de façon essentielle, que là où il y a une volonté (*Wille*) »[1]. Le monde comme organisation totale de l'étant, conformément au *hou heneka* évoqué, correspond à la liberté en tant caractéristique fondamentale du seul étant doué de volonté – à savoir l'être-là. En effet, Heidegger caractérise la liberté comme « détermination fondamentale de l'existence de l'être-là ». Par ailleurs, nous savons que la constitution fondamentale de l'être-là c'est la transcendance comme être-au-monde. Il s'ensuit qu'il y a un lien originaire entre la liberté et le monde : « Ce n'est que là où il y a a la liberté qu'il y a le en-vue-de..., et ce n'est que là qu'il y a le monde. Bref, la transcendance de l'être-là et la liberté sont identiques ! »[2]. Et le lien avec la conception kantienne de la liberté est encore davantage souligné avec l'idée selon laquelle c'est la liberté qui se donne à elle-même (cf. le concept de la volonté comme autonomie libre) la possibilité intérieure ; « un étant en tant que libre est en lui-même nécessairement transcendant (*transzendierendes*) »[3].

Liberté et monde

Il s'agira maintenant d'approfondir davantage le lien entre la liberté de l'être-là, l'être-au-monde et le « en-vue-de... » en tant que caractère structurant du monde. Considérons d'abord le « en-vue-de... ».

1. *MA*, p. 238.
2. *Ibid.*
3. *Ibid.*

L'être-là existe *en vue de...* En vue de quoi ? Si c'était en vue d'une *fin ultime* – que l'on assignerait, qui plus est, à *tout* être-là – cela signifierait qu'on pourrait donner une réponse universelle, « objective », à cette question. Or, la particularité de l'être-là – en tant qu'à chaque fois « mien » (*jemeinig*) – c'est qu'il a à décider *seul* de sa finalité. Il est dans l'essence de l'être-là d'avoir à assumer *pour lui-même* sa propre fin. Contrairement aux étants présents – que l'on peut « décrire » quant à leur structure ontologique universelle, quant à leurs « catégories » – l'être-là n'a *pas* d'essence *universelle*. Heidegger formule cela dans les termes suivants : « À la différence de la vérité à propos de l'étant présent, la vérité à propos de l'étant existant est une vérité *pour* l'étant existant »[1]. Que l'essence de l'être-là soit l'existence, cela signifie que son caractère « *individuel* » est *intégré* dans toute considération à propos de cette essence[2].

Le sens fondamental de l'analyse heideggerienne de l'« en-vue-de... (*Umwillen*) » consiste à *penser ensemble* les phénomènes suivants : 1) la *subjectivité* de l'être-là (« avant » toute conscience et toute activité) ; 2) la *finalité* de l'être-là ; 3) l'*ipséité* de l'être-là (« au fondement » de toute distinction entre un « Je » et un « Tu ») ; 4) le fait que tout être-là soit « *rapport à...* » (au sens de l'ouverture compréhensive, « avant » tout rapport intentionnel ontique) ; 5) la *liberté* de l'être-là.

1) Comme cela apparaît à travers les considérations méthodologiques livrées dans le § 43 a) de *Sein und Zeit*, Heidegger défend un « idéalisme transcendantal » qui n'a rien d'un idéalisme de production, d'une part, ni non plus d'une position, simplement *ontique*, consistant à privilégier un « sujet » conscientiel (au sens par exemple de la *res cogitans* cartésienne ou, dans un tout autre sens, d'une conscience empirique du psychologisme), d'autre part. En effet, il s'agit pour lui de proposer une ontologie fondamentale s'ancrant à l'endroit situé *en deçà* de la scission sujet/objet. Mais il n'empêche qu'il est très loin d'adopter une position réaliste. Quel est le statut de cette subjectivité « asubjective » chez Heidegger ? Et pourquoi l'onto-

---

1. *MA*, p. 239.
2. Cela a une implication importante quant au statut de la *question* du sens d'être de l'être-là : cette question n'est pas une question *sur* ou *à propos* de l'être de l'être-là, mais une question pour..., c'est-à-dire que la question contient déjà et est inséparable de l'être du *questionné*. *Cf.* à ce propos le § 2 de *Sein und Zeit* ainsi que le début de *Qu'est-ce que la métaphysique ?*

logie de l'être-là s'apparente-t-elle en effet à une certaine forme d'«*idéalisme*» (terme qu'il faut évidemment utiliser avec beaucoup de prudence)?

2) Parce qu'elle est la seule à être en mesure de rendre compte de la «*finalité*» caractérisant proprement l'être-là (une détermination par laquelle Heidegger réhabilite en quelque sorte l'ontologie d'Aristote contre l'ontologie galiléo-cartésienne – même si cette acception de la finalité ne se réduit pas du tout à sa détermination aristotélicienne). L'existence de l'être-là est déterminée par le fait qu'il y aille pour cet être, en son être, d'une manière spécifique *de* ce même être. « Il y va *de...* » son être. Cette expression – qui n'a rien d'ontique et donc rien d'un égoïsme ni d'un égotisme individualistes – ne désigne pas une caractéristique parmi d'autres, qui lui serait attribuée du dehors, mais l'«idéalisme» heideggerien ne devient compréhensible que si l'on est sensible à la caractéristique fondamentale de l'être-là de se rapporter à son être, une caractéristique qui ne dévoile pas une fin *déterminée*, mais cette manière de *se rapporter à...* sa fin (de sorte qu'on ne peut pas indiquer *quelle est* cette fin, bien que l'être-là soit en vue de... lui-même). L'être-là n'est pas une chose inerte, *déjà là*, mais c'est un rapport à son propre être. Ce rapport ne lui est pas *imposé*, comme s'il s'agissait d'un devoir ou d'une fatalité, mais en son être, l'être-là *a* à être cet être. Cette détermination de la finalité – constitutive, nous le verrons, de l'«ipséité» de l'être-là (cf. le troisième point) – permet de comprendre ce que Heidegger entend par le «se-rapporter originaire à l'être (*ursprüngliches Verhalten zum Sein*)» caractéristique de l'exister de l'être-là : l'être en vue de soi-même de l'être-là signifie «être essentiellement et fondamentalement à l'égard de soi-même dans l'être (*im Sein grundwesentlich zu sich selbst sein*)»[1]. Ce rapport est double : l'être-là ne peut être en rapport avec l'étant (fût-il l'être-là lui-même) que s'il est originairement en rapport avec l'être. Et, par rapport à soi-même, l'être-là n'est en rapport avec l'être que s'il est intimement «à-l'égard-de-soi-même (*zu-sich-selbst*)», condition de toute conscience de soi, de toute aperception, et de tout rapport, nous l'avons déjà dit, avec l'étant.

3) Cette «subjectivité», ce «moi», cet «*ego*», comme Heidegger l'appelle en 1928, n'est pas, nous insistons, une «conscience» ontique. L'*ego* est en deçà de toute conscience, de toute activité consciente, et il

---

1. *MA*, p. 244.

partage ainsi, au moins dans les textes de la fin des années 1920, le statut de la subjectivité transcendantale husserlienne qui, elle aussi, «opère» ou «fonctionne» (*fungiert*) de manière «anonyme». Heidegger répète à de nombreuses reprises que cet *ego* est au fondement de tout «Je» et de tout «Tu» et qu'il permet d'éviter d'appréhender le «Tu» factuellement comme un *alter ego*. Pour démarquer l'*ego* par rapport à ces déterminations factuelles, il l'appelle donc le «*soi* (*Selbst*)» (qui, lui, est doué d'une neutralité métaphysique). Et l'«en-vue-de...» est la condition de possibilité du fait que l'ipséité appartienne à l'être de l'être-là, précisément parce que le fait d'être en vue *de soi-même* est la détermination essentielle de cet être de l'être-là.

4) Le *rapport* qui s'exprime dans l'«*en-vue-de...*» (*cf.* le deuxième point) n'est pas seulement un rapport à soi, ou *au* soi, mais c'est un rapport à *tout* étant – quel qu'en soit le type – et en particulier à un *autre* être-là. C'est ainsi qu'il faut comprendre cet ancrage de tout rapport intentionnel ontique dans le rapport ontologique plus originaire caractérisant la transcendance. Il y va pour l'être-là, en son être, *de* cet être – c'est un principe ontologique qui expose la condition métaphysique de la possibilité de ce qu'un être-là puisse *être avec* un autre être-là. Ce n'est que parce que l'être-là est déterminé de façon primordiale par l'égoïté, ou par l'ipséité, qu'il peut exister factuellement comme un «Tu» pour un autre être-là, et avec lui.

5) L'ipséité de l'*ego* est sa liberté, celle-ci est identique avec son égoïté. Nous avons vu (*cf.* le deuxième et le troisième point) que l'être-là est déterminé, en son essence, par l'ipséité. Cela veut dire, entre autres, que l'être-là ne peut se saisir ontiquement (dans une «conscience de soi» ou encore dans sa factualité) que sur le fondement d'un être, intime, «à-l'égard-de-soi-même» (*Zu-sich-selbst-Sein*). Il *peut* se saisir – ou non. Ce point est décisif : dans l'ipséité de l'être-là, réside la possibilité, pour lui-même, de se «choisir» soi-même ou non. Et c'est dans cette même ipséité que réside l'origine de la «possibilité» en général. Qu'est-ce qui permet d'affirmer un tel lien constitutif ?

Pour y répondre, il faut d'abord clarifier le rapport entre la liberté et la transcendance : «Ce n'est que par liberté, ce n'est qu'un être libre qui, en tant que transcendant (*transzendierend*), peut comprendre l'être – et il faut qu'il en soit ainsi pour qu'il existe en tant que tel, c'est-à-dire pour qu'il soit "parmi" et "avec" l'étant »[1]. Que signifie cette idée que l'être-là peut – on non – se *choisir soi-même*? « Le phéno-mène du « se-choisir-soi-même » authentique, saisi dans le cadre d'une ontologie existentiale, fait apparaître de la manière la plus radicale l'ipséité métaphysique de l'être-là, et cela veut dire : [il fait apparaître] la transcendance en tant que transcender de l'être propre, de l'étant en tant qu'être-avec d'autres [étants] et de l'étant au sens de la nature et des ustensiles »[2]. L'*ipséité* existentiale et ontologique de l'être-là (constituée par l'« en-vue-de… » soi-même) – c'est-à-dire le fait que celui-ci se choisisse soi-même – et la *transcendance* de ce même être-là s'éclairent mutuellement. Le rôle de l'« en-vue-de (*Umwillen*) » est ici essentiel. Quand Heidegger écrit qu'il est « *ce vers quoi* (*woraufzu*) l'être-là en tant que transcendant (*transzendierendes*) transcende »[3], le terme « *woraufzu* » a une double signification ou plutôt il exprime un double mouvement : un mouvement *vers le monde* (*worauf-*) et, dans la mesure précisément où le monde est constitutif de l'être-là en tant qu'être-au-monde, un mouvement de *retour* (-*zu[rück]*), exprimant l'idée que l'être-là va ici *au devant* (*auf… zu*) de lui-même.

Précisons davantage la nature de la liberté selon Heidegger. L'« en-vue-de (*Umwillen*) » doit être compris comme structure méta-physique de l'être-là. L'être-là n'est en vue de lui-même que dans mesure où il est être-au-monde ou, autrement dit, l'« en-vue-de » est la constitution métaphysique et la structure fondamentale du monde. Or, « l'"en-vue-de (*Um*willen)" est ce qu'il est dans et pour une volonté (*Wille*) »[4]. Ici encore, le lien entre la liberté en tant que possibilité interne de la volonté (*Wille*) et l'« en-vue-de (*Umwillen*) » n'apparaît que dans le texte allemand. Comment la liberté et l'« en-vue-de » s'articulent-ils l'un par rapport à l'autre? Aucun des deux termes ne présuppose l'autre. L'être-là en tant que libre « tient devant soi » l'« en-vue-de », ils sont co-originaires. L'être-là *libre* est *au* monde, c'est-à-dire qu'il tient devant soi l'« en-vue-de » caractérisant de façon primordiale le monde. Dans quelle mesure? Dans la mesure où, et c'est capital, *ce dernier est l'entièreté* (*Ganzheit*) *originaire de ce que l'être-là libre peut comprendre*. « La liberté se donne à comprendre, elle est la compréhension originaire, c'est-à-dire le projet originaire de

1. *MA*, p. 244.
2. *MA*, p. 245.
3. *MA*, p. 246.
4. *Ibid.*

ce qu'elle rend elle-même possible » [1]. Voici donc l'explication de ce lien constitutif entre la liberté (caractérisant métaphysiquement l'ipséité de l'être-là) et la possibilité. Mais Heidegger va encore plus loin. Il ne caractérise pas simplement la liberté comme fondement de toute possibilité, mais – et c'est là l'expression suprême de la *finitude* de l'être de l'être-là – il établit que c'est *dans le projet de l'« en-vue-de »* que l'être-là *se lie* originairement (littéralement : qu'il « se donne le lien originaire (*das Dasein gibt sich die ursprüngliche Bindung*) » [2].) Ainsi, la liberté est comprise comme autonome, en quelque sorte, mais en un sens qui l'inscrit d'une manière plus radicale encore que ne l'avait fait Kant dans la finitude humaine. Alors que, pour Kant, la liberté en tant qu'autonomie est l'expression de la *raison* qui se soumet elle-même à sa propre législation (et à elle seule) – raison *universelle* qui exprime précisément à travers cette universalité une certaine *transcendance* – Heidegger considère la liberté (qu'il ne caractérise pas explicitement comme autonomie et qu'*a fortiori* il ne réduit pas à la simple *spontanéité*) comme liant l'être-là au *monde* [3] – qui, nous le savons, n'est autre que la constitution ontologique fondamentale de l'être-là *lui-même*. Heidegger récuse ainsi toute détermination transcendante de la liberté et l'inscrit dans la finitude de l'être-là. Celui-ci ne rencontre pas la nécessité *en dehors* de lui (en Dieu, dans la nature, etc.) mais toute nécessité (qui, rappelons-le, « suppose toujours une condition transcendantale » [4]) est rendue possible par le projet libre de l'« en-vue-de ». « L'ipséité est l'obligation (*VerBINDlichkeit*) libre pour soi-même et à soi-même » [5].

Comment Heidegger conçoit-il plus précisément le lien entre l'être-là comme *libre* projet du monde (*Weltentwurf*) et la manière dont celui-ci le *lie*? Dans le libre projet du monde, l'être-là se tient « dans » le monde de façon à ce que cette « tenue libre » (qui le lie) offre à l'être-là un choix de possibilités, qui sont les *siennes*, et qu'il a à saisir ou non. Si cela a un sens de rapprocher Heidegger de Spinoza, c'est précisément *ici* – avec la réserve décisive, toutefois, que Heidegger inscrit l'identité de la liberté et de la nécessité (en l'occurrence : du lien, de l'obligation) non pas dans la substance, mais dans la

---

1. *MA*, p. 247.
2. *Ibid.*
3. « La totalité du lien qui réside dans l'"en-vue-de" est le monde », *ibid.*
4. I. Kant, *Critique de la raison pure*, A 106.
5. *MA*, p. 247.

structure ontologique de l'être-là. Cette identité s'exprime chez Heidegger à travers l'idée que « l'être-au-monde (…) n'est rien d'autre que la liberté » [1].

Cette structure identique n'est rien d'autre que celle de l'être-là (comme pôle « subjectif ») et du monde (comme pôle « objectif »). Cette distinction entre deux « pôles » n'est possible que de façon abstraite. La véritable dualité n'est pas celle d'un « objet » face à un « sujet », mais celle entre l'existential et l'existentiel, ou ici : entre le transcendant (qui transcende l'étant factuel) et l'étant factuel lui-même. Dans le *Cours* de 1928, Heidegger introduit un nouveau concept pour caractériser cette opposition : celui de l'« excès (*Überschuss*) » (ou de la *liberté* qui *excède* tout étant). Le monde en tant que *totalité* des possibilités essentielles de l'être-là transcendant *excède* (*übertrifft*) tout étant factuel ou effectif qui est une réalisation (*Verwirklichung*) d'une de ces possibilités – et il faut qu'il en soit ainsi pour que l'étant puisse se donner à l'être-là. Pourquoi ? Parce que la rencontre de l'étant suppose une « compréhension de l'être (*Seinsverständnis*) » et que celle-ci exprime de la façon la plus originaire le *pouvoir-être* (qui à la fois caractérise l'*exister* de l'être-là et est la condition de *toute* possibilité). Dans la mesure où cet excès réside dans la liberté et dans la transcendance (et partant dans le *monde*), le monde est à son tour excédant. Heidegger peut alors dire que le monde est ce qui se tient librement et d'une manière excédante face à l'« en-vue-de » (formulation qui contredit radicalement tout idéalisme dit « de production » parce que le monde est justement *excédant*).

La rencontre de l'étant n'est alors possible qu'à *deux* conditions (de sorte que l'être-là ne saurait en aucun cas engendrer ses possibilités *ex nihilo*) : premièrement, l'être-là doit être *transcendant* et, deuxièmement, *ce qu'*il doit transcender, c'est le *monde qu'il tient devant soi*. Autrement dit, l'être-là doit s'être ouvert comme *liberté*. Ce transcender libre est la condition de possibilité de l'« entrée-dans-le-monde (*Welteingang*) » de l'étant factuel. En vertu de cette dernière, l'étant peut être rencontré *dans* le monde, il peut être « intra-mondain (*innerweltlich*) » (et se manifester comme étant *en soi*). Cette entrée-dans-le-monde « se fait événement (*geschieht*) » dans ou avec l'étant, elle n'est possible que s'il y a *Geschehen, Geschichte* (caracté-

---

risant l'historialité de l'être-là). Autrement dit, la liberté transcendante est à son tour fondée : dans la temporalité (*Zeitlichkeit*) originaire.

TRANSCENDANCE ET TEMPORALITÉ

Revenons encore une fois au caractère *intra-mondain* de l'étant entré dans le monde. Il suppose l'existence de l'être-là historial en tant qu'être-au-monde. Il n'est pas une *propriété* de l'étant présent, mais l'intra-mondanéité appartient au *monde*. Or, « il n'y a le monde que pour autant que l'être-là existe » [1]. Donc, le monde a en un sens un caractère « subjectif » – mais il n'est en aucun cas le *produit* d'un sujet. Comment concevoir ce statut « subjectif » du monde ?

L'exister de l'être-là, son transcender, permet la rencontre de l'étant, mais sans que ce dernier soit « touché », modifié par lui. Au contraire, c'est l'entrée-dans-le-monde de l'étant – grâce à la transcendance de l'être-là – qui permet à l'étant de se manifester (et de l'affecter). Or, si l'événement de l'entrée-dans-le-monde ne modifie en rien l'étant, alors le monde lui-même n'est – rien. Le monde n'est rien, il n'est pas un étant. Pourtant il *est* bien quelque chose : il n'est pas un étant, mais l'être ! Heidegger en vient ainsi à caractériser le monde comme être ou comme un *nihil* non pas *negativum*, mais *originarium*. Le sens de ce dernier (dont découlera enfin le statut « subjectif » du monde) ne peut être explicité qu'en exposant maintenant l'analyse *temporelle* de la transcendance qui éclairera du même coup le sens de cette « tenue-devant-soi » du monde dans son caractère liant.

Heidegger reprend à la fin du *Cours* de 1928 (plus particulièrement dans le § 12) l'analyse de la temporalité originaire déjà livrée dans la première partie de *Sein und Zeit* et dans la deuxième partie des *Problèmes fondamentaux de la phénoménologie*. Cette fois-ci, il ne part pas de la temporalité vulgaire, mais s'installe directement dans la temporalité originaire, en l'analysant quant à son extaticité et à son horizontalité. Il insiste de nouveau sur le fait que le temps originaire consiste dans l'attente, le présenter et le conserver [2] – dans une unité que Husserl appelle « encore » [3] le *Zeitbewusstsein* (à la fois conscience

1. *MA*, p. 251.
2. *MA*, p. 263.
3. *MA*, p. 264.

du temps et conscience *de* temps) [1]. Ceux-ci renvoient aux déterminations temporelles « datables » que sont le « puis (*dann*) », le « maintenant (*jetzt*) » et le « jadis (*damals*) ». « Où » peut-on trouver ces déterminations ? Ni dans les objets, ni dans les sujets (au sens traditionnel
du terme), mais dans le « passage » du sujet à l'objet – un passage qui
exprime précisément le sens *temporel* de la transcendance en tant que
« lieu » des déterminations temporelles. Essayons de clarifier le lien
entre cette fonction de renvoi qui s'exprime ici, d'un côté, et la
temporalité originaire elle-même, de l'autre.

Le temps n'est pas quelque chose d'objectif, nous l'avons dit, mais
relève d'une détermination ontologique de l'être-là. Celui-ci *s'étend*
(*erstreckt sich*), extension qui *s'exprime* à travers la databilité et –
surtout – à travers le caractère « subjectif » (dans un sens *non* traditionnel) de la temporalité originaire (dans lequel cette databilité est à
son tour fondée). Le temps n'« est » pas ceci ou cela, mais il *se temporalise* dans l'unité extatique des modes d'extension de l'être-là. Cette
temporalisation extatique est la condition de possibilité de toute
attente *concrète* (ainsi que de toute présentation et de toute conservation). « La temporalité est (…) l'unité extatique qui s'unifie (*sich
einigende*) dans la temporalisation extatique » [2].

Cette analyse de la temporalité apporte-t-elle quelque chose de
nouveau par rapport à celle livrée dans *Sein und Zeit* ? Heidegger
développe ici d'une manière plus précise le lien entre la temporalité
originaire et l'« à-soi-même (*Zu-sich-selbst*) » caractéristique de
l'ipséité de l'être-là. L'attente (*Gewärtigen*) est l'extase qui *prime* sur
les autres [3]. Pourquoi ? Pour deux raisons qui sont intrinsèquement
liées. D'abord, parce qu'elle fonde la structure ontologique du *souci*
comme rapport à tout étant, et ensuite parce que le monde se temporalise de façon primordiale à partir de l'« en-vue-de (*Umwillen*) ».
Celui-ci est toujours un « en-vue-de » la *volonté*, de la liberté, qu'est
l'en-vue-du soi transcendant. Et tout comme le rapport intentionnel
est fondé dans l'« à-soi » caractérisant l'ipséité de l'être-là, ce même
« à-soi » est fondé dans l'attente, plutôt : dans l'« *au-devant-de-soi*
(*Sich-selbst-vorweg*) » de l'être-là par rapport à lui-même. Dans
l'attente s'exprime la compréhension de soi à partir de son pouvoir-

---

1. *Cf.* notre ouvrage *Temps et phénomène. La phénoménologie husserlienne du
temps (1893-1918)*, « Europaea Memoria », Hildesheim, Olms, 2004, p. 5.
2. *MA*, p. 266.
3. *Cf.* aussi *MA*, p. 273.

être le plus propre. Et c'est précisément dans l'horizon ouvert par le soi *au-devant de lui-même* que s'immisce l'«être-avec» d'autres être-là et l'«être-auprès» d'autres étants.

Or, l'au-devant-de-soi est en même temps un *retour* à soi. C'est dans la tension entre le soi au devant duquel l'être-là est toujours déjà et le soi auquel il revient que se joue la problématique de la fondation de la conscience *de soi*. Cette problématique ne saurait être traitée d'une manière qui isolerait le soi de tout le reste de son horizon temporel. En effet, le double mouvement d'un arrachement à soi et d'un retour sur soi ne concerne pas seulement l'être-là *présent* mais également l'être-là *passé* dans son «être-été (*Gewesensein*)». Celui-ci ne se temporalise qu'à partir du futur : il n'est pas un boulet que l'être-là traînerait derrière lui, il ne peut *passer*, ne peut être (ou plutôt : *devenir*) *passé*, qu'en vertu de la temporalisation du futur. Et la présentation se temporalise dans l'unité extatique du futur et de l'être-été.

Par ailleurs, il convient de préciser que cette extaticité de la temporalité originaire, bien qu'elle fonde l'exister de l'être-là et qu'elle ne soit pas objective, n'a rien d'une subjectivité *substantielle*. Il n'y a pas de substrat qui porterait les extases. L'unité des extases est elle-même extatique. «La temporalisation est la libre oscillation (*Schwingung*) de la temporalité originaire et entière (…)»[1], «l'essence du temps réside dans l'oscillation unitaire et extatique»[2].

Mais *qu'est-ce que* la temporalité originaire temporalise ainsi de façon extatique? C'est *l'horizon de toute possibilité en général*. Elle ne produit pas quelque chose de possible, mais l'*horizon de la possibilité* au sein duquel un possible *déterminé* peut se présenter. Heidegger appelle «*ekstéma*» l'horizon en tant qu'il se montre dans l'extase. Les «*ekstémata*» connaissent la même unité originaire que les extases en leur temporalité. Or, «cette unité extématique de l'horizon de la temporalité n'est rien d'autre que la condition temporelle de la possibilité du *monde* et de son appartenance essentielle à la *transcendance*»[3]. Ainsi, nous en venons au terme de ce parcours au *monde* et à ce qui en constitue les conditions – temporelles – de possibilité. Ce sera l'objet des *Concepts fondamentaux de la métaphysique* que de préciser le statut ontologique du monde. Dans le *Cours* de 1928, Heidegger se

1. *MA*, p. 268.
2. *MA*, p. 269.
3. *MA*, p. 269 *sq.*

contente d'indiquer que « le monde est le néant (*Nichts*) qui se temporalise originairement, [il est] ce qui naît (*das Entspringende*) d'une
manière absolue dans et avec la temporalisation »[1]. Le « produit »
(qu'est donc le monde) de la temporalité originaire est un néant
(*originaire*) – et ce, en vertu de l'origine de la transcendance qu'est la
temporalité originaire elle-même.

Récapitulons. Le monde se temporalise dans l'« en-vue-de ».
Celui-ci est l'en-vue-de la volonté, de la liberté, c'est-à-dire de l'être-
à-soi-même transcendant. Or, ce dernier ne peut aller au-devant de
soi-même (en se liant au monde) qu'en vertu du futur qui est constitutif du fait que l'être-là puisse revenir à soi-même. L'être-au-monde
– ou le fait que l'être-là se transcende *vers* le monde – se temporalise
en tant que temporalité et n'est possible qu'en tant que tel. Cette
transcendance vers le monde signifie que c'est précisément *le monde*
– en tant qu'horizon temporalisé à partir de l'en-vue-de – qui constitue
l'unité extatique de la temporalité.

TRANSCENDANCE ET FONDEMENT

Au terme de son analyse, Heidegger établit alors le lien explicite
qu'il y a entre cette investigation sur la *transcendance*, l'*être* et la
compréhension que l'être-là en a. L'existence de l'être-là, c'est-à-dire
la temporalisation de la transcendance, explique pourquoi il est dans la
nature métaphysique de l'être-là que de s'enquérir du *fondement* et de
s'interroger sur le *pourquoi* de son exister. L'en-vue-de, en tant que
caractère ontologique fondamental du monde, c'est-à-dire de la transcendance (qui exprime l'en-vue-de-soi-même extatique), est *le phénomène originaire du fondement en général*. Heidegger écrit : « C'est
parce que nous sommes dans le mode de l'exister transcendant, dans le
mode de l'être-au-monde, et que cette temporalisation *est*, que nous
posons la question du *pourquoi* »[2]. Qu'est-ce qui lui permet de faire
une telle affirmation qui semble relier deux choses qui ne sont apparemment sans aucun rapport, à savoir le problème du fondement
(comme question « logique »), d'un côté, et le problème du sens et du
pourquoi de l'existence humaine (comme question « existentielle »),
de l'autre ?

1. *MA*, p. 272.
2. *MA*, p. 276.

Dans l'analytique existentiale de *Sein und Zeit*, Heidegger avait réhabilité l'ontologie aristotélicienne (contre l'ontologie galiléo-cartésienne) en redonnant à la *finalité* son sens fort qu'elle avait eue au sein de l'économie de celle-là (et en critiquant par là la réduction de l'étant à l'étant *présent*, « coupé » justement de son origine et de sa finalité). Heidegger poursuit cette même stratégie dans son analyse temporelle de la transcendance de l'existence humaine. Cela apparaît très clairement lorsqu'on met en évidence (ce que nous n'avons pas encore fait jusqu'à présent) un aspect qui est lié au double mouvement (déjà évoqué à plusieurs reprises) de l'être-là *vers* le monde, d'une part, et *de retour* sur lui-même, d'autre part. En effet, l'analyse de ce double mouvement rayonne sur le statut du fondement (*Grund*) chez Heidegger en 1928 : tout comme auparavant il avait pris ensemble les deux mouvements d'aller et de retour de l'être-là par rapport au monde, il prend ici ensemble l'idée de cause et de fin. C'est précisé-ment parce que l'être-là est en vue de lui-même (de sa propre fin) qu'il est à la recherche du fondement (de la cause). Et on comprend dès lors ce que Heidegger veut dire lorsqu'il affirme que c'est dans l'essence même de l'existence de l'être-là – c'est-à-dire dans l'être-en-vue-de lui-même – que réside l'origine du fondement [1].

Or, il est apparu que l'« en-vue-de » a comme condition de possibilité la *liberté*. Par conséquent, c'est la liberté – en tant qu'elle est un se-projeter extatique vers son propre pouvoir-être et qu'elle se comprend à partir de ce pouvoir-être et le tient devant elle comme ce qui la lie – qui est à l'origine du fondement. Conformément à l'iden-tification mise en évidence à l'instant, Heidegger peut alors identifier le fait de se comprendre à partir de l'« en-vue-de » et le fait de se comprendre à partir du fondement.

Le fait que l'essence du fondement *se différencie*, c'est-à-dire que l'être-là puisse rechercher des fondements différents pour les diffé-rentes sortes d'étants, s'explique par la *dispersion*, mentionnée plus haut, qui caractérise l'être-là. C'est parce que l'être-là transcendant est à la source de différentes manières dont l'étant peut se manifester comme étant « au » monde, qu'il y a différentes « sortes » de fonde-ments. Et ce n'est que parce que l'être-là se transcende soi-même qu'il peut, *pour lui-même*, trouver différentes « justifications (*Begründ-ungen*) ». Toute cette problématique a sa racine dans la liberté de

---

1. *Ibid.*

l'être-là comme liberté *pour* le fondement qui se comprend comme origine du fait que l'être-là soit lié au monde. Cette liberté « pour » le fondement est le *fondement du fondement* parce que l'en-vue-de est un en-vue-de l'être-là lui-même qui tout en se projetant *vers* le monde retourne à lui-même à partir de celui-ci. Précisons ce qui découle de la nature de ce « fondement du fondement » pour la question du « pourquoi ? » que pose l'être-là [1].

Nous avons vu que la question du « pourquoi ? » est fondée dans la temporalisation de la transcendance (caractérisant l'être-là existant). La question du fondement du fondement explique alors le sens du « pourquoi du pourquoi ? ». En vertu du revirement du fondement en *fondement du fondement*, le premier pourquoi (celui qui questionne) *est* – dans le pourquoi du pourquoi – *fondé* dans le second (celui qui est questionné). « Alors le pourquoi questionnant est à la fin ce qui est à déterminer, laquelle détermination n'est rien d'autre que l'essence du pourquoi questionné » [2].

Quel est alors le lien entre la liberté et le fondement ? La liberté est liberté « pour » le fondement. Or, être libre signifie : se comprendre à partir de ses possibilités. L'être-là libre transcende en son pouvoir-être son existence factuelle. Ce n'est que parce que tout rapport intentionnel suppose une transcendance préalable – permettant le *retour* à l'étant présent à partir des possibilités qui dépassent toujours déjà l'étant factuel – que nous pouvons « laisser être » l'étant *ce qu*'il est et *comment* il est. Et, de façon corrélative, ce n'est que dans la mesure où l'être-là factuel expérimente dans sa factualité son impuissance face à la transcendance de son être possible, qu'il s'en tient à la condition de possibilité de son impuissance – qu'est la liberté pour le fondement. Voilà donc la raison pourquoi laquelle tout étant est questionné eu égard à son fondement. Nous posons la question du pourquoi parce qu'avec l'être-là la supériorité de l'être possible (*Möglichkeit*) par rapport à l'être effectif (*Wirklichkeit*) en vient elle-même à l'existence.

Alexander SCHNELL
Université de Poitiers

---

1. Notons que c'est le « cercle du comprendre » qui dans *Sein und Zeit* éclaire ce lien entre le fondement du fondement et la question du « pourquoi du pourquoi ? ».
2. *MA*, p. 278.

INDEX THÉMATIQUE